JN071228

何のためのテスト？

評価で変わる学校と学び

ケネス・J・ガーゲン＋シェルト・R・ギル 著
東村知子＋鮫島輝美 訳

Beyond the Tyranny of Testing:
Relational Evaluation in Education

ナカニシヤ出版

BEYOND THE TYRANNY OF TESTING
– RELATIONAL EVALUATION IN EDUCATION
by Kenneth J. Gergen and Scherto R. Gill
© 2020 by Oxford University Press, Inc.

BEYOND THE TYRANNY OF TESTING – RELATIONAL EVALUATION IN EDUCATION was originally published in English in 2020. This translation is published by arrangement with Oxford University Press. Nakanishiya Shuppan is solely responsible for this translation from the original work and Oxford University Press shall have no liability for any errors, omissions or inaccuracies or ambiguities in such translation or for any losses caused by reliance thereon.

日本語版への序文

私たちの著作をこうして日本のみなさんに手に取っていただけることは、とても嬉しく、光栄に思う。本書で行う提案は、多くの点で、日本の文化的な関心と直接的に響き合うことだろう。私たちは以前から、関係に配慮する日本の伝統に感心し、尊敬の念を抱いてきた。特に、家族や地域社会、社会的調和を重んじる姿勢は素晴らしいと感じている。しかしながら、日本でも、世界の多くの文化と同様に、関係の質を低下させるような公教育の方向が受け入れられてきた。その結果として、学びや、生徒と教師のウェルビーイングが損なわれ、グローバル化する未来の差し迫ったニーズに応える教育の可能性も失われつつある。かくして、今、公教育をめぐる動揺と異議申し立てが、これまでにないほど広がり、激しさを増している。教育者、教師、スクールリーダー、研究者、政府機関による膨大な記事、報告、書籍によって、そうした動揺が伝えられている。多数の雑誌やウェブサイトが公教育の変革を迫り、それを受けてソーシャルメディア上でも批判が広がっている。例えば、学校がいかに創造性を殺してしまっているかというケン・ロビンソンの一本のＴＥＤトークを視聴した人は、一七〇〇万人に及ぶ。教師、生徒、保護者による抗議行動も起こっている。こうした混乱に加え、予測できない急激な変化を遂げる世界では、私たちの教育実践が無意味なものになっていると指摘する声もある。情報、アイデア、価値、技術革新の地球規模の流れが加速する一方、私たちの教育システムは前世紀の思い込みに縛られたままである。私たちの教育の伝統が急速に機能不全を起こし、時代遅れなものになりつつあるということは、今や共通の認識である。変化は必須である。しかし、何をどのように変えればよいのだろうか。

私たちの対話は、まさにこの問いから始まった。本書の著者は、二人とも教育者の家庭に生まれ、幼稚園から大学院まで進み、教育関係の職業に就いた。私たちは動揺の渦の中を泳いでおり、気がつくと、教育評価（生徒、教師、学校、地域、国を何らかの基準に照らしてテストし、測定し、比較しようとする試み）への批判の広がりに関心をもっていた。

そうした方法は、単に妥当性に問題があり、測定の対象が限定されていて、画一的な標準化を助長するというだけではない。広く言われているように、テストの成績が、教育の目的そのものになりつつある。犬が尻尾を振るのではなく、尻尾が犬を振るようになったのである。これは、児童・生徒にとって、好奇心、創造性、学びへの情熱や関心が、退屈、ストレス、不安、よそよそしさや、学校での居心地の悪さに取って代わられることを意味する。確かに、評価（アセスメントではなくエバリュエーション[訳注i]）は学びの重要な一部分であるが、私たちは、このかけがえのないプロセスをテストに基づく評価から切り離し、守るにはどうすればよいのかという疑問をもちはじめた。この問いは、十分に的を絞ったものであり、進展が期待できるように思われた。しかし、一見限定された問いであっても、私たちはやがて、より広い意味での教育的基盤と戦うことになる。私たちが実感しているように、テスト／評価の伝統は、学校は若者を教育するために体系的に組織された機関であるという長年の見方の不可欠な要素である。学校というシステムは、教養のある人間というよりもむしろ、製品を作り出すために設計された工場に似ている。このような教育観では、教員、指導職、制度としての学校を含むシステムがきちんと機能していること、またその製品の質を保証するための評価が必要とされる。したがって、テストに基づく評価を放棄するということは、教育への工場的アプローチに代わる説得力のある方法を見つけることにほかならないのである。

そのような方法は、教育を社会的善として捉えるジョン・デューイの考え方にすでに予言されていたと、私たちは考えている。その後、多くの教育者たちが、デューイが示したこの方向性に重要な側面を付け加えてきた。しかしながら、ほとんどの説明は、社会は独立した個人によって構成されているとする個人主義的な見方に固く結びついたままであった。こうした見方が幅を利かせている限り、結果の測定こそが教育評価の基礎であるという覆いを振り払うことは難しいだろう。したがって、私たちが提示するのはもっと過激な主張である。それは、個人とは、**関係のプロセス**から生み出され、存在するようになるというものだ。私たちが特に焦点をあてるのは、協同的な意味の創造である。私たちがもっている自己と世界についての概念、信念と価値、意図と熱意は、関係のプロセスから生まれる。学校とは工場ではなく、進行中の無数の対話なのである。もし、生き生きとした学びや、参加者たちの安心と幸福を目指すなら、関係のプロセスという土壌を豊かにしなければならない。

私たちはこうした展望を掲げながら、関係に基づく評価の方向性を明確にしていった。このアプローチの中心にあるのは、評価を協同的な問いとしてみる見方である。一人の人間あるいは集団が、声をもたない他の人々に対して判断を下すという伝統は放棄される。求められるのは、絶えず形成される多声的な対話、特に、学びへの関わりを広げ、維持しつつ、関係のプロセスそれ自体も豊かにするような対話である。関係に基づく評価のアプローチでは、すべてのステークホルダー（関係者）が拡大された学びの共同体に包含されることが理想である。

もちろん、このような理想を非現実的だと批判する人も多いだろう。実際、私たちはこの概念的な旅に、アイデアの詰まったスーツケースだけを持って乗り出そうとしてきたわけではない。私たちは旅の間、世界中の教育者や学校からその糧を得てきた。測定中心の伝統的な評価に対する不満は、私たちを革新へと駆り立ててきた。テストの代替案がいくつも開発され、その多くは学びそのものと関係のプロセスの双方に大きく貢献している。そこで本書では、小・中学校と高等学校における評価、および教師や学校に対する評価において、関係を豊かにする実践に多くの章をあてることにする。

評価の再構築の試みが単なる手直しではすまないということにかなり早くから気づいていた私たちは、関連するこうした多くの革新に勇気づけられた。しかし、次の展開への準備はできていなかった。教育の世界のいたるところに仲間がいることはわかった。特に、教授法とカリキュラム・デザインでは、関係を重視した工夫が顕著に見られ、対話的学習、協同型授業、グループ・プロジェクト、エマージェント・カリキュラム［訳注ii］などの開発は、関係に基づく評価の方向性と一致しているように思われた。ところが、こうした展開への興奮が高まる一方で、成績評価によって、その十分な実りがいかに執拗に妨害されているかが明らかになってきた。対話、協同、参加型アクションは、事実上、測定と標準化に抵抗するものである。このように考えると、関係に基づく評価がもたらす、真の変革の意味合いが見えてきた。評価

［訳注ｉ］評価　アセスメント assessment とエバリュエーション evaluation はどちらも評価の意味をもち、互換的に使用されることも多いが、原著では、批判の対象である伝統的なテストによる評価には「アセスメント」、本書で提案する関係に基づく評価には「エバリュエーション」を使用している。翻訳では、基本的にどちらも「評価」とし、必要と思われる場合には原語を付すことにする。本書第3章の五七頁（「関係を鍵とする教育評価」）も参照のこと。

［訳注ii］エマージェント・カリキュラム　子どもの興味・関心から教育を組み立て・展開する教育法（カリキュラム）。

のあり方を変えることで、革新の扉が開かれるのである。

この物語が形になるにつれ、想像力が膨らんでいった。教育の大変革が私たちの目の前に迫っているのではないか。伝統的な教育に対する不満は、過激さを増している。世界中の教育者が、製造モデルを協同的な方向性に置き換える必要性を実感している。児童・生徒、保護者、スクールリーダー［訳注iii］はみな、共に学びを創造するプロセスに参加しなければならない。急速で複雑に変化する新しい世界に関心を寄せる思想家は、学校もまた、私たちの未来をつくるグローバルな対話に参加すべきだということを十分に理解している。私たちは、このささやかな本がそうした変革を活性化するエネルギーになることを願っている。

最後に、本書を共同執筆するというプロセスが、関係のプロセスがもつ可能性を探る生きたワークショップになったという事実を読者のみなさんに伝えておきたい。私たちは互いを尊敬し、信頼し合い、思いを共有して執筆を始めたが、同時に、性別、年齢、文化的背景、地理的条件、知的遍歴、研究分野、職業、制度面の制約など、さまざまな違いという課題を抱えることになった。私たちの思いを実現するために、内容の面でも論理の面でも、互いから学び合う必要があった。学びがあるところには、常に評価がある。私たちは対話を続け、相反する視点に向き合い、取り入れ、創造し、最終的に二人が思ってもみなかった場所にたどり着く方法について学んだ。この緊張と変化を伴う相互的な探究プロセスこそまさに、本書で述べる関係に基づく評価の構想を裏づける確かな証拠となっているのだ。

ケネス・J・ガーゲン　シェルト・R・ギル

二〇二二年九月

［訳注iii］スクールリーダー school leader　アメリカで学校の校長・副校長等を指す用語。School administrator が、地方学区の教育行政官と学校管理職を包括した概念であるのに対し、スクールリーダーは個別学校の経営責任者という役割に対して用いられる（浜田、二〇一七）。なお、本書では、School administrator を、文脈によって「（地方）教育行政担当者」または「学校管理職」と訳し分けている。
浜田博文（二〇一七）「アメリカにおけるスクールリーダーとその専門職団体について」『日本教育経営学会紀要』五九、一三九–一四三頁

目次

第1章　テストの暴力的支配を超える

「試験はすごくストレスだ」
「不当なレッテル貼りだ」
「自分はダメな人間だという気になる」
「試験問題に解答する能力を測っているだけ」
「成績は私が学んだことを表していない」
「もし試験がなかったら、学校も教育も好きになれたと思う」

――試験についての生徒のコメント

冒頭の引用は、イギリスの中等教育で経験した試験やテストについてインタビューを受けた、十代の生徒たちのコメントの一部である。[1] 彼らは口をそろえて、試験は学習への取り組みを妨げるものだったと述べている。そんなものは甘えた言い訳だと無視することは簡単である。教育の目的は、若者が、実り多く充実した人生を送るために必要な知識とスキルを身につけた大人になれるようにすることではないのか。試験は、生徒の成績を表す指標として、不可欠なものではないのか。テストの点数は、生徒、教師、保護者にとって、生徒一人ひとりが他の生徒の達成度との関係でどのような位置にいるのかを示す貴重な目印になるのではないか。試験と成績は、母親になるための産みの苦しみと同じように、教育にとって欠かせないものである。同様に、全国テストが必要なのは、ある教師や学校の教育が適切かだけでなく、他国と比べて自国のシステムが十分に機能しているかについても教えてくれるからである。生徒個人から国全体に至るまで、評価は改善のための手段なのである。

この論理には、一見説得力があるように思われる。しかし、注意してみると、疑問が生じてくる。まず、試験やテストが本当にこうした目的を達成できていると、どうしてわかるのだろうか。エビデンスに基づく実践が求められているが、試験やテストのような形式の評価が有効だというエビデンスはあるのだろうか。若者たちが言うように、実際は機能不全に陥っている可能性はないのだろうか。他の方法との比較はどうなっているのか。さらに言えば、知識とスキルを分け与えることだけが、教育の目的なのだろうか。テストによる評価を行うことで他の目標が危うくなったり、学びと発達の豊かなプロセスが妨げられたりする可能性はないのか。このような評価方法がもたらす弊害については、本書の中で多くを語ることになるだろう。

私たちの目的は、何よりもまず、テスト重視の評価に対して有効で実現可能な代替案を提案し、それがどのようなものかを説明することである。私たちは本書で提案する代替案を、**関係に基づく評価のアプローチ**、あるいは**関係に基づく評価**と呼ぶ。その理由は主に二つある。一つ目に、現在の評価方法を、教育の核となる関係を築き、それを豊かにするような評価プロセスに置き換えるからである。ここで焦点をあてるのは、児童・生徒だけでなく、教師、親、コミュニティを含むすべての関係者が、関係の中で、関係を通して学びを広げていく評価の実践である。二つ目に、評価における関係のプロセスを強調するうえで、「**価値づけ valuing**」という考えが最も重要だと考えるからである。つまり、あらかじめ決められた基準に沿って個人を測定するのではなく、学びの経験や人生にとって価値あるものを提案することに力点がある。それは、生徒、教師、学校、国に点数をつけて順位を決めることの重要度を下げるということでもある。採点や順位づけに代わり、成長、発達、生成、変化をもたらす力と可能性を特に強調したい。私たちの目的は、関係に基づく評価の方向性に声を与え、可視化することにある。評価のこうした転換は、教育システムの大きな変革に向けた試金石となるだろう。

本章では、生徒に試験を行い、成績をつけ、ハイステークス・テスト[訳注 i]を実施するという、評価の伝統による暴力的支配を批判的に検討する。はじめに、今日の学校教育に対する捉え方の起源と、教育課程における評価の位置づけを明確にする。この捉え方は長年信奉されてきたいくつかの前提に基づくものであるが、その後の議論を通してそれがもつ重大な欠陥が明らかになるだろう。学力テストは信頼性に欠けるだけでなく、生徒の学びと幸福感・安心感に大きなダメージを与えている。さらに、全国テストやハイステークス・テストがもたらす問題についても検討する。こうしたテーマの一部、特にハイステークス・テストに関しては、膨大な量の批判的研究があるということを付け加えておきたい。ここでは、主な問題と批判をまとめ、強調することで、既存の前提や慣行に代わるものが不可欠であることを明確にしたいと思う。

同時に、評価の伝統に対する信頼は、一般に教育が生産の場として捉えられていることに由来するという事実を認める必要がある。学校は、うまく機能している工場のように、最小限のコストで高品質の製品を作り出すことが求められており、評価は、その製品の性能を保証する機能を果たしているのである。評価のあり方が変われば、教育に対する見方は必ず変わってくる。第2章では、他者との関係を教育の中心に位置づける関係性の視点を紹介する。ここで提案するのは、私たちは世界の意味、知識、理性、価値を共に創造しているということである。何を、どのように、なぜ学ぶのかということも含めて、学びのプロセスは関係の質にかかっている。個人のウェルビーイングは関係にとってのウェルビーイングから切り離すことができない。このような枠組みを踏まえ、第3章では、関係の視点を評価に結びつけ、関係の視点から見た評価の原理とその構成要素について、概略を述べる。続く四つの章では、関係を重視するさまざまな実践方法を探索する。そうした実践は、小・中学校や高等学校（第4、5章）だけでなく、教員評価（第6章）、学校評価（第7章）でも行われている。以上の提案を受けて、読者には多くの疑問が生じてくるだろう。そうした疑問については、第8章で扱う。関係に基づく教育変革の必要性と可能性に影響を及ぼしている、より一般的な文化的条件も考慮に入れる。第9章では、それぞれの関係の場で生まれている機会と挑戦に焦点をあてて、変革の実現可能性を広げていく。

［訳注・i］ハイステークス・テスト high-stakes testing　入学試験など、評価を受ける側に重大な結果をもたらすテストのこと。

工場メタファーと評価による統治

西洋の歴史において、生徒の全人格的な成長を重視した教育が行われていた時代があった。道徳的な知恵を豊かにし、好奇心を刺激し、蓄積された文化的成果の価値を味わうことへの期待があった。[2] しかし、二〇世紀初頭にはまだ残っていたそのような理想も、二〇世紀の終わりにはほとんど跡形もなく消え去っていた。発展する産業界のニーズと、より包括的な民主主義を求める声に後押しされ、すべての人に教育を提供し、義務化するために、協調して取り組みがなされた世紀だった。こうして、一般市民を処置することが、教育機関にとっての難題となった。置かれた状況も育った文化も異なる大人数の生徒を、どうすれば一様に鍛えることができるのか。学校の財源や説明責任をどうするか。どのようにして教師を訓練し、質を保証するのか。

プロイセンの体系化された教育システムは、西洋のほぼすべての国にとってモデルとなった。このシステムの輪郭は、ホレス・マンやエルウッド・パターソン・カバリーのような著名な教育者たちの手によって明らかになった。最も重要なのは、中央集権的な計画の必要性、共通の基準の導入、教育と社会経済的ニーズとの結びつき、効率、説明責任であった。説明責任というゴールは、さまざまな形の客観的な評価によって達成されるべきものとされた。測定理論と標準化された能力テストが開発され、評価の実施は客観的、経済的、体系的な成功への道であるように思われた。

生徒にテストをして成績をつけることは、システムが正常に機能していることを確認するための、最も重要かつ明白な手段であった。それは、局所的なレベルの品質管理の手段であり、すべての人に公平であるという理想を強くアピールするものだった。正規分布曲線、正規分布に即した成績評価、「成績のインフレ」（良い成績をとる生徒が増えすぎること）への関心は、今日でもなお焦点となっている。しかし、局所的なアセスメントは、教師や学校の力量、あるいは国の教育システムを適切に管理するために必要な情報を提供することはできなかった。こうしたニーズは、標準テストの開発によって満たされることになった。標準テストでは、大勢の生徒が同じ時間内で同じ問題に解答することになる。コミュニティクラスの生徒の得点の合計によって教師の能力が評価され、学校の得点によって学校全体が評価される。コミュニティの得点によって保護者は「よい学校」がどこにあるかを知り、国のレベルではその国に欠けているものや進捗状況が判断できる。国際的な標準テストによって、地球規模の競争におけるその国の位置が示される。すぐにわかるように、こうした生産管理の考え方は、市場での地位と利益を求めて競い合う大規模な工場とまったく同じ設計になっている。

テストの伝統と、より広い意味での標準化された教育との密接な結びつきも重要である。能力の測定は、すべての人を単一の尺度や次元に沿って評価することができてはじめて意味をなす。例えば、異なる楽器を演奏する能力を一律に評価することはできない。ある楽器を演奏する能力は、他の楽器のそれと同じではないからである。したがって、測定を行うためには、全員が同じ楽器を演奏する必要がある。また、ジャズやロック、クラシックなど、違う種類の音楽を演奏するトレーニングを受けてきた人を同じように評価するのも公平ではない。

もし生徒の能力を測定しようとするなら、全員がほぼ同じカリキュラムで学んでいなければならない。また、一部の生徒だけが熟練した教師の指導を受け、他の生徒は受けられないならば、それは公平なテストとは言えないだろう。そのため、教師は全員、同じ研修を受けていなければならない。測定は標準化とセットであり、その結果はいたるところに証拠を残している。生徒は一様に、事前に計画された期待と要求のシステムに足を踏み入れる。カリキュラムの内容はあらかじめ決まっている。個人の選択の余地は最小限に抑えられ、統一性を保つために監視される。教員研修は、教師が規定の方法で授業を行うことを保証する。教師の教育実践は、事前に定義された目標に縛られ、生徒との関係は制限される。標準化されたカリキュラムとテストに加え、クラスの人数、学期の長さ、学習の進度も標準化されている。[3] ある実習生は、「アメリカの公教育システムは、一言で要約できます。それは『標準化』です」と話していた。

学校を管理された生産システムとみなすこのような見方は、過去一〇〇年の間にさらなる要求にさらされてきた。特に重要なのは、学校が政治目的を達成するための道具になりつつあるということである。この方向への大きな転換をもたらしたのは、一九五七年のロシア（当時はソビエト連邦）による人類初の人工衛星スプートニク一号の打ち上げ成功であった。アメリカ合衆国では、一九五八年に国家防衛教育法が制定され、科学教育を推進するプログラムに巨額の資金が提供された。こうして教育は、国家の安全保障を強化するための道具となったのである。[4] それから数十年の間に、教育は、生徒が就職して経済を支えていく準備をするための手段とみなされるようになった。こうした経済との結びつきは、二〇世紀後半の統治の動向と密接な関連がある。一般に新自由主義と呼ばれる政策では、規制緩和、自由市場、民営化、小さな政府と公的支出の縮小が望ましいとされる。また、組織や個人が競争することによって向上するという社会のあり方も好まれる。ここで言う「向上」とは、主として経済成長率の増加を意味する。

第８章で詳しく論じるように、新自由主義は、今や世界中の文化的生活の隅々にまで浸透し、教育を工場として捉える見方と相まって、深刻な結果をもたらしている。[5] 最も一般的なレベルで言えば、教育に対する新自由主義的アプローチには、人間の活動を道具化する傾向があるという批判がある。人々の活動は、それがもたらす経済的な効果によって価値づけられるようになる。人々の幸福や安心は資本蓄積の副産物とみなされ、二次的な関心事にとどまる。[6] こうして、イギリスとアメリカの大学は、経済競争に巻き込まれて授業料の値上げを続け、その結果、学位や卒業証明書を経済的な影響（「投資に対するリターンは何か」）を考慮して評価することが一般的になっている。同時に、大学は教育を商品として販売することにますます力を注ぐようになり、学生は消費者として再定義されている。よい教育が金銭的な尺度で測られることで、学びも、人間の幸福や安心も、二の次になってしまうのである。

経済が前面に押し出されると、公教育の課題は、最小のコストで教育的効果を最大化することになる。だからこそ、商品を測定（検査）できることが何よりも重要になってくるのだ。局所的なレベルでは、生徒の進度を明らかにし、次のレベルに進むことができると保証するために、テストを繰り返し、定期的に試験を実施することになる。[7] 教師や管理職、スクールカウンセラーは、テストと試験によって、「製造ライン」の部品として正しく機能していること、機械の歯車としての役割を果たす能力があることを保証される。アメリカのＳＡＴｓ、ＧＲＥｓ、ＬＳＡＴｓ、ＭＣＡＴｓのような全国テストは、高等教育への進学を望む生徒を選別する役割を果たしている。アメリカでは、連邦と州の双方が学校と教員を監督・評価するが、いずれも、生徒がテストでどれだけできるかに基づいている。システムのほぼすべての部品について、継続的にアセスメントが行われる。

もっと大きく言えば、製品の**測定**によってシステムの**価値**が決まることになる。教育の目的が、学習への取り組みではなくテストで成功することになると、他の価値や意味は削ぎ落とされてしまう。教育プロセスによって、創造性や好奇心、道徳的感受性、美的感覚、正義感、異なる他者への寛容さ、仲間と協同する力が高まるどうかは、重要ではなくなる。さらに悪いことに、こうした考慮すべき事項は、テストの成績に結びつく場合に限って意味をもつようになる。生徒がストレスや不安を克服できるようにカウンセリングが用意され、自信と自尊心を高めるための学校向けプログラムが開発され、授業に集中できない子どもには薬が処方される。こうした努力はすべて、学力の向上を究極の目的とする製造ラインに生徒を戻すために設計されている。生徒の才能、適性、価値観、展望の多様性や、生徒が生活に課題を抱えて配慮を受けているかどうかは問題ではない。要するに、教育プロセスはテストという暴力の犠牲になっているのである。

実際に、教育の工場モデルの出現には激しい批判が向けられてきた[8]。お馴染みの批判をいくつか取り上げてみよう。このシステムは機械のように機能し、生徒、教師、管理職を「機械の部品」や消耗品のように扱っている。生徒は、ほとんど興味のない知識や情報を詰め込まれる空の容器とみなされている。生徒は、さまざまな内容やスキルを習得することを問答無用に強いられ、現状維持のための駒として社会に出ていく。製造ラインという考え方では、生徒の間にある文化、興味、ニーズ、社会階級、ジェンダー、人種、民族意識、能力などの多様性の大きさを認め、正しく理解することができない。カリキュラムはたいてい画一的で、システムを開発したエリートによく似た専門家を育成するように設計されている。また、度重なる改革にもかかわらず、システム自体が、知識や科学技術の発展とグローバルな変化にすぐに対応できていない。だから、生徒が、自らの人生にとって重要な現代的な問題について探究したいと思えるようなカリキュラム内容になっていないのである。知識は価値とは無関係であると主張するシステムは、そのイデオロギーの偏りに気づくことも、それについて深く考えることもできない。そして、これはほんのはじまりにすぎないのである。

関係を手がかりとして教育評価を考える――根底からの変革

私たちの目的は、以上のような公教育モデルに対する積年の批判について詳しく説明することではない。一九世紀の理想に時計の針を戻そうとしているわけでもない。そうではなく、私たちの教育実践に浸透している工場メタファーに挑戦することで、新たな見方が開かれることを期待しているのである。私たちが特に関心があるのは、他者との意味に満ちた関係を中心に据えた教育の概念である。何が現実であり、何が真理であり、何に価値があり、何をもって知識とするかは、関係の中で決定されているからである。関係は、あらゆる言語の源でもある。私たちは言葉を話すこと、聞くこと、読むこと、書くことを関係から学び、それによって推論、対話、討議（批判的なものも創造的なものも含めて）に参加できるようになる。さらに関係は、私たちが一人の人間として、家族の一員として、コミュニティや社会、世界、さらには宇宙の一員として存在するための中核をなす。関係は、人間のウェルビーイングと豊かな人生にとって最も重要なものである。このように、関係は、教育、学習、管理、相談、子育ての中心になければならない。教育プロセス全体の命運は、関係の状態にかかっていると言っても過言ではない。

第2章では、関係に基づく教育観を展開する。ただし、急いで付け加えておくと、私たちは未来の学校の新しい「青写真」を示そうとしているのではない。私たちの生活にこれほど定着している制度を捨て去ることは容易ではないし、白紙の状態から始めることもできない。さらに重要なのは、青写真を示すことは、関係主義的な考え方の否定につながるということである。エリートが勝手にシステムを構築し、制度によって未来を左右される人々のニーズや要望、希望に耳を傾けることなく、それを国民の生活に挿入することを許したのが、そもそも間違いだったのだ。そのため、私たちのねらいはもっと限定されたものになる。教育プロセスにおいて決定的に重要な要素の一つである評価を変えるのだ。学校教育において評価は、評定、試験、テスト、査定などさまざまな形で表現され、それぞれ異なる（一部重複する）文脈で使われているが、私たちの関心は、一人あるいは複数の人間や機関が、他者の価値（質、特性、能力、パフォーマンス、潜在能力、スキル）を判断するという疑いようのない構造にある。

これは、決して取るに足りない問題ではない。評価の伝統は、教育者のコミュニティにも文化全体にも深く入り込んでいる。試験やテストのない教育など考えられない。評価の伝統は、教育の工場モデルを維持するうえでも極めて重要である。測定への「こだわり」に異議を唱えるならば、現在の教育の管理・統制方法、標準化と効率の追求、教育を経済的資産とする見方に疑問を呈することになる。さらに、もし関係に基づく評価への道を開くのであれば、新たな形の教授法も招き入れることになるだろう。テストの成績のために教えることをやめれば、創造性が発揮され、学習はより魅力的で刺激に満ちたものになるだろう。同様に、定型的なカリキュラムも、もはや圧倒的に優位なものではなくなる。教師は、さまざまな学問分野や現在の社会的関心事から題材を集めることができる。学問分野の独立を要求する声は、今日の世界の喫緊の課題により密接に関連したハイブリッドな分野の開拓を、渋々受け入れることになるかもしれない。

これは単に、概念的な問題ではない。工場モデルは国家が支援する慣習によって支えられているが、それに対する不満は、以前から創造性を刺激してきた。後で見るように、その結果生まれた多くの革新は、関係を重視する目下の私たちの方向性と一致している。いたるところで、対話、協同、グループワーク、参加型アクション、領域横断性や学際性、保護者の関与、分散型リーダーシップ、学びの共同体、グローバルな相互接続などがますます強調されるようになっている。後で述べるように、こうした変化は、多様化し複雑化する社会で協同的に取り組むことのできる人間を求める社会のニーズと一致している。教授法、カリキュラム、学校リーダーシップを大きく変えるための種は、すでに蒔かれている。このような変革を阻む大きな壁となっているのが、評価である。評価を変えることで、教育の景色を刷新することができるかもしれない。

以下、本章では、教育システムがその効果を発揮するためにはテスト、試験、成績が不可欠であるという通説に対して批判の目を向ける。ここでは、測定に使用するツールの有効性、学びのプロセスに与えるインパクト、および生徒への影響を検証し、最後に、ハイステークス・テストがもたらす弊害に焦点をあてる。生徒の評価を中心に検討していくが、そこでの議論のほとんどは、教師や学校の評価にも関連している。能力評価基準の妥当性や、測定がコントロールしようとする当のシステム自体を弱体化させているという事実に疑問をもつことは、現在の教師と学校に対する評価の慣行にも言及することになるのである。このような問題については、後の章であらためて触れることにしよう。しかしながら、一般的に見て、評価の伝統がその目的を達成できていないのであれば、他の選択肢を検討する道は開かれている。本書の残りの部分は、その有力な代替案にあてられている。

テストと成績評価を点検する

私たちは、評価が教育の工場モデルを維持するうえで中心的な役割を担っていることを指摘した。システムの管理の問題は別にしても、評価手段は教育プロセスそのものにとって不可欠だと一般に言われている。評価に批判的な問いを投げかけ、有意義な対案を提示しようとするなら、こうした主張を考慮することが重要になってくる。評価の肯定的な側面として、以下の五点が挙げられている。試験やテストによって、（1）生徒は、自分の能力レベルについてのフィードバックを得られ、自らの強みや弱み、どこに注意を向ければよいかがわかる。（2）教師は、生徒が学べているかどうかがわかり、授業を改善することができる。（3）保護者は、わが子の学習状況についての情報が得られ、子どもの学習をサポートすることができる。（4）政府は（また保護者や納税者も）、学校や教師、管理職の能力を把握することができる。（5）高等教育機関や雇用者側は、選考プロセスに役立つ情報を得られる。

問題は、現在の評価が、実際にこうした目的を達成できているかどうかである。この問いに答えるためには、まず、日々の学校生活や全国テストでよく使われる評価方法が、どのような可能性をもっているかを考えることが重要である。前者については、測定手段の妥当性と、それが学びや生徒のウェルビーイングに与える影響を精査する。次に、全国テストとそれが学習に与える重大な影響に焦点をあてる。従来の評価では、教育の目的を達成することはできないということがわかるだろう。代替案の検討が必須である。

テストは私たちに何を伝えているか

イギリスのランカシャー州のある小学校の校長は、全国テストを受けた六年生の児童に次のような手紙を書いた。

このテストを作り、採点する人たちは、君たち一人ひとりのことを知りません。君たちを教えている先生のように、また私がそうありたいと願っているように、もちろん君たちの家族のように、君たちのことを知っているわけではないのです。君たちの中に二つの言語を話す人がたくさんいることも、楽器を演奏したり、ダンスをしたり、絵を描いたりするのが上手な人がいることも知りません。友だちが君たちを頼りにしていることも、君たちの笑い声が憂鬱な日を明るくしてくれることも知らないのです。[9]

もし、テストが生徒のことを何も教えてくれないとしたら、いったい何を教えているのだろうか。測定とは、独立した物や出来事の特性や特徴を写し出すことだと考えられている。例えば、ある物の重さや高さ、速さなどについて知りたいとき、私たちはこれらの特性を測定する尺度を開発する。学校のテストや試験も同様に、教師が生徒の知識や能力について知るために考案されたものである。比喩的に言えば、測定尺度は鏡のように機能し、問題となっている物や出来事を正確に写し出してくれるものでなければならない。その像が正確であれば、測定は妥当である。しかしながら、測定に対するこのような考え方には重大な欠陥がある。物や出来事それ自体がもつ特性などない。私たちの考える特性は、特定の関心から生まれたものである。例えば、「水の特性」をどう考えるかは、何に関心があるか、つまり化学なのか、釣りなのか、汚染、写真撮影、それとも水泳なのかによって変わってくる。測定という行為は、私たちが属する特定の集団の想定や関心の結果なのである。例えば、一斤のパンをどのようにして測定するか。栄養士であればカロリーを計算し、生物学者なら穀物の含有量を教えてくれるだろう。しかし栄養士の世界でも、生物学者の世界でも、パンの特徴として「味」が挙げられることはない。物理学者にとっては、カロリーも穀物も味も関係ない。

人々の性質や特徴の捉え方についても同じことが言える。人そのものは何の性質ももたない。その人自身としては、賢明でも愚かでもなければ、野心的でも怠惰でも、注意深くも無頓着でもない。これらの性質がどこかに存在して、発見され、定量化されるのを待っているわけではない。それは、人々を自分たちのやり方で説明しようとするさまざまなコミュニティの関心、価値観、仮定を表しているのだ。ここから、教育システムがいかに試験やテストをつくり出し、その目的のために実用的かつ比較可能な用語で学びや知識を定義してきたかがわかる。生徒や教師、保護者の関心とは無関係に、また、生徒が参加する可能性のある複雑で豊かな活動とは無関係に、生徒は画一的な点数や成績に還元されてしまう。テストと成績評価がつくり出す世界は、有能な人間と無能な人間、賢い人間と愚かな人間、優秀な人間と平凡な人間からなっている。若者たちはアイデンティティを脅かすような伝統の中に放り込まれ、その成り立ちや自らの人生への影響について発言することもできない。テストと成績評価は、評価される側よりも、それを適用する側の前提や価値観について、より多くのことを教えているのだ[10]。

しかし、当面は、評価がどのように教育の世界をつくり出すかという問題は傍に置き、生徒の力量や教科の習得度などの測定に関わる長年の仮定と価値観を一時的に受け入れてみることにしよう。ここで、私たちは新たな問いにぶつかることになる。試験やテストは本当に正確な情報を与えているのだろうか。従来の言葉を使えば、テストと成績は、生徒の知識や学びに関する確かな指標となっているのだろうか。さまざまな批判を見ると、この仮説はほとんど支持されていない[11]。試験の得点について考えてみよう。私たちは、生徒の実力がテストの結果に反映されており、その結果によって生徒の将来が決まると考えている。しかし、テストの結果に反映されているものは、他にもあるのではないか。

生活状況　もし子どもがお腹を空かせ、睡眠不足で、恐怖を感じながら学校に来ていたら、テストの結果に影響するのではないか。家庭では両親がいつも言い争い、兄弟がドラッグ中毒で、クラスメートからオンラインでいじめを受けているとき、なぜ生徒に落第点が与えられなければならないのか。高校生の息子をもつ母親が、毎晩勉強について息子と話をし、提出する前の作文に手を入れ、最新のコンピューター技術を身につけさせ、友人と夜遅くまで外で遊ぶことを禁止している場合、この息子が抜群の成績をとったことについて、誰を——母親と息子のどちらを——褒めればよいのだろうか[12]。

関心と意欲　一般に、試験では、学力という生徒の一面に注目が集まる。考え、価値観、意欲、道徳的信念、精神面、性的指向、愛や憎しみなどはどれも生徒の日常生活に不可欠であるが、学力以外のあらゆることが見えなくなる。しかし、この「他のあらゆること」こそが、生徒の目の前の教科への取り組みに決定的に影響するのである。読むことについて考えてみよう。最もやさしい入門書から最も高尚な文学作品まで、生徒が何を理解し、評価し、記憶するかは、その生徒の関心に大きく左右される。あらすじに集中して読む人もいれば、特定の登場人物に共感する読者もいる。書き方に関心をもつ人もいれば、書かれていることを自分の人生に結びつけようとする人もいるだろう。そこで、個人の力量を測るものとして、例えばあらすじの詳細などの単一の指標を用いることは、果たして妥当なのだろうか。

個人的な問題　同じ試験でも、生徒が抱える個人的な問題によって異なる意味をもつだろう。自信をもって試験に臨む生徒もいれば、試験に興味がない生徒も、恐怖を感じる者もいる。こうした個人的傾向の多様性は、成績にも関わってくる。例えば、テスト不安については多数の文献がある。[13] 試験という顕微鏡を通して見られることによって多くの子どもたちが感じるストレスは、小学校から始まっているのかもしれない。失敗の経験を重ねるたびに、ストレスは増していく。不安は実際の行動に影響するため、試験の点数にも響くだろう。失敗と不安は相互に強化し合う。テストに対する不安の強い生徒は、自信のある生徒よりも有意に得点が低いことが、研究によって示されている。[14] 試験の点数を情動の指標として読み取ることはできないだろうか。

テストの練習　経験と練習が成功につながるのは、他のどんな複雑な課題でも同じである。つまり、経験を重ねることで、テストの選択肢がどのように作られているかがわかり、どんな問題が出るかを考えながら授業を聞くようになり、長時間に及ぶ試験での短い答えの書き方や時間配分のルールを身につけていく。テストを受ける経験が多いほど、成績が上がるなら、学校に長く通えば通うほど、教科の知識を問うという意味でのテストの有効性は下がるという結論になるかもしれない。本章の冒頭で紹介した生徒の言葉にあるように、テストはテストを受ける能力を測っているのである。

教室の文化　生徒が試験で良い成績を取るために努力するかどうかは、文化的な位置づけの問題によるところが大きい。ウィリスによるエスノグラフィーの古典に示されているように、労働者階級の若者は、成績優秀な生徒をバカにするかもしれない。成績の良い生徒は、幼稚で、冒険心に欠け、「世間知らず」である。[15] もっと言えば、そうした生徒は「ガリ勉」「成績至上主義」「点取虫」とからかわれる。ハーバート・コールも述べているように、マイノリティの若者は、自分の知性や誠実さが教育システムによって脅かされていると感じ、「創造的不適応」の形で対応することが多い。[16] 勉強に専念できないということがほとんど考えられないアジアの人々の文化とは、劇的な対照をなしている。私たちが評価しているのは、個人なのか、それともその人の文化的背景なのか。

教師のスタイル　教師の指導のスタイルは実に多様である。生徒に対して温かく親しみのある接し方をする教師もいれば、一定の距離を保とうとする人もいる。ユーモアにあふれた教師もいれば、真面目な人もいる。また、教師個人のスタイルに対する生徒の反応もさまざまである。父親や母親のような先生に魅力を感じる生徒もいれば、自立を促されることで成長する生徒もいる。教師のスタイルと生徒との相性の良し悪しは、生徒の学びに反映されるだろう。実際、教師の個性や性格によって科目やコースを選ぶ生徒も多い。さらに、特定の生徒に対する教師の関わりもさまざまである。ローゼンタールとジェイコブソンによる「ピグマリオン効果（教師期待効果）」の古典的な研究が明らかにしたように、教師は生徒を肯定的に見ているとき、生徒の成績を向上させるような関わり方をする[17]。また、教師は下層階級の生徒の失敗を助長するような教え方をすることがあるという研究もある[18]。一般的に、教師も保護者も、成績が悪ければ、それは生徒個人の問題だと考える[19]。だが、落ちこぼれの生徒には、落ちこぼれの教師がいると言うこともできる。さらに、地域が子どもを育てるとすれば、子どもの失敗は地域の人々の失敗でもあるのではないかと問うこともできるだろう。

教育方法　教師のスタイルについて述べたことは、教育方法についてもあてはまる。生徒の試験の成績は、生徒がこれまで経験してきた教育方法に大きく左右される。教師がパワーポイントを使用することで、資料がわかりやすくて安心する生徒もいるが、一方通行の教え方に飽きてしまう生徒もいる。遠隔授業に刺激を受ける生徒もいれば、対面のディスカッションで生き生きする生徒もいる。協同的なグループワークによって伸びる生徒もいれば、一人で作業する方がいいという生徒もいる。こうした背景から、伝統的な教育方法が、マイノリティや不利な立場にある生徒を排除するような構造になっているという批判がある[20]。少数派の生徒の利益を促進するような教育方法を試みている人もいる。要は、生徒の試験の得点は、生徒と教育方法とのさまざまな関係を反映しているということである。

このように、生徒の試験の成績には、社会経済的背景、家庭環境、教師の個性や教え方、生徒個人のニーズや能力、関心や意欲、性格や目標など多数の要因が影響を与えており、これらすべての要因の相互関係も関わってくる。評価点それ自体は、何を測っているのかについてほとんど何も教えてくれない。生徒だけを測っていると結論づけることも誤りである。

学びの破壊

秋のある日、マリクという八歳の少年は、休み時間を使って校庭で葉っぱのデザインをしていた。赤と黄色の流れるような色の帯に、通りかかる人々は目を奪われた。この活動は強制されたものではなく、マリクは自分のデザインを評価されるとは思ってもいなかった。しかし、もしマリクが葉っぱを使ってアートを作るという課題を与えられ、その出来栄えを評価されると言われていたらどうだろうか。優れた創造性が見られただろうか。一概には言えないが、その活動は緊張感に満ちたものになり、マリクは採点基準を気にするようになったかもしれない。実際、高校生の間では、課題のせいで、読む、書く、調べる、考えるという学習の楽しさが減るという不満がよく聞かれる。小説、詩、歴史書、哲学書を読むことを楽しんでいたのに、今ではそれが「しなければならないこと」になっている。読みたい本であっても、成績が問題になると、味気ないものに感じられてしまう。

学びのプロセスに成績評価という道具が入り込むことで、学びの可能性が狭められてしまう。それ自体として意味のある活動が手段化される。生徒は小説を読んで登場人物の人生に引き込まれ、そこで展開している関係の力学を経験するかもしれない。詩を読んで、そのイメージ、メタファー、リズムに魅了されるかもしれない。歴史書を読んで現在の出来事とのつながりを想像したり、哲学書を読んで人生の意味を考えさせられたりもするだろう。自分の努力を外的な評価基準に向けるようになると、こうした生き生きとした可能性は跡形もなく消え去ってしまう。

成績は、学習が行われているかどうかを判断するための唯一の目印になっていると、多くの人が考えている。成績はただ一つの価値の指標であり、それだけが学ぶ理由になった。トッド・ヴォディッカは、小説『すべてうまくいく、すべてうまくいく、すべてのことがうまくいく』でこの傾向を捉えている。[21]

「ヘッカー先生、これは試験に出ますか?」というのが、どの教科でも私の生徒の興味の限界だった。テストに出るなら生徒はノートを取り、出ないなら取らない。彼らの無言の、平板なまなざしは、私を落ち着かない気持ちにさせた。彼らは愚かではないのだと、私は自分に言い聞かせた。人類の何千年もの進歩の最終的な到達点が愚かであるはずがない。

もし勉強する目的が試験で高い得点を取ることなら、学びのプロセスにそれ以外の価値はなくなる。良い成績を取れなかったら、学習に費やした時間は「無駄」になってしまうだろう。勉強しなくても良い成績が取れるなら、それに越したことはない！　若者が自分たちが受けている教育をこのように捉えている限り、学習は何か別の目標を達成するための道具でしかなくなる。発見の喜び、知的な挑戦、想像の羽を広げること、創造性やインスピレーションなど、学びのプロセスそれ自体のもつ大切さが失われてしまうのである。

学校における生と死

アクティブマインド[訳注ii]が主催したある巡回展で、一一〇〇個のバックパックが地面に広げられていた。これは、アメリカで毎年自殺を図る生徒の数を表している。[22]生徒の不安と抑うつは試験によるストレスと密接な関連があることを示す報告が、世界中で増えている。学校は他の多くの制度と同様に、何が適切で、何が適切でないか、何が称賛に値し、何が罰せられるかという独自の定義をつくり出している。学校にとって価値の主たる基準は学力であり、テストの点数や成績はその重要な指標である。そのため、生徒は常に脅威にさらされながら生活している。抜き打ち小テストであれ、宿題の採点であれ、毎週のテストや最終試験であれ、教師やクラスメートからの恐ろしい評価にもなりうるのである。

評価の脅威は、学力だけでなく、生徒のアイデンティティにも関わってくる。成績が下がれば、精神的な余裕に影響する。入学するとき、生徒は自分の「知的レベル」や「学問的適性」にそれほど関心をもっているわけではない。しかし、学校という閉鎖的な文化の中で一二年以上過ごすと、これらが自己意識の中心になってくる。多くの調査から明らかになっているように、成績と自尊心には強い関連がある。[23]例えば、ミシガン大学の調査研究では、八〇％の生徒が、自分の価値は学業成績によって決まると感じていた。[24]若者をテストや成績で評価することは、彼らの人間としての価値を判断することにもなる。生徒の自尊心を高めるために、学校で多数のプログラムが開始されているのも不思議ではない。しかしながら、こうしたプログラムは、疾患について考えずに症状ばかりを追いかけている。そもそも生徒の自己効力感のために、なぜ特別なプログラムが必要なのだろうか。

成績へのプレッシャーは、保護者の熱心な期待という付加的な要因によってさらに大きくなりがちである。親の自尊心は、わが子の学校での成績との関連がある。子どもの成績が低いのは、子育ての仕方か遺伝子の質に問題があるせいだと考えられている。さらに言えば、子ども以上に保護者の方が、わが子を「良い学校」に入れるための競争に熱中しているのかもしれない。そのため、保護者は自分の息子や娘に対し、もっと勉強しなさいとしきりに追い立てるのである。成績が下がれば、権利を取り上げたり、無関心になったりするかもしれない。成績が低い子どもの場合、親はわが子に障害があるとみなしたい誘惑にかられる。親は教師と一緒になって、ＡＤＨＤ（注意欠如・多動症）の診断を求める。子どもは、集中して成績を上げるために薬を処方される。また、そのような生徒に、試験のときに特別な配慮をする誘因については言うまでもない[25]。アメリカでは、ＡＤＨＤの診断を受けた一一歳から一四歳までの子どもの数は今や六〇〇万人を超え、学校に通う子どもの一〇％近くを占める。さらに、この数字は年々増えている[26]。ＡＤＨＤの治療薬を供給する製薬会社は一三〇億ドル以上を売り上げ、その大部分はＡＤＨＤが実際に病気であるという主張を支持するための研究に費やされている。

次のような報告にも、特に驚きはない。アメリカでは、二〇〇九年から二〇一七年の間に、一四歳から一七歳の子どものうつの割合が六〇％以上増加している。一二歳から一三歳の子どもでは、五〇％の増加である。一部の私立高校の一一年生を対象とする最近の調査では、約半数の生徒が慢性的にストレスを抱えていることがわかった[27]。日常的に強いストレスを感じていると報告した生徒は半数近くいた。このようなストレスの最大の原因は、学校の勉強、成績、および大学進学であることが明らかになっている[28]。トップの成績を取れという保護者と学校からのプレッシャーは、早くも小学校から始まっており、そのストレス度の高さは、健康問題とみなす教育者さえいるほどである[29]。

試験によるストレスと生徒の健康や幸福感との関係を疑う人は、ほとんどいないだろう[30]。生徒の自殺は、学業上のストレス度と有意に関連していることがわかっている[31]。全米教育連合の調査によると、試験が原因で「生徒が自傷行為を

［訳注 ii］ 若年層のメンタルヘルスに関する意識向上と教育を、対話を通じて支援するアメリカのＮＰＯ団体。

したり、自傷行為を考えたりしたことがあると回答した学校職員は半数以上（五六％）にのぼる」[32]。さらに言えば、自殺問題を抱えて救急外来にやってくる一九歳以下の子どもの数は、二〇〇七年から二〇一五年で倍になっている[33]。学校がある月の自殺未遂率は、学校が休みの月の二倍である[34]。

私たちはなぜ、ストレスや不安が常態化し、最も弱い人がもう生きていたくないというところまで追い込まれるような教育機関を作ろうとしているのだろうか。

ハイステークス・テストは「落第点」

ハイステークス・テストとは、地方自治体や政府が標準化された評価手段を使って生徒、教師、学校管理職の能力を確かめようとする実践である。このようなテストには長い歴史があるが、その実施が急激に増えたのは二〇世紀後半であった。アメリカでは数十年来、どの大統領もこのようなテストを擁護してきた。三年生から九年生までの一斉テストに州がかける費用は、年間で一七億円以上に達している[35]。イギリスでは、全国テストによって、名誉か恥辱かの殿堂がつくり出されてきた。得点の高い学校は賞賛される一方、成績のふるわない学校は閉校の危機にさらされる。ハイステークス・テストへの批判は広がり、ますます激しくなっている[36]。本章でこの激しい抵抗をすべてレビューすることはできないが、実際に、このテーマについて執筆している多くの人を集めて評価すれば、ハイステークス・テストの評価は「F」になるだろう。しかし、代替案を模索するためには、いくつかの事柄に焦点をあてておく必要がある。

まず、ハイステークス・テストは、教室で行われるテストや試験と同様、妥当性の問題を抱えている。ハイステークス・テストは、生徒の学習について客観的な理解を与えるものではなく、むしろ、試験をする側が選んだ狭いレンズを通して現実を**つくり上げている**のである。それは、自称「専門家」たちが、本の質を形容詞の数で測ろうとして、論旨の明確さや文体の美しさをまったく考慮しないようなものである。言語や数学の能力を測るために注意深く作られたテストでさえ、その妥当性は明らかでない。これまで述べてきたように、こうしたテストは生徒の学力を表しているように見えるが、教師、保護者、学校文化、生徒のメンタルヘルスやストレス度、学級の多文化構成、周囲のコミュニティの状況などについてのテストであるという解釈も可能である。どのように解釈するかによって、給与の引き下げから、カウンセリングの充実、警備員の増員、教師の解雇や閉校まで、提案される政策や改善策は変わってくる。テストの点数だけでは、政策決定の方向性は見えないのである。

また、このようなテストが学びのプロセスに与える影響についても、圧倒的に多くの批判が向けられている。最も多いのは、「テストのために教える」ことになってしまっているという不満だろう。生徒にテストの準備ができるように、それ以外の学びの関心はすべてわきに置かれる。教育方法とカリキュラムはあまりにも狭くなり、生徒の好奇心、イノベーション、協同性、プロジェクトはすべて犠牲になる。テストの準備のための授業時間は、数週間に及ぶこともある。教師の士気は低下する。教師の自主性が脅かされているだけでなく、テストの点数によって尊厳や、職すら失う可能性があるからである。生徒も努力しなくなる。目の前に与えられた課題は、難しいだけでなく意味のないものだからである。このようなテストに教育的価値はほとんどない。生徒は、批判的、創造的に考えることなく、興味のない情報を、その意味もわからないままただ詰め込む。すでに述べたように、このような準備によって得られるものと言えば、標準テストを受けるためのスキルの向上くらいである。

また、標準テストは、社会に存在する多様な民族、宗教、人種、また学校システムへの局所的なニーズに敏感ではない。イギリスでは、上流階級向けのエリート私立学校と都市部の大規模な中等学校が同じ軸で比較され、アメリカでは、郊外のアッパーミドルクラスの学校と、都市部の下層階級の学校や南西部の農村にあるヒスパニック系のコミュニティなどが比較される。しかし、それぞれの環境において、教育的ニーズは非常に特殊なものになる場合がある。ある学校では、生徒が競争を勝ち抜き、優秀な大学に入ることが目標だが、別の学校では、生徒をとにかく卒業させることに関心があり、さらに別の学校では、教師の減少や低迷する経済状況への対応が課題となっているかもしれない。ある地域では、企業が特定のスキルをもった卒業生を求めているが、別の地域では、農業従事者、建築業者、あるいは学校の教員を必要としているかもしれない。すべての人に適した単一のテストがあると考えることは、それぞれの地域のニーズに対応できないだけでなく、学校が教育的機能を果たすことを妨げてもいるのである。

最後の欠点は、求められる努力が無制限に上昇していくという点だ。全国テストや各地域のテストに基づいて学校システムを比較することが可能になれば、価値の階層構造がつくられる。同じことは、経済協力開発機構（ＯＥＣＤ）が公表する生徒の学習到達度調査（ＰＩＳＡ）の順位のような生徒の学力の国際比較にも言えるだろう。こうした階層構造があるとき、トップ以外のすべての学校と国は、指導を厳しくしたり、宿題を増やしたり、生徒がもっと勉強に励むためのインセンティブを用意したりするなど、さらなる努力を強いられる。成績を上げることに成功した学校は、ヒエラルキーを上昇するが、その一方で他の学校が追い出される。順位が下がった学校は、宿題を増やし、生徒がより一生懸命に取り組むためのインセンティブを設け、成功へのプレッシャーを強めるなど、競争のためにさらに努力する。再び競争が始まり、価値あるものを求めて着実に努力が積み重ねられる（もちろんトップの学校や国は、競争相手が追い上げてくれば、順位を守るためにますます努力する）。教育の価値、学びの理念、生徒の職業倫理についての十分な検討はなく、代わりに、優秀さの基準がますます吊り上げられ、努力の要求だけがますます強まる。生徒と教師は大きな犠牲を払うことになる。

ハイステークス・テストを擁護する人たちは、それが生徒の成績の向上に成功する場合があるという証拠を挙げる。しかし、一見、学習効果を高めているように見えるものは、テストで良い成績を取るために生徒を訓練する努力と簡単に切り離すことはできない。重要なのは、テストの成績が教育の目的なのか、という問いである。教育の目的がテストの成績以外にあるとすれば、その目的に貢献するのはどのような評価だろうか。

教育評価——なぜ私たちは悩まされるのか

先に、教育におけるテストと成績評価の主な目的をいくつか紹介しておいた。ここでの分析を踏まえて、これらの目的に立ち返ってみることにしよう。評価は学びのプロセスに必要だが、その目的は現在の評価装置でどの程度達成されているのだろうか。もしそこから得られるものがほとんどないとしたら、代替案を検討する段階にきているということである。以下本書では、一つの有望な代替案について論じていく。ここでもう一度評価の主な目的について考えてみよう。

生徒へのフィードバック　生徒の学習に対するフィードバックは、学びのプロセスそのものにとって不可欠である。しかしながら、試験は改善に必要なフィードバックを生徒に与えるものではない。まず、テストと成績は、主に生徒の

「失敗（できていないことや足りない部分）」に焦点をあてている。注意深くしっかりと準備した生徒が成功することが前提とされているため、生徒にまず知らされるのは欠点である。「私はどうして満点ではなかったのか」。もっと大事なのは、テストと成績は、もっぱら過去の総括として機能するということである。すでに学習した内容を習得しているかどうかによって、成績はつけられる。満点以外の結果から生徒が得るものは、今後の課題に向けた資源にはほとんどなりえない。成績が生徒にとって重要なもの、すなわち個人の学習の軌跡、興味や好奇心、クラスメートとの関係、学校での安心感や満足感を明らかにすることはほとんどない。これは、二つ目の点とも密接に関連している。

教師向けの手引き　生徒の学習を促進しサポートするために、教師が自らの教育実践についてフィードバックと指導を受けることは重要である。しかしながら、生徒のテストの成績は、この目的にはほとんど役に立たない。すでに述べたように、テストは教えられたこととの関連性が曖昧である。試験の成績は、その生徒の文化的背景、家庭生活、感情面など幅広い要因による結果の可能性がある。では、教師は生徒の成績から何を学ぶのだろうか。クラス全体の得点が低い分野が見つかるかもしれないが、その発見もまた、複数の解釈が可能である。得点が低いのは、教材を学習した日や時間のせいなのか、大きな学校行事が入ったせいなのか、季節のせいなのか、教えるツールのせいなのか、あるいは生徒がその教科に関心をもっていなかったせいなのか。複数の解釈が可能で、何も明らかにはならない。

生徒の学習に関する保護者への情報提供　理想は、子どもたちの学習についての情報が、保護者の指導やサポートに役立つことである。現状では、テストの得点と成績は、競争での成功の指標になってはいるものの、子どもたちが何を学んだのか、何に関心があるのか、自分の未来についてどのように考えているのかについては、ほとんど何もわからない。また、能力指標、テストの得点、成績の解釈の仕方がわからないため、保護者は概して多くの教師と同じ誤りに陥ってしまう。つまり、これらの指標を生徒の評価とみなしがちである。こうして、貧困、文化的背景、教師の性格など、生徒の成績に影響を与える可能性のある周囲の状況をすべて無視することになる。そこには、両親の関係や生徒との関係も含まれるだろう。興味深いことに、生徒が失敗すると、親はたいてい生徒に非があると捉えるのに対し、生徒が成功すると自分たちの手柄だと考えるのである。

高等教育機関および雇用者への情報提供　多くの志願者の中から効率的に選考を行うためには、正確な能力の指標が不可欠である。しかし、テストの成績からは、生徒（学生）の進学や就職への適性についてほとんど何もわからない。単一の数字や文字に要約された成績の利便性のために、潜在的な能力や関心についての繊細で深く掘り下げた質問が犠牲にされているのである。こうして、大学は難しいジレンマに陥ることになる。実際、成績やテストの得点が志願者の能力を正確に反映するという考えは誤りだという理解が広がっている。入学試験委員会は、他の判定方法を継続的かつ創造的に模索しているが、同時に圧倒的な数の志願者に悩まされている。選考プロセスの代替案という課題については、第8章で再び論じることにする。

テストと試験は、それが作られた本来の機能を果たすことができないばかりか、学びのプロセスを進んで阻害していることがわかる。教育の目的が試験の成績に根本的に還元され、学びのプロセスの大きな可能性が奪われてしまっているのだ。良い成績をとるためにストレス度が増し、生徒と教師双方の好奇心、創造性、批判的思考が損なわれる。教えること、学ぶことから喜びが枯渇してしまうのである。

影の向こうへ

ここでの分析から、評価は必要ない、すなわち、学びのプロセスについての有益な情報を得たいという生徒、教師、保護者、管理職、入試・採用担当者、政策立案者の願いは見当違いであると結論づけるのはやめよう。私たちが提案したいのは、そういうことではない。重要なのは、そのような情報に対する継続的なニーズを、より害の少ない、より有益な方法で満たすことができるかということである。もし評価のプロセスを通して、学びとは何か、進歩、発達、価値ある成長とは何か、についての理解が深まるとしたらどうだろうか。もしそのような実践によって、学びの旅についての理解を深め、教師、生徒、コミュニティと協同して意味ある未来を築くことができるとしたらどうだろうか。そして、そのような評価の結果、一人ひとりの学びについての繊細な洞察が得られるとしたらどうだろうか。

この目的のために、私たちは、主体と客体（評価者と評価の対象）との従来の関係を、関係的な方向性で置き換える。教えること、学ぶこと、すべての関係者のウェルビーイングを高めることにおいて、関係が果たしている重要な役割に私たちは気づいている。教育における評価は、関係という源泉から生まれるだけでなく、それを育むものでなければならない。関係のウェルビーイングが最も大切にされるとき、教育評価は学びがもつ意味を豊かにし、生徒、教師、学校、周囲のコミュニティを幸福にすることが可能であるということを示したい。

注

[1] Gill, S., and Thomson, G. (2012) *Rethinking Secondary Education*. London: Pearson Education.

[2] このような考え方を推進した主な思想家には、ジャン・ジャック・ルソー、ヨハン・ペスタロッチ、フランシス・パーカー、ヨハン・ヘルバルト、マリア・モンテッソーリ、ルドルフ・シュタイナーをはじめ、多くの人物がいる。二〇世紀に入ってからも、ジョン・デューイ、アルフレッド・ノース・ホワイトヘッド、ネル・ノディングズなどの思想家が、進歩的、人間中心的、関係中心的な教育を提唱している。

[3] Stokes, K. (2013) "The impact of the factory model of education in Central Texas." 未発表の優秀学位論文 Waco, TX: Baylor University.

[4] 一九六七年、アメリカ政府は、国内の教育の進捗状況を組織的に評価する機関として、全州教育協議会（Education Commission of the States: ECS）を設立した。

[5] 例えば、Shumar, W. (2013) *College for Sale: A Critique of the Commodification of Higher Education*. New York: Routledge; Schwartzman, R. (2013) "Consequences of commodifying education." *Academic Exchange Quarterly*, 17(3): 1-7. を参照のこと。

[6] Thomson, G., and Gill, S. (2020) *Happiness, Flourishing and the Good Life: A Transformative Vision of Human Well-being*. London: Routledge.

[7] 生徒用標準テストの重用の広がりを示す例として、株式会社プロエドの生徒評価ツールのカタログには、「言語処理障害」「表出言語障害」「声の大きさ」「感情コントロール」「音声学」のテストを含む、三〇〇以上の能力テストが掲載されている。以下のホームページを参照。https://www.proedinc.com/Request-Catalog.aspx

[8] 例えば、以下を参照。Coffield, F., and Williamson, B. (2011) *From Exam Factories to Communities of Discovery: The Democratic Route*. London: Institute of Education; Jacobs, J. (2014) "Beyond the factory model." *Education Next*, 14(4): 34-41; Serafini, F. (2002) "Dismantling the factory model of assessment." *Reading & Writing Quarterly*, 18, 67-85; Gottesman, I. (2016) *The Critical Turn in Education*. London: Routledge.

[9] Belam, M. (2018) "'These tests only measure a little bit of you' — the teacher's letters that go viral." *The Guardian*, May 15,

2018.

[10] 現実の社会的構成については、以下を参照。Gergen, K. J. (2009) *An Invitation to Social Construction* (3rd ed.). London: Sage.（東村知子訳　二〇〇四　『あなたへの社会構成主義』ナカニシヤ出版（第１版の翻訳））

[11] 例えば、以下を参照。Ravitch, D. (2000) *The Death and Life of the Great American School System: How Testing and Choice Are Undermining Education*. New York: Basic Books; Popham, W. J. (1999) "Why standardized tests don't measure educational quality," *Using Standards and Assessment*, 56(6): 8–15; Ryan, R. M., and Netta, W. (1999) "Undermining quality teaching and learning A self-determination theory perspective on high-stakes testing," *Theory and Research in Education*, 7 (2): 224–233; Jones, G. M., Jones, B. D., and Hargrove, T. (2003) *The Unintended Consequences of High-Stakes Testing*. Lanham, MD: Rowman and Littlefield; Kohn, A. (2000) *The Case Against Standardized Testing: Raising the Scores, Ruining the Schools*. Portsmouth, NH: Heineman; Sacks, P. (1999) *Standardized Minds: The High Price of America's Testing Culture and What We Can Do About It*. New York: Perseus; Guskey, T. R. (2015) *On Your Mark: Challenging the Conventions of Grading and Reporting*. Bloomington, IN: Solution Tree; Koretz, D. (2017) *The Testing Charade: Pretending to Make Schools Better*. Chicago, IL: University of Chicago Press.

[12] 「学力の高い人が報われる」というメリトクラシーの主張に対する重要な批判の１つがここに含まれている。例えば、以下を参照。Dixon-Roman, E. J. (2017) *Inheriting Possibility: Social Reproduction and Quantification in Education*. Minneapolis, MN: University of Minnesota Press.

[13] McDonald, A. (2001) "The prevalence and effects of test anxiety in school children," *Educational Psychology*, 21: 89–101; Devine, A., Fawcett, K., Szucs, D., and Dowker, A. (2012) "Gender differences in mathematics anxiety and the relationship to mathematics performance while controlling for test anxiety," *Behavioral and Brain Functions*, 10: 8–33.

[14] Kahan, L. M. (2008) *The Correlation of Test Anxiety and Academic Performance of Community College Students*. Cambridge: ProQuest.

[15] Willis, P. (1977) *Learning to Labour*. Farnborough: Saxon House.（熊沢誠・山田潤訳　一九九六　『ハマータウンの野郎ども――学校への反抗・労働への順応』筑摩書房）

[16] Kohl, H. R. (1995) *I Won't Learn From You: And Other Thoughts on Creative Maladjustment* (2nd ed.). New York: The New Press.

[17] Rosenthal, R., and Jacobson, L. (1968) *Pygmalion in the Classroom: Teacher Expectations and Pupils' Intellectual Development*. New York: Holt, Rinehart and Winston. 長期にわたる影響については、以下を参照。Hinnant, J. B., O'Brien, M., and Ghazarian,

S. R.（2009）“The longitudinal relations of teacher expectations to achievement in the early school years,” *Journal of Eucational Psychology*, 101: 662-670.

［18］例えば、以下を参照。Cohen, D., and Hill, H.（2000）“Instructional policy and classroom performance: The mathematics reform in California,” *Teachers College Record*, 102(2): 294-343.

［19］逆に、ハイステークス・テストの文脈では、生徒の成績が悪ければ教師の失敗とみなされる。

［20］例えば、以下を参照。Emdin, C.（2016）*For White Folks Who Teach in the Hood ... and the Rest of Y'all Too: Reality Pedagogy and Urban Education*. Boston, MA: Beacon.

［21］Wodicka, T.（2009）*All Shall Be Well, and All Shall Be Well, and All Manners of Things Shall Be Well*. New York: Penguin Random House, p. 116.

［22］https://www.activeminds.org/programs/send-silence-packing/about-the-exhibit/を参照。

［23］Thomsen, M.（2013）“The case against grades,” *Slate*, May 1, 2013.

［24］Crocker, J.（2002）“The costs of seeking self-esteem,” *Journal of Social Issues*, 58(3): 597-615.

［25］ここでは主に、アメリカのＮＡＥＰ（the National Assessment of Educational Progress 全米学力調査）と各州で独自に作成されたテスト、およびイギリスのＳＡＴｓ（the Standardized Attainment Tests）と呼ばれる生徒の知識やスキル、学力の向上をチェックする問題に生徒がどれほど回答できるかを測るテストを取り上げる。また、各国の生徒のサンプルについて調査し、達成度を比較して国際的な傾向を探ることを目的とするＰＩＳＡのような国際テストもある。

［26］二〇一六年のＮＳＣＨ（National Survey of Children's Health 子どもの健康に関する全国調査）では親にインタビューを実施し、二歳から一七歳の子どものＡＤＨＤ罹患率を以下のように報告している。六一〇万人（九・四％）がＡＤＨＤの診断を受けており、その内訳は、二歳から五歳の幼児三八万八千人（同じ年代の子どもの二・四％）、六歳から一一歳の児童二四〇万人（同九・六％）、一二歳から一七歳が三三〇万人（同一三・六％）となっている。Danielson, M. L., Bitsko, R. H., Ghandour, R. M., Holbrook, J. R., Kogan, M. D., and Blumberg, S. J.（2018）“Prevalence of parent-reported ADHD diagnosis and associated treatment among U.S. children and adolescents, 2016,” *Journal of Clinical Child and Adolescent Psuchology*, 47(2): 199-212.

［27］*The Atlantic*, October 9, 2015.

［28］Leonard, N. R., Gwadz, M. V., Ritchie, A., Linick, J. L., Cleland, C. M., Elliott, L., and Grethel, M.（2015）“A multi-method exploratory study of stress, coping, and substance use among high school youth in private schools,” *Frontiers in Psychology*, 6(1028): 1-6.

［29］Palmer, B.（2005）“Pressure for good grades often leads to high stress, cheating, professor says,” *Stanford News*, February 23.

［30］例えば、以下を参照。Koyama, A., Matsushita, M., Ushijima, H., and Jono, T.（2014）“Association between depression, examinationrelated stressors, and sense of coherence: The Ronin-Sei study," *Psychiatry and Clinical Neurosciences*, 68: 441–447.

[31] Harley, N. (2016) "Exam stress among causes of teen suicide," *The Telegraph*, May 26. 生徒の心理療法に対するニーズの増加を受け、試験のストレスを「静かな病気」と呼ぶ人も少なくない。ヨーロッパでは、学校でのメンタルヘルスが重要な政策課題となっている。

[32] Busby, E. (2018) "Pupils self-harm and express suicidal feelings due to exam stress and school pressure, warn teachers," *Independent*, April, 10.

[33] Twenge, J. M. et al. (2019) "Age, period, and cohort trends in mood disorders indicators and suicide related outcomes in a nationally representative data set, 2005–2017," *Journal of Abnormal Psychology*, 128: 185–199.

[34] Brooks, K. (2019) "We have ruined childhood," *New York Times*, August 18.

[35] Ujifusa, A. (2017) "Standardized tests costs states 1.7 billion a year, study says," *Education Week*, December 2017.

[36] Ravitch (2000) 前掲書; Kamenetz, A. (2015) *The Test: Why Our Schools are Obsessed with Standardized Testing — But You Don't Have to Be*. New York: PublicAffairs; Delpit, L. (2012) *"Multiplication Is for White People": Raising Expectations for Other People's Children*. New York: The New Press; Kohn (2000) 前掲書; Leman, N. (1999) *The Big Test: The Secret History of the American Meritocracy*. New York: Farrar, Straus and Giroux; Hoffman, B. (2003) *The Tyranny of Testing*. Mineola, NY: Dover; Hanson, F. A. (1993) *Testing Testing: Social Consequences of the Examined Life*. Berkeley, CA: University of California Press; Nichols, S., and Berliner, D. (2007) *Collateral Damage: How High-Stakes Testing Corrupts America's School*. Cambridge, MA: Harvard Education Press.

第2章　教育は関係のプロセスである

はじめに関係がある。

マルティン・ブーバー『我と汝』

学校を工場にたとえるなんてぞっとするかもしれない。だが、その根拠は今もなお健在である。もし私たちが学校に、優秀な生徒と有能な教師を**生産する**ことを期待するなら、評価は不可欠である。何と言っても、試験とテストは生徒に自らの成績についての情報を提供し、熱心な者には報酬を与え、遅れている者をやる気にさせる。また、教師、管理職、学校システム全体の説明責任も、確実に果たされる。成功する者は激励を受け、無能な者は排除される。このような指標のおかげで、私たちは経済的なコストと利益を評価することができ、拠出した資金に見合う成果を得ることになる。第1章の締めくくりに述べたように、この「正当な」理由が、教育プロセスを息苦しいものにしている。関係者への影響の大きさや、工場メタファーへのやまない批判を考えても、なぜそれを維持しなければならないのか疑問である。[1] 実際、私たちの教育システム全体は、ある大きなイデオロギープロジェクトの一部になってしまっており、[2] それによって、費用対効果に焦点をあて、個人を測定の単位とする価値観が形成されてきた。

確かに革新や改善は見られるものの、そのほとんどは工業生産の枠組みの内部にとどまっている。そこで大きな問題となるのが、果たして有望な代替案はあるかということである。興味深いことに、過去と現在のどちらにも、明確でつながりをもったいくつかの示唆があり、そのすべてが何らかの形で人間関係を指し示している。例えば、デューイは

「教育は社会的過程である」と主張し[3]、ヴィゴツキーは学習者の認知発達を促す関係のあり方を強調した[4]。一九九〇年に出版されたジェローム・ブルーナーの『教育という文化』も、教育システムを文化的生活の形態と捉えることを強く主張している。ブルーナーが述べているように、人々は共通の理解によって結びついている。文化は「私たちに道具を提供し、私たちはそれを使って私たちの世界だけでなく、自分自身や自分の力という概念も構成している」のである[5]。このような社会性の強調は教育者の間で広く共有されており[6]、協同的・対話的で関係論的な幅広い教授法に具現化されている。学習者個人から教育という社会的プロセスに、ゆっくりと関心が移っている。

本章では、工場メタファーに代わる教育の社会的なあり方を探っていく。ここでは、関係を二人以上の独立した人間の出会いとみなす捉え方を転換させ、関係のプロセスが個人という概念に先行するという考え方を提案する。この提案によって、学校教育の生産メタファーに代わり、会話メタファーを探究することが可能になる。また、関係の共創的な[訳注i]プロセスによって、知識、合理性、価値が生み出されることが理解できるようになる。この理論的背景を踏まえ、教育の目的について簡潔に説明する。学校は生徒が教材を習得できるように教える場所だとする伝統を乗り越え、教育は、生徒を生成的な関係に招き入れるものになる。この関係から、人生を通して学ぼうとする姿勢が生まれる。本章の最後に、伝統的な評価方法が関係のプロセスに与える影響について考察する。第1章の批判をさらに押し進める中で、測定中心の評価へのアプローチが、意味に満ちた教育の土台となる関係のプロセスをいかに破壊するかがわかるだろう。こうして、関係に配慮した教育への道筋が整うことになる。

工場生産から共創へ

関係が教育的プロセスの中心であるならば、関係とは何だろうか。これは奇妙な質問に思われるかもしれない。一般的に、関係は、二人以上の人間やものの間の結びつきとして定義されているからである。私たちは、独立した人間が集まって、夫婦、家族、グループ、チーム、組織、そして社会全体をつくっていると理解している。しかしながら、この特殊な関係の概念を受け入れるならば、評価に依存した工場モデルの教育を乗り越えることは決してできないだろう。工場モデルは**個人の**能力という前提の上に成り立っている。一人ひとりが求められた通りのことをやり遂げれば、工場は生産的になる。評価は、個人が説明責任を果たすために用いられる。大まかに言えば、もし教師が**よい仕事**をすれば、生徒は**よく学び**、結果として**よい教育**が行われるということである。個人という単位への関心が第一であり、関係は二の次になる。

この考え方では、失敗は個人の責任になる。生徒が失敗すれば、その原因は、怠惰、生まれつきの理解力の低さ、学習習慣が身についていないことなどに求められる。あるいは、生徒が失敗したのは教師の教え方が悪かったせいだと、教師の責任を追及することもあるだろう。同様に、教師の教え方が悪いのは、校長の注意が足りなかったからだとされるかもしれない。いずれにせよ、責任は個人にある。独立した個人からなるこの世界では、関係は陰に隠れてしまう。このように、協働学習や対話型授業を支持したとしても、これらの取り組みは結局、個人を関係の構成単位とする従来の考え方に取って代わられてしまうのである。

では、関係について、他にどのような見方ができるだろうか。この場合、古典的な心理学や社会学には、手がかりになるようなものはほとんどない。心理学者はたいてい、世界は個人からなると想定し、個人の行動は心理的プロセスによって決定されると考えている。この説明では、関係は二人以上の個人による相互作用の総和にすぎず、あまり関心が向けられない。一方、社会学者は、階級、宗教、民族の構造など、社会のより大きな単位に焦点をあてる傾向がある。関係はこうした多様な集団の内部で生じることが前提とされているが、関係それ自体は関心の隙間に落ち込んでしまう。ただし、最近の学界の動きには、関係をすべての言動の中心に位置づけるという考え方の種を見出すことができる[7]。このように知的なルーツをたどらなくても、関係の効果は、人々が共に会話し行動するという**コミュニティにおける会話**のイメージで捉えることができる。これは一見単純に見えるかもしれないが、その意味するところは非常に大きい。

会話の最も際立った特徴は、**一人ではできない**ということである。話すという行為それ自体は会話ではない。一人で

［訳注 i］共創的 co-creative　共創 co-creation は、共に創造するの意である。

タンゴを踊ったり、バスケットボールのゲームをしたり、デュエットしたりすることはできないのと同じである。二人以上の人間が参加する必要があるが、彼らが共に行っていることは、個人の行為の総和ではない。同様に、教室で起こっていることは、それぞれの生徒や教師の行為に還元することができない。学級の活動というダンスから、ある個人の行為を取り去れば、その意味は失われてしまうだろう。[8]

会話は**共創**によって成り立つという、会話の二つ目の特徴について考えてみよう。これはあまり明白ではないが、より深い意味をもつ。わかりやすくするために、質問と答えの関係を考えてみよう。もし同僚に「今何時ですか?」と尋ねても、相手がコンピューターの画面を見つめたままだったら、あなたは有効な質問をしたことにはならない。同僚が顔を上げ、時計を見て「二時半です」と言ってくれてはじめて、あなたの発言は質問になる。彼女が顔を上げ、あなたをにらみながら「邪魔しないで!」と言ったら、あなたが質問だと思っていたものは、今度は相手をイライラさせる刺激として定義される。あなたの発言は、相手の答えによって意味を保証される。相手が答えてくれるまで、あなたの言葉はなんの意味ももたない。同僚の言葉についても考えてみよう。彼女が一人で歩きながら、突然「二時半です!」と口走るのを見かけたら、あなたは彼女の頭は大丈夫かと心配になるだろう。言葉それ自体に意味はない。あなたが時間を尋ねることで、はじめてそれは「答え」になるのである。質問が質問になるのは、答えとうまく調和するときであり、答えが答えになるのは質問のあとに続くからである。質問と答えは共創される。会話は、進行中の共創のプロセスである。ある人の言葉は、他者によって取り上げられてはじめて意味あるものになる。逆も同じである。意味は共同で達成されるものであり、一人でつくり出すことはできない。

会話の三つ目の特徴は、**先行する会話に依存している**ことである。私たちが一緒に話をするとき、すべての言葉は実質的に先行する会話からの借り物である。誰も、自分一人で言葉を創造することはできない。一人の人間の唇から生まれる音は、少なくとも一人の別の人間がそれは言葉だと同意してはじめて「言葉」になるからである。意味ある言語は、一つの共創なのである。私たちは話すときに、まったく新しい理解の仕方を苦労して考え出したりはしない。むしろ、他の人々にとってすでに意味あるものとなっている言葉のストックを利用している。[9] 一方で、私たちは意味をつくり出す伝統から大きな恩恵を受けており、私たちの会話は先人たちのおかげで可能になっている。他方、私たちはこのような伝統に支配されているわけでも、決定されたりしているわけでもない。新しい話し方や行動を共に創造することは可能である。その意味で、教育の未来は私たちがつくるものなのである。

会話にはさらにもう一つ、**因果関係ではなく協同が原則となる**という重要な特徴がある。生産メタファーは、従来の因果関係の考え方に囚われている。機械が規格化されたソーセージを生産するように、学校はしっかり教育を受けた生徒を生産すべき、というわけである。それに対して私たちの会話は、例えば質問には答えを返すというように、過去につくられた規範から生まれる。また、会話は固定したものではない。ある人が意見を述べるとき、私たちの慣習では、同意、不同意、批判、喜びなど、いくつもの応答の仕方がありうる。決まった答え方があるわけではなく、まったく意味をなさない応答をすることもできる。訓練を受けた教師、標準化されたカリキュラム、厳格なテストがそろった合理的に計画された教育システムが、学びを**誘発する**のではない。それによってテストの点数が**上がる**わけではない。トップダウンの政策は、生徒、その家族、コミュニティなど他者との協同がなければ意味をなさない。今から述べるように、学校を工場ではなく会話として理解すれば、生き生きと積極的に学びに参加する道が開けるだろう。

現実の共創と生活形式

教育を形成する共創的なプロセスの力を理解するには、私たちの現実の構成と、生活形式の共創という二つの問題について考える必要がある。前者の現実の構成について、いつも教室で「生徒」と呼ばれている人を考えてみよう。同じ人間が、家では「息子」あるいは「娘」として理解され、病院では生物学的な用語で記述される。「本当におもしろいやつ」だと言うクラスメートもいれば、「一匹狼」や「目立たないヤツ」だと言う人もいるかもしれない。これらの記述は、どれもその人のありようによって決まっているわけではなく、与えられた設定の会話の中でつくり出されている。他の描写の仕方は可能であり、もっと別の可能性を考えることもできるだろう。一方、これらの理解を共につくり出してきた人々にとっては、それが自分の生きる現実となっている。「この子は私の息子です」「彼女は私たちの娘です」という発話は、単なる「話し方」ではない。時には、命懸けで守るような**事実**になる。

学校生活の中心には、このように共創された現実がある。学校は退屈で、抑圧的で、時間の無駄だと考える生徒がいる一方で、友だちと一緒に過ごす、あるいは両親を満足させるための手段としての価値を学校に見出している生徒もいる。これらの共創された現実は、生徒の学校活動への参加度——例えば課題に真剣に取り組むかどうか、宿題をしたり授業に意欲的に参加したりするかどうか、あるいは学校に通い続けるかどうかなどに、密接に関連している。同様に、自らの仕事に対する教師の理解や経験も、やりがいがある、負担が大きい、フラストレーションがたまる、ワクワクするなど多様である。親もまた、この現実をつくるプロセスに参加し、学校を、わが子が新しい国で成功するための機会、社会的上昇のための手段など、さまざまに理解している。こうした現実は、伝統から引き出され、現在進行中の状況下で新しくつくり替えられた会話の流れから生まれる。会話は多数の場所で次々と生まれているため、学校の経験は、参加者によってさまざまな、時には競合する形で構成されることもある。学校生活という画一的な現実はなく、多様な現実が時間の経過とともに生まれ、移り変わっていく。学校生活は、共創された世界の賑やかな蜂の巣のようなものであり、その変革は、次の会話から始まるかもしれない。

教育は知識を獲得するための手段であるという、よくある見方についても考えてみよう。良い教育を受ければ、生徒は歴史、生物、地理などの基本的な知識を習得することができる。しかし、世界についての知識と考えられているものもまた、共創的なプロセスの成果であるということに気づく必要がある。[10] あらゆる記述、説明、論理は、**会話**のプロセスの中で形づくられる。浸透圧の説明も、アトラス山脈の記述も、複雑な数学の公式も、すべて生物学者、地理学者、数学者という専門家コミュニティの内部の会話から生まれたものである。これらの説明は、歴史や文化を超えて成り立つ普遍的な真実ではない。むしろ、コミュニティが自分たちの特定の目的を達成するために有用な話し方や書き方なのである。科学者が共通言語を協力して発明し、それによって自分たちの努力を協調させるとき、固有の現実をもつくり出しているのである。例えば、数学は一つの共同構成された世界であり、そこでは、数学者たちが共に創造した問題を解くための言語と論理が共有されている。

はっきり言おう。もし日常生活の語彙から、関係のプロセスから生じるものをすべて取り除いたとしたら、世界について語るべきことは何もなくなってしまうだろう。「良い」も「悪い」も、「真実」も「誤謬」も、「現実」も「フィクション」も、詩も、正しい文法も、代数学もない。何も存在しないと言おうとしているわけではない。だが、世界が特定の意味を帯びるのは、関係のプロセスを通してなのである。実際、生徒が身につけてほしいと思う知識だけでなく、教育全体の意義もまた、関係の中でつくられている。

世界の意味を共創するとき、私たちの行為も形成される。ある教師が担当する生物の授業について、つまらないと思うか、「先生はわかりやすく完璧に教えようと頑張っている」と思うかによって、生徒の行為は変わってくる。つまらないと思っていれば、教師が話し出すと生徒たちは呆れた顔をし、放課後に教師をあざ笑い、生物の授業を受けるのをやめるだろう。「生物はつまらない」という考えを共有することで、生徒たちは言葉と行為が一体的に織り込まれた一つの生き方をつくり出しているのである。

ここに、私たちにとって価値ある生き方の重要な起源も見出せる。それは、公共の場を見れば容易にわかる。多くの人々が、スポーツ観戦に時間とエネルギーとお金を費やしている。今日、世界で最も広く目撃されているイベントは、サッカーのワールドカップである。若い男たちが、ボールを蹴ってネットに入れるのを見ることが価値を獲得するのは、共創のプロセスにおいてのみである。同様に、人々は国や宗教のために喜んで自らを犠牲にするが、そんなことをするのは、共に意味をつくり出すプロセスに参加している場合だけである。

教育への関与の問題も密接に関連している。生徒たちは、学びや互いについてどれくらい関心をもっているか。教師は生徒のために献身的に働いているか、また教えることを楽しんでいるか。親はわが子をサポートしているか、それとも無関心なのか。これらの問いはすべて関与についてのものであり、価値の共創のプロセスにかかっている。ある子どもが、生物の授業に持っていくきれいな葉っぱを友だちに見せるとしよう。友だちがにっこり微笑んで同じような葉っぱを探したら、二人は楽しく生物を学ぶことができるだろう。だが、友だちが葉っぱを笑って「バカみたい」と言ったら、生物への関心は失われてしまうかもしれない。生徒に感謝されているとわかれば、教師の熱意に火がつくだろう。親が子どもの学校の学習課題に関心を示し、興味深い質問をすることで、子どもの好奇心は刺激されるかもしれない。教室での関心、好奇心、熱意の第一の起源は、関係のプロセスに見出される。

この説明は、学校文化と呼ばれるものに拡張できる。学校での生活は、絶え間ない関わり合いのプロセスを通して生まれる。コミュニティと同様、学校は、それぞれ独立した道を歩む個々の生徒、教師、校長などからなるのではない。

一人ひとりがユニークであるとしても、その違いの大部分は、それぞれの関係の歴史によるものである。ドラムの演奏は一人ひとり異なるかもしれないが、ドラマーにはドラマーとしての伝統がある。学校で言われ、行われることはすべて、共創のプロセスを通して生まれたり維持されたり（維持されなかったり）する。この関係のプロセスから外れたことをしたり言ったりすることは、意味をなさない。

要するに、私たちの教育機関が最終的に成功するかどうかは、説明責任、課題の明確化、能力評価といった工場のような特徴によって決まるのではない。人々が自分たちの活動、共に生きること、そしてその先にある世界をどのように意味づけるかにかかっているのである。学校を工場の製造ラインのように設計すれば、人間の行為や可能性は単なる実用性に還元されてしまう。それに対し、学校を、常に動き続ける複雑な意味創出の母体として理解すれば、人間関係が生き方の創造にとってもつ大きな可能性が優先されるだろう。ここに、教育と評価を共に理解する重大な転換の種がある。

関係の可能性と限界——私たちはどのように進んでいけばよいのか

親は子どもに、「今日は学校どうだった?」とよく尋ねる。ありきたりだが、取るに足らない質問ではない。学校生活は、友情が芽生える、教師に叱責される、パーティーに招待される、うまく朗読できない、などのドラマに満ちており、感情が高まったり急降下したりする。教師にも同じことが言える。友情、派閥、嫉妬、競争は日常茶飯事であり、階級、民族、人種、宗教の違いによる対立も広がっている。関係のプロセスは学習と発達にとって大きな可能性を秘めているかもしれないが、その逆もしかりである。関係が、苦い言い争い、疎外感、搾取などをもたらすこともある。

だからこそ、関係のプロセスそれ自体について考えることが、死活的に重要である。私たちが共に苦痛と感動を生み出しているのだとしたら、どうすればよいのだろうか。これは、挑戦的かつ非常に大きな問いである。というのも、私たちは、日々行っている意味づけの実践を広い意味で捉えているからである。実際のところ、私たちはどのようにして、互いを理解したり（しなかったり）、愛と憎悪の両方を共に生み出したり、他者から孤立したり、新しい考えを受け入れたりするのだろうか。優しさ、思いやり、理解を賞賛するのはいいが、私たちは関係のプロセスの中で、実際にそれらをどのように達成しているのだろうか。一人ではできないことは明らかである。プロセスに関わる人々の間の「ダンス」や「調整」に注目しなければならない。それが、学校での学習や生活に与える影響は非常に大きい。私たちが一緒になってこのプロセスに熟達すれば、学習を活性化し、人間のウェルビーイングへの道を手に入れることができる。

本節では、関係のプロセスの可能性と問題を理解するための枠組みを示す。私たちが関係に何をもたらすのか、またこれらの可能性がどのようにして閉ざされたり開かれたりするのかを探る。そして、関係の動きの軌跡に目を向ける。私たちが集うとき、関係は私たちをどこに向かわせるのだろうか。危険と希望の両方を理解すれば、私たちには選択肢があるということも見えてくるだろう。これらの基本的な考え方を踏まえて評価の問題に戻り、試験やテストが関係のプロセスに及ぼす負の影響について考える。

変幻自在的存在へ[訳注ii]

本章で最も革新的なアイデアは、関係という概念の再構成かもしれない。私たちは、関係は独立した個人によって構成されるという従来の見方を、関係のプロセスがまず先にあって、そこから個人が何者かとしてあらわれるという見方に置き換える。例えば、**男の子**と**女の子**がある関係を形成していると考えるのではなく、まず関係のプロセスがあり、そこからジェンダーを区別するという慣例を引き出していると考えるのである。その慣例に依拠すれば、彼らは**男の子**と**女の子**になり、女子（男子）ではなく男子（女子）だったらどうするかという慣例に従ってふるまうだろう。[11] ジェンダーが流動的な現代ではそうでないこともありうると、私たちはますます実感している。けれどもやはり、この過激な考え方は抵抗にあうかもしれない。少なくとも西洋文化には、社会は個人で構成されていると考える長い伝統がある。[12]

［訳注ii］　変幻自在的存在という概念については、Gergen, K. J.（2009）*Relational Being: Beyond Self and Community*. New York: Oxford University Press.（鮫島輝美・東村知子訳　二〇二〇『関係からはじまる――社会構成主義がひらく人間観』ナカニシヤ出版）を参照。

「一人一票」という私たちの民主主義は、まさにこの考えに基づいている。教育現場では、「心の教育」という言葉がよく使われる。私たちは、生徒は自分の成績に責任をもつべきだと考え、「注意が欠如している」者に薬を与え、生徒や教師個人の成績を評価するのである。これらはすべて、個人主義的なイデオロギーのあらわれと言えるだろう。

身体は具象化された関係である

関係論の提案に個人主義者たちが抵抗する、もっともな理由がある。それは、身体は別々だという明白な事実である。結局のところ、観察されるのは、会話する二つの身体（をもつ存在）であり、この身体が別の会話へと移動していく。参加者はそれぞれの会話に、独自の信念、価値観、好みを持ち込む。教育においては、生徒の能力や性質に明らかな多様性があり、このような個人差に配慮することが、教えるうえでは欠かせない。私たちは、個人の能力の開花こそ教育の中心であると考える人々に喜んで加わるべきなのか[13]。どうすれば、関係のプロセスという考え方を、このような観察や理念と調和させることができるだろうか。この点について探ってみよう。

まず、人間関係は、二人以上の身体をもつ存在の活動を伴うという点に、異論はないだろう。問題は、これらの存在が、日々どのような生活を送っているかである。例えば生徒なら、一緒に話をしたり、授業に出席したり、SNSに投稿したり、サッカーをしたりする。私たちが関係のプロセスに跡づけようとしているのは、まさにこのような活動である。私たちが話す言葉、教育に対する考え方や授業の参加の仕方、ソーシャルメディアに対する価値観、スポーツへの関心などは、すべて関係のプロセスから生まれる。個人（生物としての個体）同士が出会うとき、彼らは通常、ある種の考え、意見、論理、価値観をもっており、場に応じた笑い方や議論の仕方などを知っている。繰り返しになるが、これらの可能性はすべて先行する関係の中で準備される。

一般的な言い方をすれば、私たちは決して関係のプロセスの外に出ることはない[14]。身体をもつ存在が他におらず、自分を「一人だ」と言うときでさえ、私たちは本当の意味で一人ではないのである。一人のときに何をするかを考えてみよう。音楽を聴いたり、本を読んだり、テレビを見たり、お風呂に入ったりするだろう。これらの活動はすべて、関係のプロセスを通して獲得され、価値あるものになっている。私たちは一人で悩み、愛や憧れを抱き、未来に不安を感じ、自信をなくして苦しむこともあるだろう。これらの私的な旅はすべて、広く共有されたナラティブに起源をもつ。行為する身体として、私たちは常に、すでに関係のプロセスに浸っているのである。

変幻自在的存在として出会う

人と人が初めて出会うとき、それぞれが過去の関係を携えていると同時に、未来を共につくっていく者でもある。例えば、小学校の初日、マークという一人の児童が担任の先生に出会う場面について考えてみよう。マークには、父、母、祖母、姉、友人、隣人、牧師など、さまざまな人との関わりの歴史が反響し、積み重なっている。また、ビデオを見たり、コンピューターゲームをしたり、本を読んだりすることを通して、代理的な関係の痕も残っている。マークは、パズルを解き、自転車に乗り、レゴで凝った構造物を作るかもしれない。マークはいわば変幻自在的存在であり、遊ぶことも戦うことも、寛大であることも自己中心的であることも、悪態をつくことも祈ることも、協力することも抵抗することもできる。言い換えれば、幼いマークは、複数の可能性をもった変幻自在的存在として、教師との出会いに臨んでいるのである。

教師との会話が始まると、疑問も生じてくる。例えば、教師との関係は、学習プロセスにおけるマークの関心や情熱に火をつけることができるだろうか[15]。カリキュラムや教授法、テストが標準化されていることで、マークが関係にもたらす可能性を教師が十分に引き出せなくなるのではないか。教室の活動に参加するとき、マークはどのような関係を持ち込むだろうか。教師と生徒の力の差や、評価される恐怖によって、マークの表現は抑制されるのではないか。

もちろん、マークの先生もまた変幻自在的存在であり、過去に蓄積された豊富な可能性を携えている。しかし、教師は、生徒に対して自らをオープンにする自由を有しているだろうか。求められる教員養成や教員評価のあり方は、そのようなものになっているだろうか。生徒の傾向やニーズの多様性が無視できないほど大きいならば、教師は自らの可能性を幅広く活用する必要があるだろう。例えば、親愛の情、ユーモア、落ち着き、喜びや、失望、苛立ち、悲しみ、疑いの表現が、関係の資源として用意されていてもよいのではないか。

そして最後に、「私たちは誰に、何になるのか」という問いがある。変幻自在的存在として関係の中にいる限り、過去が未来を規定するわけではない。マークは先生との関係の中で、新たな可能性を手に入れるだろうか。もしそうだとしたら、それはどんな種類で、何を目的とするものなのか。教師も、慣れ親しんだルーティンを超え、新たな可能性を得ることができるだろうか。生徒と教師の双方が人としての可能性の次元を広げるために、教育政策は何ができるのか。人間関係をより高く飛翔させるために、変幻自在的存在の翼に何を加えるべきか。[訳注iii] 特に注目すべきは、発達に関するこの最後の問いである。

関係は動いている——生成的関係と退行的関係

本章の冒頭で、学校教育の工場モデルの中心にある生産のメタファーを、会話のメタファーによって置き換えることを提案した。会話というメタファーによって、教育とは基本的に協調的な行為や共創のプロセスであることが理解できるようになった。この転換の意義をさらに拡大・増幅させるためには、関係のプロセスの動きを精査することが有用である。ここで、工場のメタファーによって関係が機械的なものになってしまうことについて考えてみよう。教師の仕事が成績の良い生徒をつくり出すことであるならば、その関係は非人間的で機械的なものになる。これに対して、会話のメタファーは、関係のプロセスの状態に重点を置き、関係のあり方について探究するように促す。私たちは会話の多様性に対しても敏感になる。対話には、生き生きしたものもあれば、退屈なものもあり、怒りや疎外感をもたらすものもある。どの場合も、私たちは一緒に自分たちの生を共創しているのである。では、学習にとって望ましい関係のあり方とはどのようなものか、探ってみよう。

まず、一一歳のラリーと先生との短いやりとりについて考えてみることにする。

先生：ラリー、君は宿題をしてこなかったね。
ラリー：すみません。気になることがたくさんあって。——①

特に何ということのないやりとりである。ラリーがちゃんと宿題をしてこなかったことに教師が気づき、ラリーは謝罪して理由を説明している。だが、ラリーは、自分の可能性を別の形で引き出すこともできたはずである。

ラリー：先生が毎日宿題を出すのに、無理ですよ！――②

②では、ラリーが形勢を逆転する。彼自身の失敗とみなされていたことが、今や教師の落ち度として扱われている。三つ目の可能性について考えてみよう。

ラリー：宿題を理解できていなかったんです。助けてもらえますか？――③

③では、ラリーは教師による注意を、援助を求める理由に変えている。

こうしたやりとりはまず、関係のプロセスの重要性を強調している。教師の発話もラリーの発話も、単独では意味をなさない。互いが共有する慣習から外れたところで教師がラリーに宿題をしてこなかったと告げることはできないし、ラリーがある日、教師のところに歩いていき、気になることがいっぱいあったからだと謝罪することもできない。協調的な行為の中でのみ、それぞれが「良識のある人」になるのである。しかし、さらに考えを進めてみると、ラリーの返答はそれぞれ教師の発話の意味を変えている。①の返答は、教師の発話を注意として、②は、教師を横暴な人間として定義するものであるのに対し、③の返答は、教師が理解のある人間であることを示唆している。この教師は注意を促しているのか、横暴なのか、それとも思いやりがあるのか。教師の言葉の意味をコントロールしているのは、教師自身ではない。少なくとも教師がラリーに返答するまでは、ラリーが主導権を握っているのである。教師の返答によって、今度はラリーの言葉の意味が変わるかもしれない。共創のプロセスの中で、アイデンティティは絶え間なく展開される。

これらのやりとりを使って、三つのシナリオ、すなわち意味の共創のあり方を対比してみよう。第一に、やりとりの

［訳注iii］変幻自在的存在のイメージについては、ガーゲン前掲書（邦訳）一九二―一九五頁を参照のこと。

慣習的なパターンやシナリオがある。これは、使い古された協調のパターンであり、私たちの日常的な関係の大半を構成する。ある人が質問すると、別の人が答える。ある人が助けを求めると、別の人が助ける。誰かが冗談を言うと、他の人たちが笑う。このようなパターンは文化的な慣習に組み込まれているため、ほとんど気づかれることがない[16]。その結果は、ポジティブなものであったり、ネガティブなものであったり、あるいはその両方であったりする。一方では、こうした慣習的な協調は、日常生活に基本的な安定をもたらすものである。いつ、どこで、何を、どのようにすればよいかがわかっており、相互的なサポートへの信頼がある。これらのパターンを確立することが、初期の教育の重要な課題となる。子どもたちは、教師が話していても必ずしも聞いているわけではないし、指名されるまで静かにしていられるわけではない。床に寝転がらずに椅子に座っているとも、与えられた課題をきちんとこなすとも限らない。これらのパターンを身につけることが、効果的な教育にとって不可欠であると考えられている。

同時に、あらゆる秩序は、扉を閉じることでもある。教師がカリキュラムをデザインし、授業を行い、宿題を出すことが当たり前になってしまうと、生徒が自分たちの未来を共創するプロセスに参加する道は閉ざされるだろう。慣習は厄介なものである。それ以外の行為の可能性を探ることをやめてしまっても、何ら問題がないからだ。私たちがふだん安心していられるためには慣習的な協調が不可欠かもしれないが、批判的な意識が伴っていなければならない。重大な教育運動には、まさにこの種の批判意識が見られる[17]。私たちがこの文章を書いているのも、このような批判的反省からである。試験と成績が学校生活のごく当たり前の構成要素になっているとき、何が得られ、何が失われるのだろうか。

日常生活のこうした慣習的なパターンに対して、第二の協調のパターンを考えてみよう。それは、非生成的な軌跡をたどるパターンである。人生の流れは、苛立ち、非難、批判、暴言、軽蔑、憤慨、嫉妬……（このリストはさらに続く）によって頻繁に乱される。しかし、このような行為はすべて、関係のプロセスの中でつくり出され、意味あるものになっているのだと気づくことが重要である。他者を非難することは自然な行為ではない。私たちは非難の仕方、すなわち非難するために必要な言葉、顔の表情、声のトーン、身体の姿勢などを学ぶのである。さらに、他者を非難することが適切である場合とそうでない場合、自分を非難しているように見える相手へのさまざまな対応の仕方も学ぶ。だが、ここで考えてみよう。相手の発言を非難として理解したとき、私たちは次にどうすればよいのだろうか。もしあなたが謝罪し、謝罪が受け入れられれば、元通りの生活を送ることができる。しかし、非難に対して、それは不当だとか、悪意があると主張したら、関係は悪くなってしまうだろう。さらに相手があなたの欠点をはっきり指摘するような発言をすれば、関係はいっそう危うくなる。感情は昂り、批判は辛辣になり、声は大きくなり……エスカレートした結果、物理的に距離を置くことは珍しくないし、時には身体的な暴力が生じることもあるだろう。

退行的なシナリオでは、参加者たちは関係を完全に終わらせる方向に突き進む。相手を刺激する鋭い表情や言葉、無関心、切り捨て、からかいなどは、すべて関係の断絶を招くだろう。教育に与える影響は大きい。成績評価は不和を生じやすく、学校は対立の可能性に満ちている。人種、ジェンダー、階級、政治的立場の違いは、いずれも小さな火薬庫である。爆発が起きると、嫌がらせ、敵意、恐れ、身体的な攻撃が発生するかもしれない。しかし、先ほど指摘したように選択の余地はある。非難に謝罪で応えるのは、ほんの一例にすぎず、他の可能性もある。それらについても学び、変幻自在的存在のリソースに加える必要があるのだ[18]。これから論じるように、非生成的なシナリオが学びのプロセスを妨げ、ウェルビーイングを損なうのであれば、それを教育の焦点にすべきである。一般に、関係の悪化を食い止める力がなければ、社会全体が衰退し始める。コミュニティは安全でなくなり、組織は訴訟によって分断され、統治は乱れるだろう。

慣習的で退行的なシナリオは、三つ目のより有望な関係のパターンと対比することができる。私たちはこれを「生成的関係」と呼ぶ。生成的なやりとりでは、関係のプロセスが活性化する。このようなシナリオは、喜び、洞察力、好奇心、創造性が特徴であり、視野を広げたり、理解を深めたり、共感したり、抑圧的な力に対して共に闘ったりする機会となりうる。例えば、「深い対話」[19]と呼ばれるものを考えてみよう。深い対話では、参加者たちは互いの話を丁寧に聞き合う。参加者たちは個人的に大切なことを話し、感謝の気持ちをもって互いに学び合う。相手や自分自身について、より豊かな理解に達することができるかもしれない。さらなる例として、「デザインによる創造性」[20]を実践する組織も広がっている。さまざまな分野の実践者が一堂に集まり、共有、質問、試作、意見収集などを行いながら、新しいアイデアを形にしていく。グローバルな革新の流れの中で組織が生き残っていくために、こうした創造性が不可欠であるという点については、多くの論者が認めている。

ここでも、教育への影響は重大である。慣習的な関係のパターンとは異なり、生成的な協調によって、学習経験に刺激と熱意が吹き込まれる。生成的な関わりのパターンを通して、生徒は新たな興味深いアイデアを持ち帰り、刺激を受けて何かをつくり出し、持続的な好奇心を育んでいく。おそらく最も重要なのは、学習者がこのような会話から関係のプロセスそのものを理解し、将来的にそうした実践に貢献する力を高めるということだろう。生成的な関係がどのようにして育まれるかについては、最近までほとんど注目されてこなかった。私たちはこうした共創の仕方をどのようにして学ぶのだろうか。それは自然に生じる行為ではない。そのようなやりとりが、魔法のように扱われることも多い。それは適切な時と場所がもたらした結果にすぎないというわけである。批判的思考のスキルが重要であることに疑いはないが、相互批判と反感が教室を支配すれば、関係は危うくなるだろう。本書では、生成的なプロセスについて理解を深め、さらにそれを教育に応用することを目指したいと考えている。

関係論から見た教育の目的

関係のプロセスを重視する観点から、教育の目的をどのように理解すればよいのだろうか。教育の目的という問題は、重要だが軽視されている。ガート・ビースタは、教育の成功がテストの成績とますます同一視され、目的についてのより深い問いはわきに追いやられていると主張する[21]。学校で何年も過ごす目的について、生徒自身が明確に答えられることはほとんどなく、最もよくある答えは「良い仕事につくため」である。教育には莫大な財源が投入されている以上、目的という問題を避けて通ることはできない。また、思想、文化、価値観、技術は時代や文化によって変わるため、これらの問題については繰り返し対話を行うべきである。

このような対話を始め、また、現在の言説の何が問題かをさらに理解するために、教育の目的を関係の視点から考えてみよう。すでに述べたように、教育的プロセスの生命線は関係にある。関係を通して意味が生まれ、世界は私たちにとって今あるような姿になり、私たちが知識とみなすものや私たちの可能性が生み出される。関係によって、学習が行われることも行われないこともあれば、教育が価値あるものになることもならないこともある。同時に、教育機関について述べたことは、家庭、企業組織、宗教、政府などにもあてはまる。つまり、関係というレンズを通して見ると、社会は関係的な活動と実践の中で、またそれらを通して構成されているのである。人々は、友情、親密な関係、家族、専門職、宗教団体、政府、軍隊などを共につくり出している。人々が共創してきた意味ある活動がなければ、生は無意味で空虚なものになってしまう。関係のプロセスは、私たちの教育に対する関心の中心に位置づけられるべきである。

このことは、特に教育の目的について、何を意味するのだろうか。ジョン・デューイは本書の主張を先取りして、「あらゆる教育は、個人が社会意識に参加することによって行われる」[22]と述べている。デューイの言葉を借りるならば、本書の提案は「**あらゆる教育は、社会的プロセスへの参加によって行われる**」というものになるだろう。ただし、この結論は二つの方向に拡張しなければならない。第一に、教育はそれ自体、社会的プロセスであると同時に、社会的プロセスへの積極的な参加を可能にするものでなければならない。第二に、教育は、社会的プロセスそのものの可能性を維持し、豊かにするものでなければならない。

もっと詳しく言えば、ビジネス、医療、政府、研究、軍事、農業、宗教、芸術など、どの分野でも、活動のパターンは関係の基盤の上に成り立っている。すべては、意味の共創と、それに関わる協調的な行為のパターンに依存する。教育の第一の目的は、若者がこれらのプロセスや実践に、うまく臨機応変に参加できるようにすることでなければならない。先ほどの変幻自在的存在のメタファーを用いて言えば、教育の目的は、効果的な協同の可能性を豊かにするものでなければならない。

このような目的は、教育は生徒に労働力としての必要な知識を身につけさせるべきだという、広く共有されている考えと同じように見えるかもしれない。しかしその重なりはわずかである。確かに、文化に参加するためには、歴史や地理に触れることが重要であり、健康的な生活を送るためには、身体と環境についての情報が役に立つ。しかし、これらの場合、事実に基づく情報は、関係のプロセスや、その情報を意味あるものにしている関係から切り離されている。カリキュラムの内容それ自体は、会話への入り口にすぎない。ある言葉を知っていても、それを会話でどう使えばよいかわからないようなものである。「地球は丸い」と学んだとしても、グレートプレーンズをドライブする計画を立てるときは、そのような言い方はしないはずである。関係的な視点に立てば、学習の文脈の重要性を踏まえた教育方法にたどりつく。[23]

とはいえ、「会話に参加する」ための準備は、効果的な社会参加に向けた最初のステップにすぎない。これまでのカリキュラムは、生物学、物理学、文学、地理学などの教科内容を中心につくられてきた。しかしながら、関係的な視点から見ると、このような焦点のあて方は非常に限定的である。事実**について知る**ことよりも、それに意味を与え、維持している関係的なプロセスへの参加の**方法を知る**ことの方が、はるかに重要である。有用な知識と考えられているものは、時間と状況に応じて変わっていく。実際、生徒は（小中高の）一二年間で学んだ内容をほとんど覚えていないことが多い。しかし、他者やコミュニティ、より広い世界と可能な限り豊かに関係を結ぶという課題は、生涯にわたって続くだろう。これは、学習を継続したいという欲求だけでなく、より一般的な人間のウェルビーイングにもあてはまる。

「方法を知る」ことの重視は、社会的プロセスそれ自体の可能性を豊かにするという教育の目的と特に関連が深い。先ほどの三つの関係のシナリオに戻り、もう少し詳しく説明しよう。確かに、学校は、生徒が慣習的な文化生活に参加できるようにすべきである。これが第一の、また最もありふれたシナリオである。他者の話を注意深く聞き、明確かつ適切に応答し、必要に応じて従うことは大切である。しかし、ここでの課題は、はるかに大きい。文化的な活力は、変幻自在的存在としての自分をいかに拡張し、多様な状況でさまざまな人々と関係を結ぶことができるかにかかっている。求められているのは、硬直した信念や決まりきった合理性、固定された価値観を保留にし、意味や生き方に関する多様な語彙に自らを開く力である。私たちは、曖昧さを受け入れ、矛盾するもののバランスを取り、他者と共に現実をつくり出す力に価値を置いている。

残念ながら、学校に入学した時点で、ほとんどの子どもはすでに**退行的な**シナリオに精通している。生徒たちはどうやって怒るか、けんかを売るか、嫉妬するか、我を通すかを知っており、非難し、批判し、脅すことにも長けている。競争の激しい教室の中にいる生徒たちは、弱い者、失敗した者、他とは違う者を巧妙に傷つけ、貶める方法を学んでいく。先に述べたように、こうした関わり方が大人になっても続けば、危険な状態になる。手始めに、家庭内暴力（ＤＶ）、暴力団の闘争、絶え間ない政争、民族的・宗教的暴力の終わりのない連鎖について考えてみよう。退行的な関係を回避するだけでなく、負のスパイラルを逆転させる力を育てることは、教育の喫緊の課題である。最も基本的なレベルでは、人々の交流に参加し、互いを尊重しながら関係を築くことを学ぶ。より難しいのは、相手を怒らせずに異論を唱える方法を学ぶことであり、さらに大変なのは、激しさを増す敵対関係を相互理解と調和に変えるスキルである。例えば、意見の相違を創造的な計画に、グループ間の対立を友情に変えることを、生徒たちはどうすれば学べるだろうか。いじめのケースにおける修復的正義では、このような挑戦が少しずつ公教育に浸透してきている。[24] これは有望な兆しである。

生成的なプロセスに貢献する力を育てるという点において、教育ははかりしれない力を秘めている。関係的な資源がなければ、慣習に従うことは柔軟性を失うことにつながり、不寛容や退屈が生じる。秩序を維持し、退行を回避すれば、調和は維持できるかもしれない。しかし、情報、アイデア、価値観、文化的慣習、生き方のグローバルな流れがますます世界を形づくり、組み替えていく中で、私たちは教育の課題についてあらためて考えなければならない。「何が事実か」を生徒がよく知ることに関心を置く教育は、本質的には「上から下への」教育である。私たちは橋の上に立って、下方に流れ去る水を見ているのである。しかし、私たちが今生きている世界では、「下から上へ」の力が不可欠であり、迫り来る乱気流に注意を払わなければならない。そのため、共創という生成的なプロセスに参加するための準備が求められている。若者たちが、継続と中断、情熱と抑制、進歩と再生のバランスを取りながら、創造的に協力し合えるようになるために、教育方法とカリキュラムはどうあればよいか。教育によって、新しいアイデアや生き方を協同的に創造することはできるのだろうか。

これから述べるように、新しい形の教育評価の実践は、本質的な役割を果たしうる。もう少し現実に即して言えば、組織の大小にかかわらず、メンバーの協同する力への依存がますます高まっていることが研究で示されている。これは特に、急速に変化する状況では、固定的な構造は無力であるという事実に依っている。組織は変化する状況に適応することを求められており、そのためには、集団的な革新と協調の力が必要なのである。[25]

最後に、学校教育を準備と同一視しないことが大切である。生徒が十全に社会参加できるように準備することは必要だが、学校文化に参加するすべての人々の生活の質も考慮しなければならない。若者は人生の一二年から二二年を教育機関で過ごすが、恐怖、退屈、疎外感、欲求不満、怒りを経験することがあまりにも多い。学校は牢獄のようなものだと思っている者もいる。学校は社会がつくり出したものであり、学校が求められ、必要とされるのは、私たちの交渉と同意の結果にほかならない。私たちは、大人の生活を老後の準備だと考えたりはしない。大人になれば、恐怖、退屈、抑圧などを感じながら何年も耐えることなどほとんどない。若い世代にとっても同じである。教育のプロセスは、それ自体が魅力的で、活気と刺激に満ちたものでなければならない。

従来の評価がもたらす関係の悪化

ここで、学校生活における試験、評定、テストの機能を、あらためて考えてみることが有用である。前章では、これらの実践が、本来の目的であるはずの学びのプロセスをいかに蝕んでいるかについて、多くの点から検討した。本章で述べてきたように、教育における関係の重要性に焦点をあてることで、新たな問いが生まれてくる。もし、学びが関係プロセスの豊かさに決定的に依存するならば、試験、評定、ハイステークス・テストはどのような関係を促進することになるのだろうか。評価が推し進められると、関係の質はどうなるのだろうか。

まずは教室から見ていこう。試験やテストは、学びを評価する道具として不十分であるだけでなく、**価値の序列**をつくり出す。生徒にはさまざまな違いがあるが、評定は、狭い範囲の行為について価値のありなしを宣言する。このような宣言は、尺度上の点に変換され、生徒を連続体上に位置づけることの客観的な根拠となる。学校システムに参加するだけで、子どもや若者は、想像もしなかったような形で、自分ができるかできないかを知るのである。

価値の序列は、生徒同士の関係にも波及する。ごく一部の生徒は、自分が他者よりも優秀だということを知る。彼らは、重要な点において自分はクラスメートよりも優れていると考えることが正当化される。「平均的な子たち」は仲間として受け入れるとしても、困っている生徒は避けたり、内心では嘲笑したりするかもしれない。大多数の生徒は、自分には特別なことは何もない、褒められるようなところはないということを学ぶ。どう考えても、彼らは静かな満足を得るだけの冴えない人生を送る可能性が高い。「見えない子どもたち」[26]にとって、学校生活に熱心に参加する理由はほとんどない。自分が「落ちこぼれ」「頭が鈍い」「バカ」であると知らされる少数の生徒にとって、将来は暗澹たるものである。中には、システムやそれが表すものを否定したり攻撃したりすることで、報復しようとする者もいるだろう。彼らは、本から学ぶことなど、自分たちが望む自由で地に足のついた、生存競争のない人生にとって何の役にも立たないと主張するかもしれない。[27]また、成績の良い生徒を、「弱虫」「生意気」「教師のペット」「奴隷」と蔑むかもしれない。他の多くの生徒にとって、自尊心を繰り返し攻撃されることは、退場勧告になるだろう。教室が常に屈辱をもたらすものであるならば、そこから離脱することが解放への道である。[28]

また、成績評価が行われることで、生徒は、教室が本質的に「食うか食われるか」の競争であることに気づく。「あなたはレースに参加しています。あなたのクラスメートはみんな、あなたに勝とうとしています。みんなは、あなたが失敗するのを期待しているのです」と密かに告げられるのである。このような状況では、生徒はノートを見せたり、アイデアや洞察を共有したりすることを避けるだろう。クラスメートを油断させるために、自分がどれだけ勉強していないか、互いに嘘をつくことさえある。成績の良い生徒は、成績の悪い生徒の**せい**で良い結果が出せず、成績も下がると言って、協働学習を避けようとするかもしれない。教室文化は、根本的な疎外感を前提としたものになる。

生徒と教師の関係にも、同様の影響がある。まず、若者と年長者との関係は必ずしも疎遠であるわけではないということを押さえておこう。時と場合に応じて、若者は、経験豊かな年長者に熱心に助言を求め、彼らをロールモデルとし、彼らの話に夢中で耳を傾け、指導を頼りにし、彼らと協同して事業に取り組むだろう。いずれにせよ、若者は学んでおり、喜びや満足を感じることも多い。重要なのは、どの状況においても、彼らは評価を受けていないということである。テストや成績評価が関係の中に入り込むと、すべてが変わってしまう。批判されているように、教師と生徒の関係の最も大きな特徴は権力関係である。[29]教師はクラスの活動を構造化し、秩序を維持する。生徒を授業に集中させる一番の手段は、評価の脅しである。事実、評価は強制の道具としての役割を果たしている。隔たりが「自然の状態」になる。

ハイステークス・テストは典型的に、教師と生徒の距離を遠ざける。生徒のテストの成績が教師の評価に使われる場合も多い。生徒の成績が悪いと、教師の給与やキャリアに影響するかもしれない。こうして、教師は生徒を手段として見るようになる。生徒は、その成長が教師としての自己実現につながるような、魅力的な若者ではなくなる。それどころか、仕様に合わせて作らなければならない機械の部品のようなものになってしまう。[30] 生徒の個人的な希望や不安を探るために、時間を使うのは無駄である。また、テストで良い成績を取らなければならないという生徒へのプレッシャーは、生徒の不正を誘発し、教師の側にも疑惑の態度が生じることになる。

教室の外の関係についても考えてみよう。テストの利用に支えられた道具的な志向は、家族の関係にも入り込んでいる。親はわが子について、学校的な価値の序列をもとに定義するようになる。成績によって、「良い子」か「悪い子」かが決まってしまうのである。共感と理解は、教師と同じよそよそしい態度に取って代わられる。成功できなかった息子や娘は、軽蔑、屈辱、罰を受けることになる。平均的な成績であっても、特権と親からの関心を失うかもしれない。活気に満ちていたはずの子どもが、静かに敵意を抱くようになる。

皮肉なことに、自分の子どもに精神的な問題があるという可能性を受け入れる保護者が増えている。子どものテストの成績の低さがＡＤＨＤ（注意欠如・多動症）のせいだと考えられるならば、その子は「治療」を受けることになるだろう。毎日、化学物質を投与され、試験時は特別措置を受けることで、生徒の成績は向上するかもしれない。薬による治療を受けている子どもは教室の秩序に貢献するため、教師も診断によって利益を得ることになる。また、国や地域のテストで良い成績を収めることは、教師自身の「成績表」にも貢献する。ＡＤＨＤという分類が、ハイステークス・テストの定着とほぼ同時期に考案されたことに何ら不思議はない。また、アメリカではおよそ十人に一人の子どもが「障害」があるとみなされ、薬を服用していることにもショックを受けてはいけない。[31]「テストで良い成績が取れない」という「病気」に対する化学的な「治療法」が、今や十億ドル規模の産業を支えているのである。

最後に、政府の政策担当者と地方学区の教育行政担当者との関係がある。ここでは、権力構造に新たな階層が加わり、政府が教育行政担当者を管理し、教育行政担当者が教師を、教師が生徒を管理する。どの場合も、体系的なテストが権力と支配の配分を支えている。下層にいる者は上層にいる者を恐れ、上層の者は下層の者に不信感を抱く傾向がある。皮肉なことに、テストはシステムが適切に機能しているという自信と安心感を生み出すために使われるが、結果はむしろ逆になることの方が多い。ハイステークス・テストによって学校システムが危機にさらされると、教育行政のレベルで不正の誘惑が生まれる。一方、不正行為の発覚によって疑惑の火はさらに大きくなり、その結果、監視が強化される。

例えば、最近では、ペンシルバニア州の試験の監査で、三八の学校区と一〇のチャータースクールに不正行為の可能性が指摘されている。[32] このような結果を受けて、知事は教育評価の予算を四三％増やすことを提案した。ただし、一般の学校予算は現行の水準にとどまっている。私たちは、テストが不正行為の理由をつくり出し、[33] それがテストのより強力な根拠となるという負のスパイラルに陥っている。似たような話は、アメリカやイギリスのいたるところで聞かれる。[34]集合的な理解と協同によって導かれるはずの私たちの教育システムが、分断、疎外、不信を生み出している。

要するに、従来の評価のあり方は、対立、不安、疎外感、傲慢、嫉妬、自己否定、誤解、疑念を特徴とする学校教育の文化に寄与している。これは、生徒同士、教師と生徒、管理職と教師、保護者と生徒、政策担当者と教育者の関係においても同様である。なぜそのような状況を維持しなければならないのだろうか。

関係に基づく評価の挑戦

教育の意味は、教室、学校全体、児童生徒の家庭生活、地域、より広く教育の文化における関係のプロセスを十分に促進できるかどうかにかかっている。これが私たちの提案である。従来の評価に基づく教育では、この生き生きとしたプロセスが損なわれてしまう。さらに、前章で述べたテストと成績評価の重大な問題を踏まえれば、代替案を探ることが不可欠である。私たちは、評価が教育の目的に大きく貢献しうると考えている。次章では、豊かな関係から生まれ、豊かな関係に貢献する評価のプロセスについて議論する。関係に基づく評価の実践は、学びから切り離されたものではなく、その発展にとって絶対に欠かせないものであることを提案したい。

注

[1] 批評家は、教育システム全体が、費用対効果や個人主義、競争を重視した価値観を形成する、より大きなイデオロギープロジェク

トの一部になっていることを懸念している。例えば、Lipman, P.（2013）*The New Political Economy of Urban Education Neoliberalism, Race, and the Right to the City*. Florence: Taylor and Francis. を参照。

［2］前掲書。

［3］Dewey, J.（1907）"Chapter 1: The School and Social Progress." *The School and Society*. Chicago, IL: University of Chicago Press, 19–44.（宮原誠一訳　一九五七　『学校と社会』岩波書店）

［4］Vygotsky, L.（1978/1995）*Mind in Society: The Development of Higher Psychological Processes*（M. Cole, V. John-Steiner, S. Scribner, & E. Souberman 編集・英訳）. Cambridge, MA: Harvard University Press.

［5］Bruner, J.（1990）*Acts of Meaning*. Cambridge, MA: Harvard University Press, 10.（岡本夏木・仲渡一美・吉村啓子訳　二〇一六　『意味の復権――フォークサイコロジーに向けて［新装版］』ミネルヴァ書房）

［6］教育における関係の重要性を提案した主な教育者には、パウロ・フレイレ、カール・ロジャーズ、バジル・バーンステイン、パーカー・パルマーがいる。

Freire, P.（1970）*Pedagogy of the Oppressed*. London: Continuum.（三砂ちづる訳　二〇一八　『被抑圧者の教育学――50周年記念版』亜紀書房）

Rogers, C.（1961）*On Becoming a Person*. Boston, MA: Houghton Mifflin.（諸富祥彦・保坂亨・末武康弘訳　二〇〇五　『ロジャーズが語る自己実現の道（ロジャーズ主要著作集）』岩崎学術出版社）

Bernstein, B.（1996）*Pedagogy, Symbolic Control and Identity: Theory, Research, Critique*. London and New York: Taylor and Francis.（久冨善之・長谷川裕・山崎鎮親・小玉重夫・小澤浩明訳　二〇一一　『〈教育〉の社会学理論――象徴統制、〈教育〉の言説、アイデンティティ［新装版］』法政大学出版局）

Palmer, P.（1998）*The Courage to Teach: Exploring the Inner Landscape of a Teacher's Life*. San Francisco, CA: Jossey-Bass.

［7］より詳細な議論は、Gergen, K. J.（2009）*Relational Being: Beyond Self and Community*. New York: Oxford University Press.（鮫島輝美・東村知子訳　二〇二〇　『関係からはじまる――社会構成主義がひらく人間観』ナカニシヤ出版）を参照。ここでの説明は、関係のプロセスを問題の中心に据えており、他者との関係における自己やコミュニティ全体を強調する関係論とは対照的であるかもしれない。前者は、キャロル・ギリガンやネル・ノディングズのようなケアを中心とする教育的アプローチに代表される。

Gilligan, C.（1982）*In a Different Voice: Psychological Theory and Women's Development*. Cambridge, MA: Harvard University Press.（川本隆史・山辺恵理子・米典子訳　二〇二二　『もうひとつの声で――心理学の理論とケアの倫理』風行社）

Noddings, N.（1984）*Caring: A Feminine Approach to Ethics and Moral Education*. Berkeley, CA: University of California Press.

（立山善康・清水重樹・新茂之・林泰成・宮崎宏志訳　一九九七『ケアリング――倫理と道徳の教育　女性の観点から』晃洋書房）

コミュニティを重視する考え方は、ジーン・レイヴやエティエンヌ・ウェンガーなどの教育研究者に代表される。

Lave, J., and Wenger, E.（1991）*Situated Learning: Legitimate Peripheral Participation*. Cambridge: Cambridge University Press.（佐伯胖訳　一九九三『状況に埋め込まれた学習――正統的周辺参加』産業図書）

Wenger, E.（1999）*Communities of Practice: Learning, Meaning, and Identity*. Cambridge: Cambridge University Press.

Day, C.（2004）*A Passion for Teaching*. London and New York: Routledge Falmer.

［8］哲学者ウィトゲンシュタインが論じているように、私たちの言葉は「言語ゲーム」の中でその意味を獲得する。「ワンストライク」という言葉は、野球についての会話の外では意味をなさない。Wittgenstein, L.（1953）*Philosophical Investigations*.（G. Anscombe英訳）. New York: Macmillan.（藤本隆志訳　一九七六『哲学探究（ウィトゲンシュタイン全集８）』大修館書店）

［9］Bakhtin, M. M.（1981）*The Dialogic Imagination: Four Essays*. Austin, TX: University of Texas Press. を参照。

［10］例えば、以下を参照。Poovey, M.（1998）*A History of the Modern Fact: Problems of Knowledge in the Sciences of Wealth and Society*. Chicago, IL: University of Chicago Press; Latour, B., and Woolgar, S.（1979）*Laboratory Life: The Construction of Scientific Facts*. London: Sage.（立石裕二・森下翔監訳　二〇二一『ラボラトリー・ライフ――科学的事実の構築』ナカニシヤ出版）; Knorr-Cetina, K.（1999）*Epistemic Cultures: How the Sciences Make Knowledge*. Cambridge, MA: Harvard University Press.

［11］Butler, J.（1990）*Gender Trouble: Feminism and the Subversion of Identity*. New York: Routledge.（竹村和子訳　二〇一八『ジェンダー・トラブル――フェミニズムとアイデンティティの攪乱［新装版］』青土社）

［12］例えば、トマス・ホッブズやジャン・ジャック・ルソー、ジョン・ロックが提唱した社会的契約という概念に見られる。

Hobbes, T.（1651/2017）*Leviathan*. London: Penguin Classics.（水田洋訳　一九九二『リヴァイアサン１〜３』岩波書店）

Rousseau, J-J.（1987）*The Basic Political Writings*（Donald A. Cress 英訳）. Cambridge, MA: Hackett Publishing Company; Locke, J.（2003）*Two Treatises of Government and a Letter Concerning Toleration*. New Haven, CT: Yale University Press.（加藤節訳　二〇一〇『完訳　統治二論』岩波書店）

［13］Gill, S., and Thomson, G.（2012）*Rethinking Secondary Education: A Human-Centred Approach*. London: Pearson Education.

［14］空気や身の周りにあるものなど、物質的な世界を関係のプロセスに加えれば、関係のプロセスに持続的に浸っているという事実がもっとはっきりするだろう。

［15］マイノリティの文化的背景をもつ生徒の関心とニーズに敏感になる必要があるという説得的な議論は、Delpit, L.（2012）

"Multiplication is for White People": Raising Exceptions for Other People's Children. New York: The New Press. を参照。

[16] Macbeth, D. (2010) "Ethnomethodology in education research," *International Encyclopedia of Education*, 6: 392-400. も参照。

[17] 例えば、フレイレ著『被抑圧者の教育学』および、Gottesman, I. (2016) *The Critical Turn in Education*. New York: Rutledge; Wink, J. (2010) *Critical Pedagogy: Notes from the Real World* (4th ed.). London: Pearson. を参照。

[18] このような学習の方向を示す有望な動きとして、修復的正義の学校プログラムがある。例えば、以下を参照。Winslade, J.M., and Williams, M. (2012) *Safe and Peaceful Schools: Addressing Conflict and Eliminating Violence*. Thousand Oaks, CA: Corwin.（綾城初穂訳　二〇一六『いじめ・暴力に向き合う学校づくり――対立を修復し、学びに変えるナラティブ・アプローチ』新曜社）; Lund, G.E., and Winslade, J.M. (2018) "Responding to interactive troubles: Implications for school culture," *Wisdom in Education*, 8: 1. www.rjoyoakland.org.

[19] Gill, S., and Thomson, G. (2019) *Understanding Peace Holistically*. New York: Peter Lang. の第4章を参照。

[20] Senge, P. (1990) The Fifth Discipline: The Art and Practice of the Learning Organization. New York: Doubleday.（枝廣淳子・小田理一郎・中小路佳代子訳　二〇一一『学習する組織――システム思考で未来を創造する』英治出版）

[21] Biesta, G. (2010) *Good Education in an Age of Measurement: Ethics, Policy, Democracy*. Boulder, CO: Paradigm Publishers.（藤井啓之・玉木博章訳　二〇一六『よい教育とはなにか――倫理・政治・民主主義』白澤社）

[22] Dewey, J. (1897) "My pedagogic creed," *School Journal*, 54: 77-80.

[23] 学習の文脈に関するより広い理論的根拠は、Rose, D. (2009) "Weaving philosophy into the fabric of cultural life," *Discourse*, 9 (1): 165-182. を参照。

[24] 以下の著作によい例が見出せる。Montessori, M. (1949) *Education and Peace*. Chicago, IL: Henry Regerny.（小笠原道雄・高祖敏明訳　一九七五『平和と教育――平和を実現するための教育の意義』エンデル書店）; Bekerman, Z., and Zembylas, M. (2012) *Teaching Contested Narratives: Identity, Memory and Reconciliation in Peace Education and Beyond*. Cambridge: Cambridge University Press; Harris, I. (2013) *Peace Education from the Grassroots*. Charlotte, NC: Information Age Publishing.

[25] 例えば、以下を参照。Hansen, M.R. (2009) *Collaboration: How Leaders Avoid the Traps, Create Unity, and Reap Big Result*. Boston, MA: Harvard Business Review; Rosen, E. (2009) *The Culture of Collaboration: Maximizing Time, Talent, and Tools to Create Value in the Global Economy*. San Francisco, CA: Red Age Publishing; Wagner, T. (2012) *Creating Innovators: The Making of Young People Who Will Change the World*. New York: Scribner.（藤原朝子訳　二〇一四『未来のイノベーターはどう育つのか――子供の可能性を伸ばすもの・つぶすもの』英治出版）

[26] Pye, J. (1988) *Invisible Children: Who Are the Real Losers at School?* Oxford: Oxford University Press.

[27] Willis, P. (1977) *Learning to Labour: How Working Class Kids Get Working Class Jobs*. Farnborough: Saxon House.（熊沢誠・山田潤訳　一九九六『ハマータウンの野郎ども――学校への反抗・労働への順応』筑摩書房）

[28] ガーディアン紙の記事によれば、英国の一部の中等学校では、ＳＡＴの総合成績を上げるための戦略として、生徒の排除が行われているという。以下を参照。https://www.theguardian.com/education/2018/aug/31/dozens-of-secondary-schools-exclude-at-least-20-of-pupils.

[29] 例えば、フレイレ著『被抑圧者の教育学』および以下を参照。Bernstein, B.（1975）*Class and Pedagogies: Visible and Invisible*. Washington, DC: OECD; hooks, b.（1994）*Teaching to Transgress: Education as the Practice of Freedom*. New York: Routledge.

[30] ノディングズ著『ケアリング』を参照。

[31] Danielson, M. L., Bitsko, R. H., Ghandour, R. M., Holbrook, J. R., Kogan, M. D., and Blumberg, S. J.（2018）"Prevalence of parent-reported ADHD diagnosis and associated treatment among US children and adolescents 2016," *Journal of Clinical Child & Adolescent Psychology*, 47(2): 199-212.

[32] Paslay, C.（2012）"The mighty testing juggernaut," *The Inquirer*, February 21, 2012.
https//www.philly.com/philly/opinion/inquirer/20120221_The_mighty_testing_juggernaut.html（情報取得 2019/4/29）

[33] Strauss, V.（2015）"How and why convicted Atlanta teachers cheated on standardized tests," *The Washington Post*, April 1, 2015.　https://www.washingtonpost.com/news/answer-sheet/wp/2015/04/01/how-and-why-convicted-atlanta-teachers-cheated-on-standardized-tests/?noredirect=on&utm_term=.9ea0f3ee9f20（情報取得 2019/4）

[34] Perraudin, F.（2018）"Thousands of teachers caught cheating to improve exam results," *The Guardian*, February 11, 2018.
https://www.theguardian.com/education/2018/feb/11/thousands-of-teachers-caught-cheating-to-boost-exam-results（情報取得 2019/4）

第3章　関係に基づく評価に向けて

生は本来、対話的である。

ミハイル・バフチン

私たちの教育評価の伝統は、関係を悪化させ、ウェルビーイングを損ない、学びの可能性を極端に制限する。これが、ここまでの章の特に重要なメッセージだった。このような批判は、多くの読者にとって必要なかった。ほとんどの人は、この評価の伝統によって直接的、間接的に苦しめられてきたからである。恐怖感、失敗への不安、比較による自信の喪失、家庭内緊張、悲観的な未来の予感、さらには学校からドロップアウトした多数の人々を、私たちはよく知っている。このような経験と精神的なストレスを思い出す必要はない。実際、私たちのように教育を専門とする者は、評価の支配に抵抗する手段を生み出そうとさまざまな試みをしてきた。管理側からの相対評価の要請に異議を唱え、生徒に再試験を認め、総括的評価の代わりに達成目標を用いるなど、少しずつ、ひっそりと、数えきれない創造的な方法で、私たちはテストの支配に抵抗しようとしてきた。革新的な学校や他に類のない動きの中から、新しい有望な展開が生まれてくることが期待されている。

しかし、教育にもっと包括的で大きな変革をもたらすには何が必要だろうか。どうすれば、伝統による強い圧迫を少しずつ取り除く散発的な試みの先に進むことができるだろうか。変革には三つの大きな課題があるように思われる。第一に、教育のプロセスとその目的やねらいについて考えるための概念枠組みを提供することが求められる。これが前章の課題であり、工場としての教育の見方を転換させ、対話と協同を軸とする関係のプロセスとして理解することを提案した。

第二の課題は、この関係性の視点から、教育評価の構想を引き出すことである。教育を関係のプロセスとして捉えるならば、評価についてはどのように理解すればよいだろうか。評価の営みを、学びを促進し、その中核にある関係のプロセスを豊かにするというゴールに一致させるには、どうすればよいのだろうか。従来の評価は、学習者がどれだけ学んだかを審査するものであり、学びと評価の間には大きな隔たりがあった。このような分離は人為的であり、誤解を招くものである。二つを分けることで、評価が学びに与える負の影響が見えなくなっている。必要なのは、学び**に対する**評価ではなく、学びのプロセスの中で行われ、それに**寄与する**ような評価へのアプローチである。本章では、この第二の課題を取り上げる。

第4章以降では、関係論を評価の実践と融合させるという最後の課題に挑む。この課題を達成するため、小中学校・高校における評価だけでなく、教員評価や学校評価も含め、豊かな関係に基づく評価の例を多数紹介する。それによって、現在生まれている多くの教育的革新を結びつけることができるだろう。関係論によって、きらめく可能性を秘めた無数の（実践という）島を、概念によって架橋することが可能になるのである。これらの試みの関連性を明らかにすることで、教育者の間で生じているより大きな動きの輪郭が浮かび上がってくる。読者が自分たちの地域で革新を生み出すためのインスピレーションが得られるかもしれない。ただし、実践と政策の広範な変化につながる道筋が見えることが重要である。このような大きな動きについては、最終章で探ることにする。

はじめに、私たちが考える関係に基づく評価の主な特徴について説明する。それはどのようなものか。従来の評価と何が違うのか。関係に基づく評価は、学びのプロセスと同時に関係の充実にも寄与するものでなければならないと私たちは考えている。評価、学習、関係のプロセスは相互に支え合わなければならない。次に、関係に基づく評価の最も重要な目的について考える。関係を評価の鍵とすることによって、私たちは何を成し遂げようとしているのだろうか。最後に、関係に基づく評価が行われる主な現場に注意を向ける。もし、試験やテストが評価の場ではなくなるとしたら、評価はどこで、どのように行われるのだろうか。私たちは、学びのプロセスの最中に行う評価と、学んだ後に省察（リフレクション）を行う定期的な評価という、二つの異なる評価の形態に焦点をあてる。これらの議論を踏まえ、具体的な実践について考察していくことにする。

関係を鍵とする教育評価

世界は関係のプロセスを通して、私たちの知っている世界になる。私たちはこの関係のプロセスから、世界についての理解、意味、価値を引き出しており、それによって私たちの行為が刺激され、道徳や倫理が形成される。あらゆる知の営みが生まれ、学習が生き生きしたものになるのも、関係のプロセスを通してである。しかし、これまで見たように、ハイステークス・テストや成績評価などの従来の評価方法は、学びの基盤となる関係のプロセスそのものを破壊してしまう。私たちはどんな代替案を構想すればよいのだろうか。それはどのようにして実現できるだろうか。

私たちが特に関心をもっているのは、関係のプロセスを核とし、そのプロセスから、学びを刺激し持続させるとともに関係のプロセスそのものも豊かにするような力を引き出す教育評価のあり方を明らかにすることである。このような方向性を、「**関係に基づく評価**」、あるいは「関係の視点から見た教育評価」と呼ぶ。私たちは意図的に、独立した客観的な判断という意味合いが強い「評価（アセスメント）」「検査」「測定」「鑑定」ではなく、「評価（エバリュエーション）」という用語を選択した。「評価」という語のラテン語の語源は、「強化する」「力を与える」という意味をもつ。評価とは、何かに価値を与え、価値づけるプロセスなのである。[1] これにより、生徒の欠点や足りないところを指摘する従来の評価から、成長およびウェルビーイングの機会、可能性、潜在力に焦点をあてる評価への転換が可能になる。強みから出発し、その結果として希望と関与を高めることを試みるのである。同様に、関係に基づく評価は、評価が行われる文化的状況において、評価のプロセスに関わる人々——例えば、教師、生徒、保護者、管理職——の関係に特に注意を払う。評価は、これらすべての関係に内在する資源を活用すべきである。[2]

私たちが考える関係に基づく評価には、二つの重要な特徴がある。一つ目は、評価は「共同探究のプロセス〔訳注i〕co-inquiry process」だということである。ここでは、探究するプロセスと、共に探究することの大切さの両方が強調されている。まず、評価のプロセスには、質問し、耳を傾け、参加者の多くの生きた現実に寄り添い、関心をもつことが含まれる。探究プロセスの目的は、一つの答えを見つけ出し、会話を終わらせることではない。多様な価値観と現実が絶えず揺れ動く中で、「知る」ことの最終地点は存在しない。したがって、生徒の作品に評点をつけ、まとめの評価をすることはあらかじめ除外される。同時に、このような探究は、対話的かつ協同的なものでなければならない。評価は、非人間的な測定方法とは異なり、互いに感謝し合うやりとりの中で行われるべきである。ここで念頭に置いているのは、前章で論じた、信頼、透明性、創造性を重んじる生成的な対話である。[3] すべての関係者の意見や価値観が共有されることが理想であり、そのために、教育プロセスに関わる多様な価値観や現実を理解し、認める必要がある。こうして集合的意識、すなわち「私たちはみな一緒だ」という感覚が育まれる。私たちは共に学び、教育プロセスとその結果に対して共に責任を負っているのである。

ここで、教育者たちはすぐに、学習単元の終了時に何を学んだかを確認する、いわゆる**総括的評価**の限界に気づくだろう。総括的評価では、通常、何らかの基準に照らして生徒を比較し、成績をつける。関係に基づく評価が、基本的に総括的評価ではなく形成的評価になるのは、対話と資源の活用を重視するこれまでの議論から見て当然と言えるだろう。関係に基づく評価では、達成度よりも継続的な学びの充実が重視される。さらに、関係論的なアプローチは、このような形成的プロセスの理解に新たな側面を付け加える。このアプローチでは、複数の声の対話、多様な視点の共有、異なる生きた社会的現実の包摂が強調されるが、それらはすべて学びを豊かにするものである。さまざまな関係者の継続的な関係も重視されている。形成的評価の考え方はすでに教育現場に浸透しているが、評価基準が狭められ、議論の余地があまりないテストの伝統に戻したいという誘惑は尽きない。[4] 関係論的な枠組みから見れば、学びと評価は絶えず変化する、形成的なものである。

関係に基づく評価の二つ目の特徴は、**価値づけ**に焦点をあてていることである。前章で述べたように、活動、人々、考え方、対象は、関係のプロセスの中で価値をもつようになる。[5] 個人のアイデンティティを危機に追いやる評価とは異なり、関係に基づく評価は、学習者の価値観、希望、熱意、ウェルビーイングを絶対的に肯定するものでなければならない。能力評価が学習者の関心を切り捨てるのに対し、評価は、関心の対象に息を吹き込むものでなければならない。評価は、学びのプロセスに命を与え、評価のプロセスそのものに価値を注ぎ込む。評価を、脅威や耐えるべき重荷として経験する必要はない。最終的には、成長のプロセスに必要な要素であり、豊かな未来への道を照らし出すものとして理解すべきである。最後に、関係に基づく評価は、関係のプロセスの重要性とその大きな可能性を浮かび上がらせるものでなければならない。

生徒を学びのプロセスの中で評価することは、確かに重要なポイントだが、私たちの評価についての考え方は、教育システム全体の評価実践にも適用可能である。関係論的な方向性は、教師、学校、管理者の評価にも拡張しうる。誰もが、測定と管理の論理の犠牲になっている。理想を言えば、保護者、コミュニティの成員、政策立案者など、すべての関係者を評価のプロセスに巻き込むべきである。私たちが考えているのは、学びのコミュニティ全体の繁栄に寄与するような評価のアプローチなのである。

関係に基づく評価の目的

関係に基づく評価の一般的な考え方を、どうすれば実践に応用できるだろうか。学校が置かれているさまざまな状況の中で、具体的に何を目的とすればよいのか。どのような実践が求められるのか。目的はいかにして達成されるのか。本章では以上の問いに答えていく。続く各章で、これらの目的を達成する革新的な実践に焦点をあてるが、ここでの議論はその準備となるだろう。私たちは、関係に基づく評価の主要なゴールとして、学びのプロセスを向上させること、

［訳注-i］　共同探究 co-inquiry　　関係の中で他者と共に意味を問い、つくり出すこと。後の章に出てくる「協同的探究 collaborative inquiry」（八〇頁）と類似しており、重なる部分もあるが、本書では、co-inquiry はより一般的な意味で使用されている。

学びへの持続的な関わりを促すこと、関係のプロセスを豊かにすること、の三つを提案する。この三つは部分的に重なりをもち、相互に依存し合っているが、一つずつ分けて考えていく方がよいだろう。

学びのプロセスの向上

教育の最も重要な焦点が学びだとすれば、評価の実践は、何よりも学びのプロセスの向上に役立つものでなければならない。従来の評価による支配のもとで、この根本的な必要条件はほとんど視野から消えてしまった。評価はもっぱら学業成績を確認し、押し上げるためだけに使用され、点数と成績は、成績の低い者には罰《ムチ》として、成績の高い者には報酬《アメ》として働く。第１章と第２章で述べたように、このアメとムチのアプローチによって多くのダメージが生じることは別にしても、それが実際にどの程度学びを促進するかについては、依然として議論の余地がある。関係に基づく評価のアプローチの最終目的は、学びのプロセスを向上させることだと私たちは考えている。

まず、評価は学習者を動機づけ、刺激するものでなければならない。生徒の学びへの関心と熱意は、関係に大きく依存すると言われる。生物、野球、文法、政治の何に関心をもつか、また、生物学の調査をする、絵を描く、歌をうたう、数学を勉強する、詩を書くなどの活動に価値を置くかどうかは、その人をとりまく関係によって決まる[6]。価値の共創があれば、評価は歓迎されるだろう。人は「次はどうなるか」を知りたがる。それは「どうならないか」を知ることでもある。価値づけと評価は密接に結びついている。例えば、若者がビデオゲームのスキルを上達させるために費やす時間を考えてみよう。彼らはゲームをしながら会話し、達人を観察し、ある特定の動作をひたすら練習し、互いの動きを見てフィードバックしたり教え合ったりする。このようにして、ゲームの次のレベルへと進んでいくのである。学校の評価も、同じようにやる気を引き出すものでなければならない。

ここでは、評価における協同と対話がますます重視されることになる。教師と生徒が共に、学習活動に価値や意義を注ぎ込むことができるのは、まさにそのような状況である。価値を見出そうとする問いや対話は、生徒の好奇心を育てる。教師の発問は、生徒が自らの経験、関心事、将来の夢の価値について考えるきっかけになるかもしれない。また、生徒が自分で目標を決めるように促し、そのために必要なステップを考え、進み具合について振り返るのを助けるだろう。自分の関心事を他者が気にかけてくれていると感じたら、学びに役立つ評価コメントを喜んで受け入れるかもしれない。「私はどれくらい理解できているでしょうか」「もっとよく理解するために、他に何をしたらよいですか」「参考になる本を紹介してもらえませんか」。関心をもった生徒は、このような質問をするだろう。

価値の共創は、クラス全体に広がることもある。生徒と教師は、共に達成したい目標と、集団でその目標に到達する方法を一緒に探究することができる。その際、学ぶ価値があることは何か、自分たちの学びに誰がどのように貢献できるかに焦点をあてて議論することが理想である。それによって、生徒は、教師の提供する内容が自分の取り組みにとってどれほど価値があるかがわかるだけでなく、生徒同士のサポートの大切さに気づくことができる。クラスの生徒も教師も、学校の境界の外で自分たちの学びを助けてくれる人たちにまで視野を広げることができるかもしれない。実際には、こうした検討は、どのような評価プロセスが、生徒と教師の目的を達成するうえでどのように役立つかを中心に行われるだろう。

学びの意欲の持続

学びは、一生続くものである。しかし、テストの結果が学びの主な目的であるならば、試験は終了を意味する。目標に到達すれば、学び続けるモチベーションはほとんど残らない。私たちがよく耳にするのは、「やっと終わった！」や「このために徹夜したんだ。終わってよかった」という言葉である。もっと学びたいという意欲はほとんどない。次の単元や学期が始まれば、教師は、生徒が好きでもなく、ましてや自分で選んだわけでもない別のレースに参加するように仕向けるという課題に再び直面することになる。それに対し、関係に基づく評価の二つ目の目的は、生徒が学習プロセスに参加し続けるように促し、励ますことである。評価は学びを、こなすべき雑用や乗り越えるべき脅威にするのではなく、学びへの意欲を回復させ、持続させるものでなければならない。生涯にわたる好奇心に道をつけることが課題である。評価的な省察は、人生の貴重な支えになるべきである。

同じ理由によって、関係に基づく評価は、生徒が自らの学びに責任をもつように促す。教育の工場モデルでは、生徒を教育する責任は、すべて教師と学校にあるとされる。教師が「期待に応えて」「自分の仕事」をし、スクールリーダーが「責任を果たす」ならば、生徒は教育を受けることができると考えられている。この考え方では、生徒自身が学びに対して責任をもつことはほとんど（あるいはまったく）ない。生徒は単に、教師や教育機関によって形づくられる対象にすぎない。関係に基づく評価はこれを逆転させ、生徒が自らの学びの現在と未来について考え、責任をもてるようにしようとする。

この目的を達成するための鍵となる要素がいくつかある。まず焦点をあてるのは、学びへの取り組みに**自信をもたせる**ことである。多くの生徒の場合、成績をつけることは逆効果になる。成績評価は、事実上、生徒たちに足りないところがあることが前提になっているからである。関係に基づく評価では、すべての人を評価する単一の基準を放棄することが求められる。それによって、生徒の生活環境の複雑さや発達のペースの違いが理解できるようになるだろう。関係に基づく評価は、価値づけを重視するため、生徒の目標達成には、個人的な思いを実現する、それぞれの関心を深めるなど、さまざまな形があるという点が強調される。

学ぶ意欲を持続させるには、**学びについての理解**、特に、価値ある目標の達成に学びが果たす役割についての理解を育てることも必要である。対話を重視する関係的な実践を通して、生徒は、人生の冒険の次の章に向けてどのような準備をすればよいか確認できる。生徒の現在の興味や好奇心を考えると、次のステップはどのようなものになるだろうか。科学的なトピックについて学ぶのか、アートプロジェクトのアイデアを考えるのか、物語を書くのか、社会調査をするのか。その生徒は、どのように進めたいと望んでいるか。特にこれらが重要なのはなぜか。生徒が自分の学びの経験を継続的に振り返るとき、あるいはコース終了時に総合評価をするときに、このような問いが投げかけられるかもしれない。この探究は、学びによって将来の希望を実現する方法にまで広がっていく。

学ぶ意欲を持続させる三つ目の鍵は、**資源（リソース）についての意識を高める**ことである。学ぶ目的が試験の成績であるなら、生徒はどのような資源を求めるだろうか。一般的には、例えば指定された読み物、下線を引いたノート、過去の試験問題、テストに出る可能性がある内容について教師が与えるヒントなど、最小限の努力で最大限の結果を得るための資源に生徒の関心は限定され、それ以外はすべて余計なものになるだろう。それに対し、関係に基づく評価では、生徒一人ひとりの学びの軌跡を価値づけること、個人の発達の道筋は一つではないことが強調される。協同的な省察を通して、資源の範囲が広がるかもしれない。興味のあるテーマと持続する熱意があれば、生徒はインターネット上の豊富な情報を検索し、図書館で関連図書を探し、ソーシャルメディアの根拠のない投稿がもつ可能性を見出し、家族や隣人が提供してくれる知識に気づくかもしれない。可能性は無限である。

関係のプロセスを豊かにする

これまで述べてきたように、従来の評価方法では、信頼、友情、真正性が失われ、不安、疎外感、対立を招くことになる。しかし、学びのプロセスが本質的に関係のプロセスであるならば、関係が損なわれれば学びもまた損なわれる。関係のプロセスを豊かにすることは、関係に基づく評価の三つ目の重要な目的である。これは決して取るに足りない問題ではない。テストの構造を考えてみると、一方に評価する主体がいて、もう一方に評価される対象がいる。両者の関係を最小限に（あるいは中立的に）するための努力がなされているのである。試験やテストは標準化され、いかなる関係からも独立に実施されるのが理想である（機械による実施が望ましい）。一般に、魅力を感じたり反感を抱いたりすることは、プロセスに干渉し、結果を歪めると考えられている。ストレスや不安を感じていても関係ない。[7] 私たちは関係の視点から、このような評価の伝統をひっくり返し、評価のプロセスによって関係の質を高めることは可能であり、またそうすべきであることを提案する。

これには、いくつかの方法が考えられる。一つ目は、評価のプロセスに、互いを思いやり感謝する気持ちを組み込むことである。これは夢物語のように思われるかもしれないが、父親が息子に自転車の乗り方を教えているところを考えてみよう。父親は自転車をこぐ子どもの横を走り、正しい動きができていればそれを認めて励まし、フラフラとよろめく子どもを支え、進む方向を示し、次の動きを教え、最終的には子どもに自分でこがせて、転ばないように後を追いかける。標準化された試験で子どもの技術を検証することも、どれくらい上達したか、他の子どもと比較することもないが、あらゆる場面で調整的なフィードバックと有用なコメントがある。教えるという行為は配慮の表現であり、子どもが感謝することで、生涯にわたる絆が生まれるかもしれない。

評価が機械的な測定ではなく、共同探究のプロセスであるならば、配慮を表現する最高の機会となる。教師が生徒の幸福に関心を示しているということこそが、すでに敬意のしるしである。生徒の学びの進み具合、長所、個人的な成長に重点を置いて話し合うことは、変わらぬサポートの表現になる。創造的な努力によって、互いを思いやり感謝する気持ちをクラス全体で育むこともできる。対話的な省察を促すことで、生徒たちは互いの希望や計画を共有し、互いの努力に感謝し、互いを思いやる態度をもつようになるだろう[8]。

評価を通して関係を豊かにするための二つ目の重要な鍵は、**信頼構築**に焦点をあてることである。すでに述べたように、従来の評価は、不信だけでなく恐怖さえも引き起こす。ある人が相手を評価する立場にあるとき、相互不信の種はまかれている。教師は生徒が不正をしないという確信がもてず、生徒は監視されていることに気づく。互いが相手の計算の道具になるのである。評価と配慮の結びつきについてこれまで述べてきたことは、ほぼすべて、信頼構築にもあてはまる。配慮された共同探究と対話を通して、生徒は、教師が生徒の利益を第一に考え、生徒にとって大事なことを追求するときには自分を守り、支えてくれるという確信がもてるようになる。互いに配慮し合う評価を行っていれば、生徒たちは、互いの力を借りてもよいのだと感じられるようになるだろう。

大切なのは、関係の豊かさに焦点をあてることで、公教育の工場モデルの重要な問題の一つである**倫理面の貧しさ**を解決する道が開かれるということである。教育は主観的な感情ではなく客観的な事実を扱うべきだという考えから、倫理や人間の価値観の問題が取り上げられることはほとんどない[9]。組織的な宗教の衰退に伴い、文化の中に、倫理、道徳、価値観の問題を探究する場はまったくと言ってよいほど残っていない。複数の文化や宗教が接する機会が増えていく世界では、テストの成績のみに焦点をあてる教育は、致命的なものになりかねないのである。

関係の豊かさを重視し、対話と協同を前面に押し出すことで、「義務」の問題を安心して検討できる場が開かれる。学校は、相互理解を促し、多様な視点をきちんと理解し、参加者の経験の豊かさと複雑さに敏感になることで、多元主義的な教育を行うことができる。生徒は、価値づけの有効性を認めることで、社会や世界のたくましい一員になることができる。銃規制、ジェンダーの多様性、気候変動などの問題に生徒が強い関心をもつことは、カリキュラムから外れることにはならないだろう。このような活動の教育的価値は、いくら評価しても評価しすぎることはない。

関係に基づく評価の実践の場

関係に基づく評価の目的に関する私たちの議論は、確かに理想主義的である。魅力的な考え方ではあるが、あまりにも現実とかけ離れているのではないだろうか。私たちはそうは思わない。後の章で見るように、すでに多くの教師や教育者が、テストに代わる関係的な評価方法を開拓しており、その可能性の一部を実現しつつある学校も少なくない。そのような例がなければ、本書を書き始めることはできなかっただろう。しかし、その光景を探る前に、関係に基づく評価の概念的な土台となるもう一つのステップが必要である。特に、評価が行われる重要な場と、それぞれに関連する評価プロセスの種類を区別しなければならない。

測定中心の評価は、生徒の成績を定期的に評価することとみなされている。生徒が「遅れずについてきている」ことを確かめるために、学期やセメスターを通してテストが行われ、学期末に相対的な能力を評価するために試験が実施される。先に述べたように、これらの評価は、学びにとって副次的なものと考えられる。判定や順位づけは可能だが、学びのプロセスそのものの役には立たないからである。それに対して、評価と学びは切り離されるべきではなく、密接に結びつき、一体化したものでなければならないというのが私たちの提案である。関係に基づく評価を定期的に集中して行うことは、確かに、学び、関心の維持、関係の構築に大きな役割を果たす。しかし、日々の継続的な学びにおける関係に基づく評価がもつ可能性を理解することも重要である。そこで、学びのプロセスにおける評価、すなわち「プロセス評価」と、一定期間ごとに行われる評価、すなわち「リフレクティブ評価」とを区別することにしよう。それぞれに、関係に基づく評価の特徴が見られる。

学びのプロセスにおける評価（プロセス評価）

学びのプロセスにおける関係に基づく評価について理解するために、幼い子どもがどのように言葉を学ぶかを考えてみよう。そのプロセスは形式張ったものではなく、試験もない。しかし、親子の継続的なやりとりには、微妙なシグナル、フィードバック、肯定、見本、修正、確認、指示、励ましがある。顔の表情、声の調子、姿勢、目線など、すべてが評価となりうる。この微妙だが重要な意味をもつ評価が、学びのプロセスに不可欠である。同時に、私たちは、子どもだけが「生徒」なのではないということを理解する必要がある。子どもに言葉を身につけさせるとき、親もまた、子どもに劣らず学んでいるのである。「教える」ためには、親も、子どもからのシグナル、フィードバック、肯定に注意を向けなければならない。どのような発話が子どもに違いをもたらすのか、子どもの注意を引くのはどのような動きか、子どもがどのような課題に直面しているのか、嫌な思いをさせることなく修正するにはどうすればよいかを学ぶ必要がある。このようなやりとりの中で、子どもは親に、どうすればよい「先生」になれるかを教えている。つまり、相互評価が学びの中心にあるのである。

このようなインフォーマルな協働のダンスは、生涯を通じて、学びの重要なリソースとなる。親とキャッチボールをする。友人と屋外でゲームをする。友人、親しいパートナー、隣人、親、コミュニティの成員、職場の同僚としての関係を充実させる。私たちはこれらを、他者との関係の中で、関係を通して学ぶ。参加者による相互調整は、微妙な評価のしるしによってなされる。例えば、ある行為が協働のダンスの中で適切なものかどうか、ある文が会話の中でぴったりの表現かどうか、など。

ここでは、特に評価に関わる三つの特徴に注目する。第一に、学びのプロセス評価がダンスのようなものであるならば、**招待**が必要である。従来の評価では、承諾がほとんど強制されており、生徒に選択権はない。教師も生徒も、互いをよく知り、相手に合わせて自らの行動を変えることが求められる。関係に基づく評価では、生徒をいかに魅力的に誘うか、熱心にとまではいかなくても生徒が進んで参加できるようにいかに招待するかが課題になる。これまでの議論を踏まえれば、教師が生徒の関心に耳を傾けることの大切さにあらためて気づくことができる。ここに、巧みな誘い方のヒントがあるかもしれない。さらに、クラスによい信頼関係があれば、教師自身の価値観を表現することで、生徒を誘うこともできるだろう。詩や幾何学など、あるテーマに対して教師が個人的な情熱を表現することで、共感が生まれる可能性もある。

プロセス評価の第二の重要な特徴は、それが**相互依存**に基づくということである。従来の評価方法は、独立した心をもつ自律した個人という概念に依拠している。そのため、生徒一人ひとりが、自分の成績に対して責任を負うべきとされ、自立した単位として、他者との比較によって成績をつけられる。タンゴやワルツやサルサを一人で踊ることはできない。互いの協力が必要である。プロセス評価を、「教師」と「生徒」のように基本的に独立した二つの単位の関係ではなく、「教師と生徒」という一つの単位として理解するとよいだろう。この「と（共に）」という性質は、評価に極めて重要な側面を追加する。特に、関係そのもののあり方に、明確に注意が向けられることになる。[10] 例えば、教師がクラスの活動の流れを止めて、「私たち（クラス）」が今どんな状態かについてコメントを求めることは、評価の強力な選択肢になる。「活動はうまくいっているか」「私たちはその活動から最大限のものを得ているか」「互いに助け合っているか」「もっとよくできるのではないか」。こうした問いは、学びの相互依存的な性質と、関係それ自体がもつ可能性に注意を向けさせるものである。また、相互依存する単位に焦点をあてることは、子どもの教育に対する親の関わりを理解することにも役立つ。問題は、誰がうまくできたかではなく、関係のプロセスがどうなっているかなのである。

最後に、プロセス評価を重視することで、私たちはその**即興**的な性質に目を向けるようになる。教室にいる生徒を考えてみよう。彼らは、たくさんの可能性をもつ変幻自在的存在である。その可能性は、学びの流れのある時点で実現するかもしれないし、しないかもしれない。私たちの普段の会話のように、教室で継続的に生じている変化は、一度きりで予測不可能である。「声に出して読んでください」という教師の簡単な指示を、力を発揮できるチャンスだと喜ぶ生徒もいれば、恐怖に震える生徒もいる。ある人の発言は相手の反応からその意味を得るが、反応には無数の可能性がある。さらに、教室でのやりとりが続いていくことで、歴史が生まれ、その歴史は現在の関係にも流れ込んでくる。過去の笑顔をいつか思い出すかもしれない。辛辣な言葉や励ましの言葉、笑い声、熱意なども同様である。学期を経るごとに、ダンスは複雑さを増していく。

このように、プロセス評価に標準的な方法はない。数年間の養成期間を経ても、教師は常に学び続けている。彼らが受けてきた教育は意味ある痕跡を残すかもしれないが、教える経験は教師の可能性をさらに広げてくれる。しかし、効果的であり続けるためには、学びのプロセスにおける評価を常に即興で行う必要がある。絶えず生成し続けるダンスに教師と生徒が共に参加し、そのリズムに合わせることで、学びはより豊かなものになるだろう。

定期的な省察による評価（リフレクティブ評価）

次に、学びのプロセスにおける評価から、定期的な省察による評価に目を向けよう。試験やテストの点数を、このように見ることができるだろう。生徒は一定の間隔で、自らの学びの経験を全体的に振り返り、強みと弱みを見極め、今後の学習計画を立てる。しかしながら、従来の評価方法では、どの情報もほとんど得ることができない。試験でできたところ、できなかったところはわかるが、点数それ自体が理由を説明してくれるわけではない。「なぜ」という問いに対する明確な答えはない。もっと勉強する必要があったのか、テストが公正だったか、教師の説明は十分だったのか、睡眠不足だったのか、やる気が起きなかったのか、試験に対する不安があったのか。上記のすべてなのか、どれもあてはまらないのか、あるいはいくつかの組み合わせなのか。また、このような疑問は、誰に相談すればよいのだろうか。クラスメートは通常、互いに競い合っているため、このような話題について話すことを嫌がる。低い点数を打ち明けたい、高い点数を自慢したい、という生徒はほとんどいない。家族も教師も、点数が低いのは生徒の責任、つまり「**お前**のせいだ」と考えるのが普通である。

私たちはそれに対し、このような定期的な省察を、先に述べた関係に基づく評価の主要な目的（学びのプロセスの質を高める、学びへの関わりを持続させる、関係のウェルビーイングを豊かにする）に合致させることを試みる。リフレクティブ評価には、強調すべき点がいくつかある。一つ目は、多声的な対話の重要性である。従来の試験やテストはモノローグ的である。つまり、生徒の評価の観点は一つだけで、その観点は連続体上の一点に還元される。学びの経験の省察に生徒自身や他の関係者を参加させるような試みは、まったくと言ってよいほど行われていない。

　モノローグを対話に置き換えるのであれば、省察には最低限、生徒と教師の会話が含まれるべきであり、その会話の中心は、生徒の成績を他者と比較して評価することであってはならない。その代わり、対話では、学びのプロセス、それを支えたり逆に妨げたりする条件、改善点、将来の目標などについて、互いに探究する必要がある。教師は以下のような質問をするだろう。「学校の授業の中で一番興味をもったことは何ですか」「この期間で、どんな進歩があったと思いますか」「その進歩に貢献したものは何ですか」「今のあなたには、どのようなリソースが役立つでしょうか」「私はあなたの学びをどのようにサポートできるでしょうか」。

　このような会話が、生徒と教師を超えてさらに広がっていくのが理想である。親や保護者も、省察において重要な役割を果たすべきである。学びについてのこのような対話にクラスの仲間を引き込む方法にも、積極的に注意を向けていく必要がある。最終的には、定期的な省察を、学校管理職、政府の代表者、将来の雇用者にまで広げていくべきだ。それは、**評価基準**を抜本的に拡張することである。従来の評価では、学びに関して簡単に測定できないものはすべて無視される（文字通り**カウント**されない dis-counted）。一方、多声的な対話では、多様な視点が取り入れられる。生徒の学ぶ態度、経験するウェルビーイング、個人的な資質の発達、仲間との関係、親からのサポート、家族関係、将来への希望などは、すべて会話に入ってくる。「何を評価するか」という範囲と評価の基準は大幅に広がる。これもまた、多元主義の教育である。このような対話は、うまく進行できれば生徒の省察的な表現力を高めることにつながる。一次学習と二次学習という区別がよくなされるが、一次学習は、知識やスキルを獲得するプロセスであり、二次学習は、このプロセスについての学習である。二次学習は、起こったことを振り返り、どこを改善すればよいか、どうすれば次の段階に進めるかを考える力を表している。試験と成績はこの力を豊かにすることにはつながらないが、対話のプロセスには二次的な表現が不可欠である。子どもたちは、他者が自らの経験を語るのを聞くことを通して、こうしたトピックについて話す能力を獲得するのである。[11]

教室からコミュニティ、そしてその先へ

ここまで、生徒の学習活動における評価を中心に議論してきた。しかし、序章で指摘したように、関係に基づく評価のアプローチは、はるかに大きな意味をもつ。教師も管理職も学校も、体系的な評価の対象である。工場モデルでは、すべての参加者を監視する必要がある。関係に基づく評価のアプローチの可能性は、教育現場全体で実現していかなければならない。

例えば、関係に基づく評価が、生徒の学びへの関心の持続にいかに貢献するかについては、多くのことを述べてきた。しかし、学び続けたいという欲求は、生徒に限られたものではない。評価の実践は、教師自身と、授業／学習への教師の関与を支える必要がある。教師は、自らの職業に強い関心とモチベーションをもち、刺激を受け、教える難しさを引き受け、生徒との関係を楽しみにしていなければならない。教師が標準カリキュラムに縛られ、生徒のテストの成績で評価されていると、視野が狭くなり、興奮は薄れていく。しかし、教育が共同探究のプロセスになれば、相互的な学びの扉が開かれる。例えば、教師が生徒に、自分の関心が広がるようなテーマについて自由に書くことを認めるとする。教師は、書かれたものを読んで魅了され、生徒に新たな機会と可能性の源泉があることに気づき、彼らとの対話を通してさらなる成長に貢献したいと考えるだろう。第6章では、教師に対する関係に基づく評価の実践、第7章では、学校全体の評価に関わる実践について検討する。

ただし、問題は評価だけではない。関係のプロセスにどのような人やものが加わるかについて、一定の原則に基づいた終わりがあるわけではない。生成的な関係は、無限の広がりをもつ可能性がある。すべての直接的な関係者、さらにそれ以外の人々も含むネットワークの中で、積極的な可能性が実現されることになるだろう。局所的には、学校管理職、支援スタッフ、親や保護者、親戚がこのネットワークに含まれる。これから詳しく見ていくように、こうした人々の多くが、生徒、教師、学校の評価プロセスに直接関わる可能性がある。例えば、生徒の作品についての省察的な対話に、親、管理職、コミュニティのメンバーが加わるかもしれない。議論への参加を通して、彼らは思いやりと信頼の関係に招き

入れられる。気がつけば、好奇心が生まれ、エネルギーをもらい、視野が広がっているだろう。

間接的には、関係の網を外に広げて、より大きなコミュニティ、地方、国、地球における共同探究プロセスを含めることもできる。中学生や高校生に、ワークスタディプログラム（働きながら学ぶプログラム）や実習の機会を用意することは、そのような可能性の実現につながる。欧州職業教育訓練イニシアチブは、若者がより広範な変革に貢献する一つの事例である。カリフォルニア州のスクール・トゥ・ホーム・イニシアチブは、州全体で学びのコミュニティを形成している点が印象的である。一つあるいは複数の地区の学校間で、学びのリソース、経験、技術、協同や相互的学習の方法が共有されている。[12] 国際的には、協働教育プロジェクトで、生徒が年齢に関係なく地球の隅々からきた仲間と交わっている様子にも目を引かれる。いずれにせよ、評価は学びのプロセスに内在しているのである。

注

［1］「評価（エバリュエーション）」という語に対する同様の解釈は、以下にも見られる。Gitlin, A., and Smyth, J. (1989) *Teacher Evaluation: Educative Alternatives*. London: Falmer Press.

［2］この方向性が大学レベルの教育にどのように適用されるかについての洞察は、以下を参照。McNamee, S. (2015) "Evaluation in a Relational Key," in T. Dragonas, K. Gergen, S. McNamee, and E. Tseliou (eds.), *Education as Social Construction: Contributions to Theory, Research, and Practice*. Chagrin Falls, OH: Taos Institute Publications, 336-349.

［3］Gill, S., and Thomson, G. (2018) *Understanding Peace Holistically*. New York: Peter Lang. の第4章「深い対話」を参照。

［4］例えば、広く行われている「学びのための評価（Assessment for Learning: AfL）」は、形成的な方向性を有し、学びを豊かにするために対話を採用する。しかし、ＡｆＬによる対話は容易に、カリキュラムの課題と既定のコンテンツの習得に関する「証拠を求め、解釈する」ことを目指すものになってしまう。主なゴールは、あくまで目的指向の課題と活動を評価することなのである。厳密に適用すると、決まったカリキュラムの習得を中心に構成された工場的な教育観を支持することになりかねない。

［5］Cooperrider, D., Sorenson, P., Whitney, D., and Yeager, T. (2001) *Appreciative Inquiry: An Emerging Direction for Organization Development*. Champaign, IL: Stipes.

［6］Gill, S. (2019) "Caring in Public Education," Special Issue on Public Education, *Forum*, 62(3). を参照。

［7］米国テスト不安協会（American Test Anxiety Association）によれば、「大多数の生徒が、人生で何よりもストレスを感じている

のはテストや学業であると報告している。約一六～二〇％の生徒が高いテスト不安を抱えており、今日の学校で最も多い学業上の障害となっている。中程度のテスト不安に悩まされている生徒も一八％いる。」http://amtaa.org/

［8］ Mao, Y-Q. (2020) "Cultivating Inner Qualities Through Ethical Relations," in S. Gill and G. Thomson (eds.), *Ethical Education: Toward an Ecology of Human Development.* Cambridge: Cambridge University Press, 127-147.

［9］ 教育から倫理が排除されていることに関するより詳しい説明は、以下を参照。Gergen, K. J. (2020) "Ethics in Education: A Relational Perspective," in S. Gill and G. Thomson (eds.), *Ethical Education: Towards an Ecology of Human Development*, Cambridge: Cambridge University Press, 15-26; hooks, b. (2000) *Teaching to Transgress: Education as the Practice of Freedom.* New York: Routledge; Noddings, N. (1984) *Caring: A Feminine Approach to Ethics & Moral Education.* Berkeley, CA: University of California Press.

［10］ Shotter, J. (2011) *Getting It: Withness Thinking and the Dialogical in Practice.* London: Sage. を参照。

［11］「生徒の声運動」では、生徒が研究者になって教室でのプロセスを振り返ることを学んだり、大人と共に学校コミュニティ全体に関わる重要な決定を行ったりする例が多数ある。例えば、以下を参照。Fielding, M. (2010) "The radical potential of student voice: Creating spaces for restless encounters," *International Journal of Emotional Education*, 2(1): 61-73.

［12］ www.school2home.org/learning_communities

第4章　関係に基づく評価——初等教育

あの子たちは子どもなんだ。……ロボットでも機械でもない。

ブラッドベリとロバーツ＝ホルムズ[1]

教育は、子どもや若者に労働力となる準備をさせ、グローバル経済の中で国の競争力を高めるための基本的な手段だと言われている。そのため、教育政策において、測定、成果、効率性、得点の比較が無視できない重みをもつのは当然である。しかし、こうした道具的な用語は、学びのプロセスと学校の理念に無神経に踏みこむものだと感じる教育者は多い。最大限の成果を追求するために、今日の生徒たちはこれまでにないほど測定され、学ぶことへの関心を失いかけている。測定することはテストすることであり、テストすることは、生徒を「よくできる」「ふつう」「もう少し」というカテゴリーに分類することである。これまでの章で詳しく述べてきたように、こうした分類は、学びに悪影響を及ぼすだけでなく、学校や社会の繁栄の基盤そのものを損なうことにもなる。

近年では、初等教育においてさえ、学力を一貫して測定することが強く要請されている。これは、一部には、すべての生徒が特定の教育目標に向かって前進していることを保証するための利用可能な**基本的標準**（**ベースライン**）が求められているということである。[2] しかしながら、標準化されたテストによって平等を達成しようとするアプローチは、方法論的な問題をはらみ、子どもたちの教育の妨げになり、教師に負担をかけ、本来ならば教育をサポートするために使えたはずの時間とお金を無駄にするという批判もある。[3] これまでの章で述べてきたように、絶え間なく行われるテストは、すでに子どもたちに過度のストレスを与えている。[4] 基本的標準が役立つはずの、周縁にいる子どもたちが、システムによってさらに苦しめられることになっているのである。

同時に、初等教育では、国家、教師、親、宗教、伝統的な民族など、子どもをとりまくさまざまな集団や子どもたち自身の利害が絶えず競合していることも、事実である。その結果、教育の価値や倫理、有用な知識、さらには子どもや子ども期という概念をめぐり議論は尽きない。多くの人は、テストの結果や成績を重視する道具主義的な考え方に屈しているが、学校を生産の場として捉える見方に代わる強力な代替案を見つけようと戦っている人々もいる。[5] 本来、重要なのは、子どもたちが幸せに生きられることである。子どもたちが楽しい学校生活を送り、恐怖から解放され、意味ある活動に参加し、仲間や大人、さらに学びと豊かな関係を結ぶことは、いずれも彼らが力を発揮するために必要なことなのではないのだろうか。

本書では、広く普及している工場生産モデルに代わるものとして、関係論的な教育観を提案する。初等教育の文脈における、この教育観については、構造化されていない楽しい時間と遊び、安全で支持的かつ刺激的な環境、あらかじめ目的が決められていない探究と問い、大人との親密で温かいつながり、子ども同士の友情、家族、学校、コミュニティにおける協力関係の重要性を強調する数多くの文献がある。[6] この考え方は、小学校の学習成果を軽視するものではない。現在を豊かにすることがどうすれば未来に結びつくか、子どもたちが将来、好奇心、自信、創造性、想像力をもち、他者を信頼し、積極的に関わりをもち、違いを受容できるようになるためにどうすればよいかを探る。これはくだらない夢などではなく、多くの現場や運動を突き動かす原動力になっている。[7]

テスト中心モデルやソーセージ工場のような学校教育が世界的な広がりを見せる一方で、数多くの刺激的なイノベーションも生まれている。本章では、批判を超えて、初等教育における関係に基づく評価の可能性を明らかにする。ここで検討するのは、学びと、学びに命を吹き込む関係的プロセスの双方に資する具体的な実践である。

関係に基づく評価と子どもの育ち

小学生に成績をつけるのは当たり前のことだが、抵抗を感じる人も少なくない。子どもたちの生活に全国テストが入り込むことに対する保護者と教師の抵抗はさらに強い。その一方で、児童がしっかり学べているか、教師が有能か、基準が保たれているか、比較の尺度が整っているかを示すエビデンスは、常に求められている。こうして世界の多くの国で、小学生の子どもたちはさまざまな方法で評価され、成績をつけられ、標準化や全国テストの対象となっている。

関係的な実践（プラクシス）は、この光景をどのように変えることができるだろうか。[8] まず、評価を判断の手段と考えるのではなく、評価が学びや関係のプロセスにどのように貢献するかに焦点をあてるようになる。評価は学びの外にある手法や実践ではなく、学びのプロセスそれ自体にとって不可欠なものでなければならないと私たちは考える。本章の残りの部分では、前章で述べた関係に基づく評価の鍵となる三つのゴール、すなわち（1）学びのプロセスを向上させること、（2）もっと学びたいという意欲を高めること、（3）関係の質を豊かにすることに沿って、教育の変革につながる考え方や実践について述べる。

第3章で述べたように、関係に基づく評価は、進行中の学びのプロセスにおいても、定期的な省察の際にも行われる。**プロセス評価**には、仲間や教師からの評価コメント、教師からのフィードバック、自己評価などが含まれる。一方、定期的な省察に特徴的なものとして、ポートフォリオ、個人やグループでのレビュー、年度末の児童主導の報告会、プロジェクト展示などの実践が挙げられる。これから見ていくように、プロセス評価は、子どもの経験の質を高め、学びのプロセスを向上させ、継続的な関与を促進するものである。一方、定期的な省察は、より体系的で、子どもの関心、学びにおける優先順位、将来の計画などのトピックに焦点をあてる。この二つは相乗的に作用して、子どもたちの全人的な発達をサポートし、学ぶ意欲を高め、教育を個人の関心に結びつける。また、教師と児童の有意義な関係、子ども同士の友人関係、学校と家庭の関係などにも寄与するだろう。

学びのプロセスを向上させる評価

関係に基づく評価実践は、さまざまな形で学びのプロセスの質を高めることが可能である。ここでは、プロセス評価に焦点をあて、二つの学級の物語を対比させてみることにしよう。

ワシントン州のある公立小学校で、六歳のルーシーは一年生の生活を楽しんでいる。先週、ルーシーのクラスでは『ジャックと豆の木』の物語を聞き、活動の時間に一人ひとりが小さな鉢に豆を植えた。今週、ルーシーは自分の植えた豆に、小さな葉が二枚付いた細くて弱々しい茎を発見して喜んだ。さあ、罫線が引かれたワークシートを完成させよう。子どもたちは、豆の茎が成長するために必要な要素を記録し、それぞれの要素を図にすることを求められている。

ルーシーは自信をもって、豆、土、水、光という何度も練習した単語をワークシートのそれぞれの行に書き入れ、その横に絵を描いていく。黒板に書かれた綴りを確認する必要はほとんどない。ルーシーはそんな自分に心から満足している。字がわかるのだ。ルーシーは集中して四つの行に単語と絵を完成させ、意気揚々と手を挙げようとする。ところが、ルーシーはふと、ワークシートに五行目があることに気づく。彼女は息を止め、その線をじっと見つめて固まる。その行にどんな単語を書き、何の絵を描いたらよいか見当がつかないのだ。周りを見渡すと、他の子どもたちはまだ下を向いてワークシートに取り組んでいる。ルーシーは途方にくれる。

先生はルーシーが顔をしかめているのに気づき、やってくる。「どうしたの、ルーシー？」ルーシーはワークシートに目をやり、答える。「全部できたと思うんですけど」。先生は「そうですね。きちんと書けていますよ」と言う。しかしルーシーはまだ不安そうに五行目を指さす。「ここに何を書けばいいかわかりません」。先生は、ルーシーがなぜそんなに心配そうにしているのかを理解し、謝る。「私が前に言ったことを聞いていなかったんですね。その行はただの間違いですよ」。ルーシーはほっとため息をつく。

伝統的な学校文化では、権威への服従が好まれる。ルーシーのように、多くの子どもたちは、なぜ言われた通りにしなければならないのか、疑問をもつことはない。子どもたちはただ指示に従うのである。ルーシーは、教育において重要なのは正しい答えを記入することだと理解しつつある。豆がどのように育つかに対する関心は、正しくふるまわなければならないというプレッシャーに取って代わられる。子どもたちが学びのプロセスに積極的に参加しない限り、つまり、なぜそれをするのかという理由に自ら関与し、活動に意味を見出さない限り、学校生活はすぐに無意味な雑用になってしまうだろう。子どもたちはただ言われた通りにしているだけで、教育はあっという間に強制に近づいていく。

すでに述べたように、このような負の影響を与えずに評価を行うことは可能である。探究という形をとる関係に基づく評価は、教えるという営みに欠かせない一部になりうる。教師にとって評価は、テストのシステムのせいで手放さざるをえなかった自分にとって意味あるものを、取り戻すきっかけになる。ルーシーの教室に戻り、プロセス評価への関係論的アプローチが、いかにして、挫折感を抱かせたり権威の声を待たせたりすることなく、ルーシーの学びを刺激するかを見ることにしよう。

ルーシーの先生は、クラスの子どもたちに、これからどんなふうにその植物の世話をしていくか、数分間考えるように言った。自分たちの植物が健康に育つようにするには、どんな手立てがあるか。もし豆ができたら、それをどうするか。静かに考える時間をとった後、先生は子どもたちに、植物を育てることについての物語を考え、共有するよう促す。

真っ先に手を挙げたのはルーシーだった。ルーシーは、忘れずに水やりをし、太陽の光が毎日届くようにするためにどうするかを話した。ルーシーは「もし曇りの日が多かったら、どうしたらいいかわかりません」と正直に言い、「植物には愛情がたくさん必要だと思います」と微笑んで言った。そして最後に、「私は豆が好きではないので、弟に食べさせるつもりです」と言って笑った。

先生は、ルーシーやクラスのみんなと一緒に笑いながら、「ルーシーは植物のことをよく気にかけていて、何が必要かがわかっているところがいいですね」とコメントした。先生は、植物の世話について話すのに、「愛情」という言葉を使うのは素晴らしいと思った。「曇りの日の問題は、どうすれば解決できるでしょうか。太陽があまり出ていないときに何ができるか、誰か意見がある人はいますか」と先生がクラスに問いかけると、活発な議論が起こった。

この場面をもとに、肯定的なフィードバック、省察的な質問、協同的探究によって、学びの質がいかに高まるかに着目することにしよう。

肯定的なフィードバック

関係に基づく評価を教室で行われている学習に結びつける最も一般的な方法は、「**肯定的なフィードバック**」である。フィードバックそれ自体は、疎外感をもたらすテストや成績とはまったく異なるものである[9]。特に、足りないところに目を向け、児童の間違いを指摘する評価から、長所に焦点をあてたフィードバックへの転換について言及したものは多い。よく言われることだが、強みに焦点をあてたフィードバックによって、児童は自信をもち、学びに参加する意欲が高まると同時に、改善が必要な点に気づくこともできる[10]。このようなフィードバックは、教師と児童が生成的な関係を築くことを可能にする。

先ほどの場面では、教師の肯定的なフィードバックが際立っていた。それは、注意深く耳を傾けるという、さりげないが大切な行為から始まっている。この行為によって、ルーシーはすでに「耳を傾けるに値する」者として位置づけられている。また、ルーシーが植物に必要なものをどのように理解しているかについてコメントすることで、ルーシーの学びが肯定されている。さらに、曇りの日が長く続いたら植物はどうやって生き延びるのかというルーシーの疑問について、クラスのみんなにも一緒に考えさせることで、教師のフィードバックに関係的な色合いが加わる。教師はルーシーの質問の意義を保証するだけでなく、みんなが一緒に取り組んでいると感じられるような教室の雰囲気をつくり出している。

肯定的なフィードバックは、子どもの学びのプロセスに注意を向けさせることにもつながるだろう。フィードバックに含まれる配慮と気配りに気づいた子どもは、自分自身の学びに興味をもつようになる。クラスのみんなは、(豆を弟に食べさせるという）ルーシーの結論に笑うことで、彼女が物語の結末に付け加えた予想外の展開を認めた。また教師は、ルーシーが植物の世話に取り入れた「愛情」というメタファーに感動を示すことによって、ルーシーが物語を創造的に飛躍させたことを讃えたのである。

ただし、肯定的なフィードバックによって個人に自信をもたせるという考え方は、十分ではない。肯定的なフィードバックを通して自尊心を育てることに焦点があてられがちだが、それは個人主義的な教育の考え方を支持することになるという代償を伴う。本書では、個人は関係のプロセスの一部であり、そこから切り離すことはできないと考える。この問題については後ほど説明する。

省察的な質問

教師が児童に話しかけるとき、よく見られるのは質問と答えである。質問は、個人に向けられることもあれば、クラス全体に投げかけられることもある。このやりとりによって、正しい答えと間違った答えが区別され、誰が何を知っていて、誰が知らないかが明確になる。人間関係が犠牲になることも多い。速く正確に答える熱心な子どもは、自分が「優れている」ことがわかるが、間違うことを恐れてためらう子どももいる。そして教師はいつも評価を下すのである。

しかし、関係に配慮した質問は、好奇心を刺激し、学びへの意欲を奮い立たせることができる。特に「**省察的な質問**」は、正しい答えを引き出したり、知識を習得できているか評価したりするより、児童の好奇心を刺激し、学びの視野を広げることをねらいとしている。この質問は、型にはまった答えを求めるものではなく、学びの経験を活気づけ、深めるための機会となる。ここでは、教科についての質問と、学びのプロセスについての質問を、区別することが可能である。例えば、前者の場合、教師が「あなたたちの植物は、サハラ砂漠や北極でもよく育つと思いますか」とクラス全員に質問することで、子どもたちの想像力や好奇心を刺激することができる。生物学の授業を身近なものにするために、「農家になって豆やとうもろこしを育てたいと思いますか」「それはなぜですか」と尋ねることもできる。学びのプロセスに目を向けると、よく考えられた質問は、児童が学ぶ意味や理由、学び方に興味をもつきっかけになりうる。例えば、教師は、現在の話題を意味あるものにするために、「植物に必要なものを知ることは、なぜ重要なのでしょうか」と尋ねるかもしれない。また、授業にグローバルな意味をもたせるために、「植物の成長についてあなたたちが知っていることを誰もが知っているとしたら、なぜ世界の多くの人々が飢えているのだと思いますか」「あなたがこれを知ることは、いつか役立つと思いますか」と問うこともできる。学び方を学ぶという意味では、「植物の成長についてもっと知りたい場合、どこに行って、誰に尋ねたらいいでしょうか」のような質問をすることも考えられる。

さらに、省察的な質問は、教師の専門的な視野を広げるためにも役立つだろう。例えば、ルーシーの先生は、「子どもたちはこの活動の意味をどれだけ理解してくれるだろうか」あるいは「この活動をもっと広げて、子どもたちにとって魅力的なものにするにはどうしたらいいだろうか」と自問するかもしれない。こうした自問を、児童と共有することもできる。例えば、「あなたたちがこのトピックに興味をもつかどうかわからなかったので、この方向で考えようと思いますが、どうですか」、あるいは「私があなたたちの年齢のとき、これはあまり意味がないことでした。なぜ、あなたたちはこれについて学ばなければならないか、わかりますか」と尋ねるのである。こうした問いを共有することで、教師は子どもたちの学びの経験を向上させる問いのモデルを示すだけでなく、学びの文化にも貢献することになる。

協同的探究

プロセス評価に対する三つ目の大きな貢献は、**協同的探究**[訳注i]によるものである。協働学習は、長く初等教育にとって重要なものと考えられてきた[11]。重視されるのは、子どもたちが、仲間や教師、他の大人との関係の中で発達していくことである。協同的な活動は、子どもたちの積極的な参加を促し、知識を広げると同時に、多面的な評価プロセスとしても機能する。それによって、多様な視点や価値観、理解の仕方が見えてくる。異なる考え方や視点が生まれ、それらが緊張関係にあるとき、そのことは、子どもが自分の考えを再検討し、問い直すきっかけになる。学びと評価は同時に起こるのである。

評価への協同的アプローチが適しているのは、ペアや三〜四人の小グループである。ルーシーのクラスでは、三〜四人の子どもたちがテーブルについて考えを共有し、一緒に課題に取り組む。植物を育てるためにどのような世話をしたかについて子どもたちが話した後、先生は、植物が元気に育つには最低でもどれくらいの日光と水が必要か、一緒に考えてみてはどうかと提案した。この質問は、子どもたちが、さまざまなものからどのようにして知識を得るかを考え、複数の可能性があることを理解し、互いに学び合うことをねらいとするものである。オープンエンドの問いかけは、学びには制限も限界もないことを児童に示すのに役立っている。

子どもたちが協同的に活動する時間は、関係のプロセスそのものの価値と理解を高めるようなフィードバックと省察の質問をするのにぴったりである。例えば、教師はさまざまなグループに見られた強みについてコメントしたり、「この課題に全員がしっかりと取り組んだ」ことで、クラスを称賛したりするかもしれない。各グループに、どのようにして共に活動してきたかを振り返ってもらうこともできる。スムースに協力するために何が必要だったのか。クラス全体を称賛することで、関係的な相互依存のプロセスを可視化することが可能になる。

肯定的なフィードバック、省察的な質問、協同的探究は、日々のクラスの活動の中で、関係に基づく評価によって学びを刺激する多くの方法の一部にすぎない。まだ触れられていないこともたくさんあり、イノベーションの可能性は尽きない。例えば、レッジョ・エミリアのように、学びを可視化し、プロセスの中で学びを振り返るというアプローチに私たちは魅力を感じる。[12] 教師は作品の写真やビデオのサンプルについて児童と話し合い、プロジェクトについての会話に児童を参加させる。評価のプロセスは、こうした話し合いのいたるところに存在しているのである。

学びへの継続的な取り組み

次に、学ぶ意欲を高めることから、評価を通していかに学びへの関心を持続させるかに焦点を移そう。ここでは、主流の学校教育でも、オルタナティブ教育でも、十分な裏づけが得られている定期的な省察（総括的評価）の三つのアプローチ、すなわちラーニングレビュー（学習検討）、形成的フィードバック、ポートフォリオをもとに説明する。この三つは、関係に基づく評価がいかに児童の学びへの参加を刺激し、促進するかを示すうえで効果的な例となるだろう。

児童主導のラーニングレビュー

英国の学校では、ラーニングレビュー・ミーティング（学習検討会）がますます一般的になってきている。[13] これは、学びの効果を判断する評価から、学びへの継続的な取り組みを促す評価への転換である。学習検討会について、一つの例

［訳注 i］　協同的探究 collaborative inquiry　主に学習場面で、児童・生徒が話し合いなどを通して協同的に課題に取り組むこと。

をもとに詳しく見ていくことにしよう。

七月のある晴れた日、イングランドのミッドランドにある小学校の静かな一室で、学習検討会が始まろうとしている。一〇歳のポールは、落ち着いた様子で担任の先生、両親、校長先生の前に立っている。ポールは満面の笑みを浮かべ、「パワーポイントはありませんが、僕がこの一年間に学んできた内容をこれでお見せします！」と言う。参加者は、センスよく装飾されたポールのラーニングレビュー・ホルダーの表紙を、期待しながら見つめている。続く一〇分間で、ポールは一年間の学びの旅について、入念に準備してきた説明をする。ポールは、絵や写真、切り抜きなどを使い、自らの学びの経験についての物語を視覚的にも豊かに披露する。夢中になって取り組んだ言語、アート、劇、教会での演奏、スポーツについて話すとともに、数学、科学、時間を守ることなど、自分の課題にも言及する。レビューでは、いかにポールが友だちや先生、両親などの助けやサポートを得て困難な局面を切り抜けてきたかが強調されている。

学習検討会の最後には、担任の先生が、ポールの学びの成果への賛辞を寄せる。先生は、アフリカからの難民として英国に来て四年目になるポールが大きく成長したことを話す。特に数学で、他の子どもたちと協力する様子に感心したと先生が伝えると、ポールは関心をもった参加者に、数学のグループワークについて簡潔に説明する。その後、ポールの父親が、当初の苦難にもかかわらず息子が夢中になって学習に打ち込んでいることに喜びを表現し、母親は、ポールが家庭や教会で役に立っていることを褒める。校長は、次の一年に向けて、ポールをサポートするために教員たちにできることがあるかと尋ねる。そして、今後もポールが自分の強みを生かし、周りの人たちの助けを借りながら進んでいくように励まして会話は終わる。

こうした評価方法は、児童の学びのプロセスを概観するものであり、それによって、児童は、学校での自らの活動や経験の価値を理解し、評価できるようになる。また、学びのプロセスに対する児童の好奇心を刺激し、児童が失敗を恐れずに取り組めるようサポートすることも可能である。こうした実践は、注意深く展開させることで、児童のウェルビーイング全般と人間としての成長に貢献するのである。

学習検討会は通常、ポールの学校のように、年に一回計画されているが、例えば学期ごとのように、より短い間隔で開かれることもある。ラーニングレビューは一五分で終わることが多く、常に子ども主導で行われる。九歳の子どもたちでも、責任をもって自分の学びのプロセスについての発表を準備することが奨励されるのである。発表では、児童の長期にわたる経験の概要が説明され、その子が何に興味をもち、何を願い、課題にどのように取り組んでいるか、何をどのように学んでいるかを教師や保護者が理解するのに役立つ。学習検討会には通常、クラス担任と保護者が出席するが、校長も同席することが理想である。

ラーニングレビューの魅力は、関係に対する感度の高さだけでなく、児童を自らの学びの評価に参加させるための強力な手段になるという点にある。レビューの過程では、児童の声が優先されるが、保護者の視点も取り入れられる。教師が子どもの各教科の成績について話すだけの一般的な保護者会（懇談）とはまったく異なっている。学習検討会では主にポールが話していたが、保護者会はたいてい時間が短く、教師が優位に立ち、子ども自身が出席しない場合さえある。さらに、従来の保護者会では、子どもの改善すべき点を保護者に知らせることが主な目的となっており、暗黙のうちに、児童ではなく保護者に責任を負わせている。目標レベル、年齢相応の期待、能力、グラフに示される得点、成績評価指標、報告書、その他の追跡方法を用いて評価されるとき[14]、子どもは他者によって形づくられる対象になってしまう。ラーニングレビューはそれに対し、子どもを主体として位置づけ、子ども主導で自らの学びの道筋を形成できるように促し、サポートする。

さらに、ラーニングレビューでは、児童が学びに取り組む価値を理解し評価することが可能になるという点も、興味深い。先に見たように、ポールは自分の強みと、課題に取り組む力の両方について省察している。このような省察は、学びのプロセスへのポールの好奇心を刺激し、創造的な学びの機会を与える。児童は学びのプロセスを、家庭や地域での生活と結びつけるようになるかもしれない[15]。

これらの目的は、ラーニングレビューによっていかに達成されるのだろうか。ここでは、評価の言説および関係のプロセスという二つの要因に焦点をあてる。第2章で述べたように、私たちは言語を通して自分たちが生きる世界に意味を与えている。ここでは従来の「価値を測る評価（アセスメント）」の言説と、「価値を生み出す評価（エバリュエーション）」の言説を区別する。前者は、現在の学校システムにおける支配的な言説であり、得点、成績、結果、習熟度などが中心となる。これらの用語は私たちの生活に浸透し、教師の生徒への関わりに影響を与えている。それぞれの才能、夢、ニーズとは関係なく、アリスは「A」評価をもらい、ジミーは不合格になる。定義が狭くなることで、成績に関わる行為の領域も小さくなる。評価の言説はまた、教師自身の教師としての行為の評価にも少しずつ入り込んでいく。教師が寛大か、親切か、思いやりがあるかということは、そのようなあり方が生徒の成績を向上させない限り、重要ではなくなるかもしれない。

一方、ラーニングレビューの準備を通して児童が出会うのは、後者の価値を生み出す評価の言説、つまり価値を表現する声の多様性である。学びについての会話に、多様な視点が取り入れられる。ここでの事例で言えば、ポールは自分の言葉で、自らの学びの経験、関心、目的、学んだことやその方法について説明することができた。さらに、物語、ワークブック、アート、パワーポイントなどの手段を組み合わせて、学びのプロセスを先生と保護者に理解できるようにすることも奨励された。教師も、教育的関心の言説に加え、学校外のコミュニティの言葉をレビューに含めるだろう。より広い価値がレビューに取り入れられるほど、これからの社会で生きていく準備がより確かなものになる。

ラーニングレビューの力は、関与の持続だけでなく、関係の再構成においても発揮される。伝統的な教育は、知る者が上で学ぶ者が下という階層を基盤にしている。この構造には、いくつかの効果がある。まず、対話よりも、教師が目の行き届いた静かなクラスを演出し主導するモノローグの方が好まれる。こうして、学習者に、従順さと指導者の権威に対する信頼が育まれる。さらに、その構造とテストが結びつくことで、児童は孤立した不安な状況に置かれ、教師たちの監視と疑いの姿勢が強まる。この階層的なモデルにおいては、保護者はたいてい教師と手を組み、子どもの学業面での成功を確かなものにしようとする[16]。ラーニングレビューは、このような構造を全面的につくり替える。より公平な場が生まれ、児童も「知る者」として扱われる。児童は活動についてよく考え、自分なりの見方を形成し、学びで大切にしていることを伝え合う。子どもの声が教師にも保護者にも尊重され、子どもは教育に関する議論の十全な参加者になる。ポールのラーニングレビューには、学びの主要なパートナーが含まれており、対話の中で彼が受ける敬意は、自分は何か価値あるものを提供できるという自信を築くうえで重要な役割を果たしている。

参加型対話へのこうした移行に伴い、新たな意識も生まれてくる。第2章で述べたように、長年にわたり、テストや成績評価と一体になった個人の成績を強調してきた伝統的な学校教育は、個人主義のイデオロギーに加担している。しかし、対話がモノローグに取って代われば、人々は自分たちが埋め込まれている関係のプロセスの重要性を理解できるようになるかもしれない。「あなた」と「私」は、「私たち」への感謝に道を譲る。このことは、ポールの数学での経験と、次年度にポールの学びを他の教員たちがどのようにサポートできるかを尋ねた校長の最後の発言に、特に顕著であった。ポールは今、自分が一人ではなく、支え合うコミュニティの一員だということに気づいている。

とはいえ、学びの取り組みを持続させるラーニングレビューの力は、新しい評価言語と関係の再構成のみに依存しているのではない。評価プロセスは、授業方法や学校の理念と切り離すことはできない。生徒の声が尊重され、協同が生まれる文化は、ラーニングレビューの効力に大きな影響を与えるだろう。

形成的フィードバック――成長のための語彙

先に、肯定的なフィードバックは、日々の学習のプロセスに埋め込まれた関係に基づく評価の一つの形態であると述べた。しかし、学びへの関心の持続に寄与する別の形のフィードバックもあり、形成的フィードバックと呼ばれている。というのも、それは、より全人的な方向性で児童の学びと発達を促そうとするものだからである。肯定的なフィードバックとは異なり、形成的フィードバックでは、児童の関心、動機づけ、自信、決意、傾向など、児童個人の学びへの取り組みに焦点があてられる。これは、学び方を学び、学びのプロセスを他者との生活の充実に結びつけるための訓練である。形成的フィードバックは通常、一定の間隔で行われ、全人的な成長と生成的な関係を目指す評価言語に支えられている。

ポールの担任のレヴィ先生が中心となって行った、学期末の形成的フィードバック・セッションをもとに、その可能性について考えてみよう。このセッションには、次のような背景がある。ポールの家族は、戦争で荒廃した祖国から逃れる際に、子どもを一人亡くしていた。両親はポールに対し、いつも、与えられた命を大切にし、精一杯努力するよう励ましてきた。レヴィ先生はまず、ポールの学びに対するモチベーションが、教師にも仲間たちにも評価されていることをポールに伝える。ストーリーテリングや図画工作にポールがどのように取り組み、成功させたか、また、彼自身が最も課題に感じている数学はどのような状況なのか、いくつかの作品例をもとに議論が行われる。レヴィ先生はまた、ポールの気さくで友だち思いの態度が、周囲にとてもよい影響を与えていると言い、ポールが新しく来た難民の児童に手を差し伸べて通訳をしたこと、ポールには言語の才能があり、その才能を他者のために使っていることがいかに素晴らしいかを話す。このような肯定的なコメントを聞いて、ポールはにっこり微笑む。ポールは自分が勤勉な児童であり、よい友人であることがわかっている。

続いて、レヴィ先生は、ポールは学習意欲が非常に高いあまり、ストレスを感じてしまうこともあるのではないかと注意深く指摘する。ポールはしばらく黙っていたが、目線を下に向けてささやくように言う。「やめ方がわかりません。……ただ、どんなことにもベストを尽くしたいんです」。レヴィ先生はポールを安心させるようにうなずき、頑張りたいという彼の気持ちは大きな財産だとコメントする。先生はその一方で、「ちゃんとしなければというプレッシャーで、楽しい時間を過ごすことが難しくなるときがありますね」と指摘する。そこで先生は、違う種類の学習をする特別な時間をもつのはどうかとポールに尋ねる。例えば、数人のクラスメートと一緒に世界のさまざまな地域の音楽を聴き、どの音楽が好きか話したりするのである。「ただ楽しむ」という提案に、ポールは微笑みながらうなずく。

この例では、形成的フィードバックが、学びのプロセスと児童の取り組みの全体に焦点をあてていることがわかる。フィードバックは、その子どもの現在の姿に根ざしたものであり、そこから向上したいという気持ちをサポートする。外から目標を課して子ども自身の学びの軌跡を見失わせるのではなく、子どもが自らの学びの経験について深く考えられるようにするのである。その優しさと思いやりが、ポールの学びの旅を支えている。会話を通してポールの意見は尊重され、教師との間に信頼関係が築かれる。

形成的フィードバックは、ピア（仲間同士）でも可能である。ポールのクラスから一つの例を挙げて考えてみよう。半期の終わりに、教師は、クラスでグループ評価セッションをやってみるように促す。児童は、自分が取り組んでいる作品や課題について、どこが好きか、どのようにやっているか、クラスメートの助けが必要なところがどこかを話し合う。ポールはグループセッションで、数学はミスが多いので怖いと話した。「何一つうまくいかないんだ！」とポールが腹立たしげに言ったのに対し、アリスは、「でも、物語を書いたり絵を描いたりするときは、怖がらずに挑戦しているみたいだし、いつもいろんなアイデアを試しているよね」と答えた。他の子どもたちも加わり、ポールが他の活動では怖がることなく創造的に取り組んでいることを指摘した。こうしたやりとりは、ポールにとって、どうすれば数学の学習にも同じようにアプローチできるかを考えるきっかけになった。仲間からのコメントは、生徒が自分の学び方を考え、学習意欲を持続させるうえで役立つ。

ポートフォリオ――世界をつなぎ、生をつなぐ

学習検討会で、ポールは、先生と保護者に対して自分の作品集を発表した。こうした作品のまとまりは、ポートフォリオと呼ばれている。ポートフォリオは、試験に代わるものとして研究が進んでいる評価方法の一つであり、一定の期間の児童の進捗状況を評価し記録するうえで非常に役立つ。ポートフォリオを定着させるには、大きな問題が二つある。一つはその目的であり、それによって、誰が何を、いつ、どこで、どのように、誰から集めるかが決まる。もう一つは、ポートフォリオに含める材料の範囲である。[17]

ポートフォリオの目的には、時間の経過の中での成長を示す、[18]教師が次の段階の教育・学習計画を立てるための手がかりにする、[19]児童の学びのプロセスと進み具合について豊かで具体的な説明を提供する、などさまざまなものがある。[20]このように目的はそれぞれ異なるが、一般にポートフォリオは児童の活動と学びの経験を示し、振り返る重要なきっかけとなる。ポートフォリオは、（間接的に）教師の自己省察に役立つため、教育の質を向上させるという目的にも用いられる。[21]

このような理由から、ポートフォリオは幅広い成果物で構成される必要がある。[22]一般的なポートフォリオには、完成した課題、ノート、描いた絵、日記、レポート、チャート図、ポスター、ソフトウェア、証明書、児童の自己評価などが含まれる。[23]最もよくできている作品でもよいし、[24]子どもが自信をもっているものや、その子の知識や技術が効果的に表現されている作品でもよい。[25]同様に、児童のポートフォリオを見る側にも、教師、学校管理職、保護者、地域の人々、そして何より子ども自身など、多様な関係者が含まれる。

ポートフォリオは、測定中心の評価に代わる実行可能かつ有意義な評価方法であり、その普及は関係に基づく評価への大きな一歩となる。例えば、ポートフォリオの内容は広範囲に及ぶため、一定期間にわたって収集することで、児童

の学びのプロセス、進歩や成長を多角的に描き出すことが可能になる。ポートフォリオの内容を編集する過程は、児童の学びの経験について共に探究する会話のきっかけとなる。ポートフォリオがもつ評価の可能性は、ここにある。ポートフォリオは、児童が学びへの取り組みを持続させ、探究の努力を続けることを可能にするのだ。

従来の成績評価に合わせてポートフォリオを標準化しようと試みてきた教育者たちもいるが[26]、私たちが特に焦点をあてているのは、対話的な評価のアプローチである。例えば、ポートフォリオの項目を選択する際に、教師と児童が協同的な対話を行い、児童の学びの進み具合について理解を深めることができる。ポートフォリオに含める一つ一つの「証拠」についての対話は、必然的に子どもの学びの道のり、すなわち喜びの経験、乗り越えてきた課題、子どもが受けた無数の手助けに立ち返ることになる。

ポールがポートフォリオをまとめるまでのプロセスについて、もう一度考えてみよう。ポートフォリオの内容は、ポールと先生との対話の結果である。ポートフォリオは、学びの道のりと進歩を記録するものであるため、ポールと先生はポートフォリオにどのようなものを含めるかを話し合い、ポールはその学期で何が自分にとって重要だったかを考えることになった。先生はポールに、次のような問いについて考えるように言った。「今学期の学習で楽しかったことは何ですか」「自分が優れていると感じるのはどんなところですか」「そのことをどのようにして明らかにしますか」。

こうした問いをきっかけとして、ポールはまず先生との対話を行い、続いて自分なりの表現に向かった。ポールは、自分の学びを説明するのに何が役立つかを考える。先生がポールの考えを聞き、一緒に考えることで、先生の理解の世界も広がる。同様に、先生が「これがどうしてあなたの作品のよい例になるのですか」、あるいは「本当に何かを学んだということを示すには、どの作品がいいでしょうか」と問いかけることで、ポールは自分の作品や努力、経験に与えられる価値に気づくことができるのである。

実際、ポールの学校では、子どもたちがポートフォリオに含める作品を選び始めたとき、子ども同士で話し合ったり、時には保護者や他の関係者に入ってもらったりすることもあった。このようなポートフォリオの実践によって、学び、進歩、発達、成長とは何かを考える対話の輪が広がる。ポートフォリオによる対話的評価がもつ関係的な性質は、ポールとクラスの子どもたちの学びをさらに押し進め、彼らの継続的な取り組みと成長を支えてきたのである。

この項で紹介した三つの実践は、評価に対する関係論的アプローチが、いかに児童の学びへの関与を持続させるのに役立つかを、多様な形で示している。これ以外にも、世界中でさまざまな実践が生み出されている。例えば、中国の小学校で行われている**家庭の読書日記**や**発達の記録**[27]、パフォーマンスに基づく評価実践[28]がもつ可能性は魅力的である。これらに共通するのは、子どもと大人が共に学び共にあることの意味を理解し、きちんと評価するための対話的・協同的な方法であるという点である。

関係の質を豊かにする

関係に基づく評価の第三の目的は、学びのプロセスに参加する人々同士の関係を豊かにすることである。これまで述べてきたように、教育の目的がテストの成績の向上であるなら、人間関係は損なわれ、貧しいものになってしまう。それに対し、私たちの問いは、信頼、配慮、互いへの関心や理解などの関係の質を豊かにするために、評価がいかに役立つかということである。ここで述べた評価実践は、まさに、積極的な関係に貢献する。この可能性をより明確に示すため、ここでは三つの実践を検討する。

サークルタイム学習

サークルタイム活動は学校では珍しいものではないが、教育評価にどのように寄与しているのだろうか。一つの物語から始めることにしよう。

ケベック州のある小さなコミュニティスクールでは、一五人の子どもたちが、朝からとても忙しそうにしている。あるグループは、さまざまな形と色の紙で作品を作っている。別のグループは、色のついた小さなブロックでデザインを作り、三つ目のグループは、白い紙に図形を描いている。クラス担任のエルシー先生は、テーブルを移動しながら子どもたちの作品を観察し、進捗状況をメモしたり、話し合いに耳を傾けたり、感想やアドバイスを求めてくる子どもに声をかけたりしている。

おやつの前に、エルシー先生は、子どもたちに輪になって座るように言う。「先ほど教室を見て回って、私はあなたたちのアイデアとデザインにとてもわくわくしています」。先生は子どもたちの笑顔を見つめ、「今朝の最も印象に残っている出来事について話してもらえるといいなと思うんだけど」と言う。子どもたちは熱心にうなずく。「どのグループから始めましょうか」。ジェイソンが手を挙げ、グループで小さな菱形をたくさん使って大きな菱形を作ったことを興奮しながら話す。ジェイソンが話している間、ウナは教室のｉＰａｄで自分たちの力作の写真を見せ、ルカは指を使って菱形をどのように積み重ねているかを見せる。他の子どもたちは興味をもって聞いている。「とても魅力的な作品ですね。四人ともよく頑張りました」と、エルシー先生が優しくコメントする。

このグループで一番小さいジョーが手を挙げる。「待ってください。先生にサプライズがあります」。ジョーがクスクス笑いながら、芝居がかった仕草でｉＰａｄを触ると、青と赤の三角形が美しい滝のように流れ出る。クラス全員が魅了される。「どうやったのか教えて」とエルシー先生が尋ねる。グループのメンバーは、この壮大な作品はお互いのものだと誇らしげに言う。二つの三角形で菱形ができることにジェイソンが気づき、ルカとウナが好きな色を選び、ジョーは繰り返される模様に興味をもったのだ。「素晴らしいグループワークですね。ありがとう！」。子どもたちはみな、拍手で称える。

この短い文章は、世界の多くの地域の初等教育で長く行われてきたサークルタイム学習の説明である。サークルタイムは、子どもたちが互いの話を関心をもって聞き、尊重し合うことを学び、より深く、より生成的な関係を築くための場を用意するうえで特に有効である。[29] サークルタイムは、子どもたちと教師が学びについて省察するための専用の時間であることが多い。保育所や幼稚園では、朝一番、おやつの前、昼食後、そして一日の終わりにサークルタイムが設けられており、教室での日々の活動に欠かせないものとなっている。サークルタイムは、子どもがクラスに到着して落ち着くまでにひと息つく場であり、互いの学びについて質問し認め合ったり、物語や経験を共有したりする機会であり、ほっとリラックスできる時間でもある。ここでは、サークルタイムが学びの評価の機会を提供し、その中で関係を豊かにするという点に焦点をあてて述べる。

注目すべき側面はいくつかある。第一に、サークルタイムはインクルーシブ（包摂的）であり、クラスのすべての子どもが参加できる。教師が子どもと同じ目線で輪の中に座ることで、伝統的な上下関係の権力構造は相互尊重へとシフトする。教師は輪の中で、対話の進行役としてふるまうこともできる。第二に、学びの省察において、内容の習得は重視されない。簡単に言えば、子どもたちはサークルタイムの間、競争と成績評価で求められるような「私はできる」発言をしないのである。サークルタイムに典型的な「私はできる」発言は、「二つの三角形で菱形を作りました」である。評価的な省察は、児童が共に学ぶ中で最も感謝しているのはどんなことか、また、そのような経験を可能にするためにいかに協力してきたかに焦点をあてる。

第三に、教師のコメントや質問の仕方は、関係のプロセスを豊かにする鍵となる。これまで見てきたように、エルシー先生の会話の流れに沿った進め方は、楽しいだけでなく、協同的な学びのプロセスを引き出すことを目指している。すでに述べたように、教師の言葉の選び方は、子どもたちが、学び、評価、互いを共に意味づけていくうえで重要な要因の一つである。最後に、サークルタイムの省察を通して、一人ひとりの児童の学びがクラスの共通の経験に結びつけられる。一人の子どものアイデアや一つのグループの創造性が、クラス全体のリソースになり、クラス全員が互いの学びに貢献できる。学びへの配慮は、子ども同士の互いへの配慮に収斂していくのである。

ライティング・ワークショップにおける対話的探究

私たちは先に、評価が教室の対話においていかに機能し、学びをサポートするかについて論じた。ここでは、対話がどのようにして関係のプロセスを豊かにするかに目を向けることにする。

あるコミュニティスクールでは、一一〜一二歳の児童が「ライティング・ワークショップ」と呼ばれる対話型プロセスを通して、互いの文章を評価し合うことを学んでいる。書きかけの原稿を他の人に見てもらうことが有用だと思う児童は、三人のクラスメートを評者として指名することができる。各回のライティング・ワークショップは、対話的探究のプロセスに続いて行われ、多くの場合は教師が進行役となって三〇～四五分で終了する。対話的探究では、最初に著者が、構想を練るのを手伝ってほしい、あるいは文章をもっとおもしろくするための方法を探しているなど、ワークショップを行う理由を述べる。次に、著者は原稿を朗読し、評者は著者が説明した理由を念頭に置きながらそれを聞く。話し合いでは、まず原稿の長所を指摘して肯定的に評価し、続いて著者の要望に対して建設的な提案をする。すべての提案が出されたら、それらについてグループで話し合い、著者が原稿をどのように改善できるかを探る。ワークショップの最後は、著者がこれから書き進めていくためのアイデアについて振り返り、評者と教師に感謝の意を表する。

ここでは、児童の作品の評価が、子ども同士の肯定的な関係の構築と同時に行われていることがわかる。対話的探究の各ステップは、前のステップを踏まえており、互いへの配慮が重ねられ、学びの足場が確かなものになり、絆がより強くなる。良好な関係は、学びのプロセスに返ってくるのである。関係が揺るぎないものであればあるほど、著者は評者の提案を受け入れ、評価のプロセスをより信頼し、感謝するようになるだろう。

プロジェクト展示——子どもたちの一〇〇の言葉を称える

レッジョ・エミリア・スクールの創設者ローリス・マラグッツィは、子どもたちは多様な「言語」をもっている、すなわちさまざまな関わり方、聞き方、探究の仕方ができると主張する。[30] しかし、どうすれば今日の学校で、それほど多様で豊かな学び方が可能になるだろうか。レッジョ・エミリア・スクールでは、長年にわたって、子どもたちがさまざまな言語で「話す」ことができる空間を提供してきた。最も重要なのは、誰かが常に子どもに耳を傾け、記録していることと、そして、学びについての探究や対話がずっと続いていることである。これは、標準化された評価が多くの子どもたちを無言にさせているのとは対照的である。

では、傾聴、感謝、対話が生まれるような評価プロセスを、どのようにして形成すればよいのだろうか。プロジェクト型学習 project-based learning の教授法と関係に基づく評価には、密接なつながりがあることが指摘されている。プロジェクト型学習では、対話が終始、中心的な役割を果たしている。プロジェクトという枠組みでは、教師か児童のどちらかがまずアイデアを出し、さらなる議論を通して形にしていくことが可能である。児童が一人でプロジェクトを行う場合は、他の子どもたちにアドバイスやサポートを求めるように勧められることもある。協同のプロジェクトであれば、グループ内で活発な対話が行われるだろう。このようなプロジェクトに取り組む中で、子どもたちは他者、特に教師や仲間の反応を考慮するようになる。続いて、プロジェクトをクラスで発表すると、新たな対話の輪が生まれる。この対話は、適切に行われれば、学びへの意欲を刺激し、大きな変化をもたらし、深い学びの経験を可能にするだろう。ここで最も重要なのは、対話が評価的なフィードバックの豊かなパレットを提供し、生成的な関係の構築に貢献するということである。

興味深い例として、サンフランシスコのベイエリアのある学校が挙げられる。レッジョ・エミリアの影響を受けたこの学校では、プロジェクト型学習の可能性を飛躍的に推進してきた。この学校は、一年間に子どもたちが取り組んだすべてのプロジェクトを、地元のコミュニティに向けて公開展示している。児童は自分たちのプロジェクトの前に誇らしげに立ち、各プロジェクトには、その過程におけるさまざまな課題や成功と失敗、およびそこから児童が学んだことを記した「プロジェクトの行程」が添えられている。展示会には友人、家族、学校の教職員、関心をもった地域の人々が参加し、児童と来場者の活発な対話が見られる。来場者はプロジェクトを吟味し、学びのプロセスについての説明を読み、児童に自分の作品について話してもらう。この生き生きとした会話から得られる成果は大きい。子どもたちは会話に引き込まれ、自分のプロジェクトを説明しようとすることを通して学んでいく。多様な来場者からの質問に答えることで、新たなアイデアが浮かんでくることも多い。来場者も同様に、子どもたちのさまざまな世界に入り込み、理解したり鑑賞したりすることができる。このような学びの冒険の中で、世代、性別、民族などを超えたよい関係が築かれる。学校は、学びのコミュニティの拡大に貢献するのである。

学び合いに向けての解放

関係に基づく評価の実践は、共に生きるための一生のリソースを確立するとともに、学びのプロセスを変革する可能性を有していると私たちは考える。テストと成績評価がもたらす負の影響、すなわち他者を出し抜き、恥や軽蔑を避けなければならないというプレッシャーから距離を置き、成長、指導、サポートの文脈に移行するのである。対話的で協同的な評価実践によって、子どもたちがクラスにもたらす潜在的な可能性に関心が向けられるようになる。クラス内に、また学びや世界との間に、生成的な関係を築くための空間が創造される。教師も子どももオープンに耳を傾け、共有し、省察し、熱意や洞察を互いに高め合うことができる。子どもの学びに対する相互的な配慮と、学びのプロセスへの持続的な関与があり、「私たち」の可能性と価値に対する自覚が促される。次章では、中等教育におけるこのような可能性に焦点をあてる。

注

[1] Bradbury, A., and Roberts-Holmes, G. (2016) "They are children ... not robots, not machines," *The Introduction to Reception Baseline Assessment.* A Report Commissioned by Association of Teachers and Lecturers and the National Union of Teachers. https://www.teachers.org.uk/sites/default/files2014/baseline-assessment-final-10404.pdf（情報取得 2019/4）

[2] 「ベースライン評価」は、小学校に入学した四〜五歳の子どもたちの最初の数週間の読み書きおよび計算の成績を得点化するものであり、イングランドには二〇一五年に紹介された。これは、学校と教師が説明責任を果たせるよう、子どもたちの学習進度を一貫して測定するための「ベースライン（基準値）」を作成することを意図したものである。しかし、ベースライン評価は教師と保護者からの反発を受け、全英教職員組合によっても否決された。

[3] Bradbury and Roberts-Holmes (2016) 前掲論文。

[4] Hutchings, M. (2015) "Exam Factories? The impact of accountability measures on children and young people," National Union of Teachers. https://www.teachers.org.uk/node/24299（情報取得 2019/4）

[5] Gill, S. and Thomson, G. (2012) *Rethinking Secondary Education: A Human-Centred Approach.* London: Routledge.

[6] 例えば、以下を参照。Alexander, R.J. (2004) "Excellence, enjoyment and personalised learning: A true foundation for choice?" *Education Review,* 18(1): 15-33; Marples, R. (ed.) (1999) *The Aims of Education.* London: Routledge; Wood, E. (2007) "Reconceptualising child-centred education: Contemporary directions in policy, theory and practice in early childhood," *Forum* 49(1 and 2): 119-135.

［7］ここでは特に、ドイツや北欧諸国における初等教育の考え方と実践、英国の児童中心教育運動のほか、ウォルドルフ教育やモンテッソーリ教育、世界的なレッジョ・エミリア運動、民主主義教育、コミュニティ・スクール、人間中心教育に見られる進歩的な教育の伝統に依拠している。以下も参照のこと。Shuayb, M., and O'Donnell, S.（2008）*Aims and Values in Primary Education: England and Other Countries*（*Primary Review Research Survey 1/2*）, Cambridge: Cambridge University Press, University of Cambridge Faculty of Education; Gribble, D.（1998）*Real Education. Varieties of Freedom*. Bristol: Libertarian Education; Gill, S., and Thomson, G.（2014）*Human-Centred Education*. London: Routledge.

［8］この「実践（プラクシス）」という語は、パウロ・フレイレが提唱した「構造的変革を目指すビジョンであり実践」という意味に基づいて使用している。Freire, P.（1970）*Pedagogy of the Oppressed*. London: Continuum.（三砂ちづる訳　二〇一八『被抑圧者の教育学――50周年記念版』亜紀書店）

［9］特に、英国の評価改革グループには、フィードバックこそが、評価に関する政策の重要な焦点であり、学びのための評価の本質だと主張する学者もいる。以下を参照のこと。The Assessment Reform Group（ARG）（1999）*Assessment for Learning: Beyond the Black Box*. Cambridge: Cambridge University Press, University of Cambridge School of Education; Black, P., and Wiliam, D.（1998）"Inside the black box: Raising standards through classroom assessment," *Phi Delta Kappan*, 89(2): 139–148.

［10］これと密接に関係しているのは、生徒の欠点ではなく長所に焦点をあてる強みベースの学びがますます強調されてきていることである。ただし、強みベースのアプローチは、生徒がどのように影響を受けるかに注目する傾向があるのに対し、関係論的な考え方では、フィードバックによって関係が豊かになるプロセスに焦点をあてる。

［11］Alexander, R.（ed.）（2009）*Children, Their World, Their Education. Final Report and Recommendations of the Cambridge Primary Review*. Abingdon: Routledge.

［12］Rinaldi, C.（2006）*In Dialogue with Reggio Emilia: Listening, Researching, and Learning*. London/New York: Routledge.

［13］Swann, M., Peacock, A., Hart, S., and Drummond, M.（2012）*Creating Learning Without Limits*. London: Open University Press.

［14］Mansell, W.（2007）*Education by Numbers: The Tyranny of Testing*. London: Routledge.

［15］ラーニングレビューによってこれらの目的を達成することは可能だが、一部の学校では、テストの伝統により即した方法でそれを再定式化する傾向が見られる。例えば、ラーニングレビューが、児童が自分の成果をパワーポイントで発表するだけになってしまうと、学びを刺激し、持続させるという意味での価値のほとんどが失われてしまう。

［16］Pérez-Álvarez, M.（2017）"The four causes of ADHD: Aristotle in the classroom," *Frontiers in Psychology*, 8(928): 1–13.

［17］Gillespie, C., Ford, K., Gillespie, R., and Leavell, A.（1996）"Portfolio assessment: Some questions, some answers, some recommendations," *Journal of Adolescent & Adult Literacy*, 39: 480–491.

［18］ Mullin, J. (1998) “Portfolios: Purposeful collections of student work,” *New Directions for Teaching and Learning*: 74, 74-87.

［19］ Gillespie et al. (1996) 前掲書。

［20］ 前掲書。

［21］ Brady, L. (2001) “Portfolios for assessment and reporting in New South Wales primary schools,” *Journal of Educational Enquiry*, 2(2): 24-43.

［22］ Cole, D., Ryan, C., Kick, F., and Mathies B. (2000) *Portfolios Across the Curriculum and Beyond* (2nd ed.). Thousand Oaks, CA: Corwin Press.

［23］ Freeman, R., and Lewis, R. (1998) *Planning and Implementing Assessment*. London: Kogan Page.

［24］ Richter, S. (1997) “Using portfolios as an additional means of assessing written language in a special education classroom,” *Teaching and Change*, 5(1): 58-70.

［25］ Jones, J. (2012) “Portfolios as ‘learning companions’ for children and a means to support and assess language learning in the primary school,” *Education 3-13*, 40(4): 401-416.

［26］ Benoit, J., and Yang, H. (1996) “A redifinition of portfolio assessment based upon purpose: Findings and implications from a large-scale program,” *Journal of Research and Development in Education*, 29(3): 181-191.

［27］ Mao, Y-Q. (2020) “Cultivating Inner Qualities through Ethical Relations,” in S. Gill and G. Thomson (eds.), *Ethical Education in Schools: Towards Ecology of Human Development*. Cambridge: Cambridge University Press, 127-147.

［28］ Palm, T. (2008) “Performance assessment and authentic assessment: A conceptual analysis of the literature,” *Practical Assessment Research and Evaluation*, 13(4): 1-10.

［29］ Cefai, C., Ferrario, E., Cavioni, V., Carter, A., and Grech, T. (2014) “Circule time for social and emotional learning in primary school,” *Pastoral Care in Education*, 32(2): 116-130; Mosley, J. (2009) “Circle Time and Socio-Emotional Competence in Children and Young People,” in C. Cefai, and P. Cooper (eds.), *Promoting Emotional Education: Engaging Children and Young People with Social, Emotional and Behavioural Difficulties*. London: Jessica Kingsley, 119-130.

［30］ Malaguzzi, L. (1996) *The Hundred Languages of Children: The Reggio Emilia Approach to Early Childhood Education*. Norwood, NJ: Ablex Publishing.

第5章　関係に基づく評価――中等教育

中等学校[訳注i]ではGCSEs（全国統一学力試験）がすべてだったし、大学に入ったらA評価がすべてだった。私たちの教育は、試験によって行われているだけでなく、試験に管理され、試験に支配されている。今私たちに残されているのは成績評価だけで、結局何を学んだのか全然わからない。

モリー（英国の18歳学生）

多くの若者にとって、教育の最大の苦痛は、試験の重圧である。このことは、特に一二歳から一八歳の中等教育において顕著である。[1]生徒たちはハイステークス・テストと大学入学試験に立ち向かわなければならないだけでなく、GPA（Grade Point Averages 成績平均値）によって将来の人生の方向性が左右されかねない。中学生や高校生にとって、未来はまさに「今」なのだ！　このありふれた状況は、不必要に有害であるだけでなく、意味ある学びを促進するという教育の主要な目的を損なってしまっている。試験とテストによって個人のアイデンティティが決まり、そのことが人生全体に影響を及ぼすとき、教育の意義は、テストという戦場でどれだけうまく立ち回ることができたかに還元されてしまう。若者の学ぶ意欲、探究心、他者との協調性を本当の意味で重視するならば、従来の評価へのこだわりを捨てな

［訳注i］　日本の中学校および高等学校にあたる。英国では一二歳〜一六歳の生徒が通う。

ければならない。

本章の目的は、中等学校での従来の評価に代わる、関係に着想を得たさまざまな選択肢を探ることである。これらの実践は、評価によって、生徒の日々の学びが充実すると同時に、関係のプロセスが深まることで生徒に安心感が生まれる可能性をはっきりと示している。確かに、学校が生徒に質の高い教育を提供しているかどうかを知りたいという共通の願いはある。しかし、これまでの章で論じたように、試験、成績、標準化されたテストからは、ほとんど何も学ぶことはできないのである。私たちは、関係に基づく評価の実践が、教育プロセスを豊かにするために必要な包括的で詳細な情報を提供できるということを示したい。その準備として、測定に基づく評価と思春期特有の生活状況との不幸な関係を十分に考慮することが有用である。

思春期の重圧

ジョン・デューイの言葉を借りれば、教育は、大人になるための準備ではなく、まさに人生そのものである。生徒の幸福や安心感は、現在も未来も変わらず重要である。思春期は、個人の発達における特別な時期である。広く知られているように、十代の若者は、子どもと大人の間の独特の空間に生きている。急速な生物学的成長に伴い、自分のアイデンティティをめぐる答えのない多くの疑問が浮かんでくる。「私は強い？　美しい？　賢い？　好かれている？　変？」「私に価値はあるだろうか」「私はどこに向かって生きているのだろう」「私の存在意義はいったい何だろう」[2]。思春期はまた、自分の才能や長所がわかり、興味が培われる時期でもある。「私が得意なことは何か」「何に興味があるのか」「私がうまくやれるのはどっちだろう」[3]。他者との関係も、新しい重要な局面を迎える。感情の起伏が激しくなることもある。自分が「好かれている」「価値がある」「才能がある」「魅力的だ」と感じられるかどうかは、人間関係がうまくいくかどうかによって急激に変化する可能性がある。歓喜の興奮が感情の爆発に変わるかもしれない。

学校は、機会、設備、リソース、サポートを提供し、何より若者のウェルビーイングに配慮することが肝要である。

皮肉なことに、生徒が一生を左右するような大きなテストと試験に追い立てられるのも、人生のこの微妙な時期なのだ。実際、中学生になると成績が「ものを言う」ようになり、生徒は、教師、家族、学校、そして自分自身からのプレッシャーにますますさらされることになる。卒業試験、大学入学資格試験、全国的なハイステークス・テストもある。学校教育の焦点が、突然、試験対策に絞られるのである。プロジェクト型学習を推進する授業のように進歩的な教育環境であっても、生徒は成績に不安を抱くようになる。フィンランドの九年生[訳注ii]のある生徒は、クラスのプロジェクトのグループワークが好きではないと私たちに言った。「何の意味があるんですか？」と彼女は尋ねた。「結局、みんな同じ成績がつくのに。グループの成績はたいてい低いんです。だから私の成績も下がる。平均成績でトップをとらないで、どうやっていい大学に入れるんですか？」。評価へのこだわりが強くなるほど、人生の質は低下し、ウェルビーイングは損なわれる。これまでの章（第1章および第2章）で述べたように、うつや不安、自殺などの若者のメンタルヘルスの問題は、試験のストレスと密接に結びついている。つまり、評価に対する要求と学生のニーズとのずれが最も大きくなるのが中等教育なのである。

このような状況を変えるべきという意見に対する合意は、あまり広がっていない。例えば、ニュージーランドが二〇一七年にナショナルスタンダードを廃止した際、生徒の学びをどのように判断するかをめぐって全国的な議論が巻き起こった。この決定を解放と捉える代わりに、体系的なエビデンスが失われることにショックを受ける人も多かった。お馴染みの議論である。教師は、生徒の学習進度を判断しなければならない。保護者は、わが子が学習に専念しているかどうかを知りたい。雇用する側は、適切な準備ができていることを確認する必要がある。大学は、志願者の能力を把握したい。政策立案者は、学校が質の高い「製品」を生み出していることを確認しなければならない。こうして、学校生活は試験、テスト、成績を中心に回り続けているのである。

だからこそ、関係に基づく評価の実践に目を向けることが歓迎される。このような実践を注意深く行うことで、評価の重圧を軽減し、子どもたちの個人的な成長とウェルビーイングを支える状況を用意することができる。同時に、関係

［訳注ii］日本の中学三年生にあたる。

に基づく評価は、中等教育の焦点を学びへの取り組みに引き戻すことができるだろう。関係の視点から見ると、子どもたちの学びと発達は学校の全体的な文脈とリンクしていなければならない。教育活動、教授法、教師／生徒の関係、仲間同士の関係、教室の環境、組織風土、コミュニティとのより広い関係、これら**すべて**が関連し合っている。傾聴し、対話し、配慮し、共に探究し、共に想像し、協力することが望ましい。こうした相乗効果によって、評価の実践は、生徒の全人的なウェルビーイング、学び、関係のプロセスの質に貢献することになる。[4]

関係に基づく評価の実際

中等教育に特有の課題を踏まえると、関係に基づく評価の実践は、いかにして従来の評価に取って代わることができるだろうか。ここで、関係に基づく評価の三つの主要な目的に戻ることにしよう。第一に、評価は学びのプロセスを豊かにするものでなければならない。これには、さまざまな活動にフィードバックを与えること、生徒の教科への理解を促すこと、生徒の学ぶ力を高めることが含まれる。第二に、関係に基づく評価は、学びのプロセスへの継続的な関わりを促すものでなければならない。関係的な環境や人間関係の中で、好奇心と情熱がかき立てられ、自己や他者、世界、学びそのものに配慮する態度が促進されるのである。第三の目的は、生成的な関係を育むことである。分断をもたらす従来の評価に代わって、評価実践は、教師、仲間、保護者、それ以外の人々との関係を含む関係のプロセスを豊かにするものでなければならない。

以上の目的に役立つ革新的な実践を探ってみよう。前章で扱った初等教育の実践と同様に、ここで紹介する事例の多くは、テスト中心の評価に代わるものとして、先進的な学校で現在用いられているものである。これらの実践には、すでに確立され研究が進んでいるものもあれば、実験的な段階のものもある。全国テストと並行して教室で使用されているものもあれば、従来の評価システムとは別に適用されているものもある。ある特定の実践が三つの主要な目的のいずれかにいかに貢献するかを個別に論じていくが、どの実践も、同時に複数の目的に貢献する場合があることに、あらためて注意を促しておきたい。多様な可能性を見失うべきではない。

学びのプロセスの強化

一九一七年、今世紀最も影響力のある作家の一人、ジョージ・オーウェル（本名エリック・ブレア）は、イングランドのエリート中等学校イートン・カレッジの奨学生であった。後年、イートン校の英語教師は、エリック・ブレアは「五年間まったく学習をせず」、学習意欲も能力もない若者と判断されたと回想している。イートン校の最終試験で、彼は最下位に近い成績（一六七名中一三八番）をとったのである。しかし、イートン校のほとんどの教師は知らなかったが、エリック・ブレアは英文学作品を熱心に読みあさり、実験的に文章を書き、作家への道を静かに歩みはじめていた。この話は、多くの問いを投げかけている。私たちはどうすれば、生徒が学びのプロセスのどこにいるかを知ることができるのか。生徒の学びと発達をサポートするために私たちは何をすべきか。生徒の才能や興味を伸ばすために何ができるのか。

ここで、生徒の学習と達成度を向上させる要因を調査した五万本の研究をまとめた、ジョン・ハッティーの記念碑的な論文[5]から示唆を得ることができるだろう。ハッティーの研究によれば、最も重要な要因は、**協同学習**［訳注iii］、**効果的なフィードバック**、**ポジティブな生徒－教師関係**である。これらは明らかに、本書が提案する主要なポイントと響き合っている。関係のプロセスは協同学習と学びの経験の効果的なフィードバックの中心であり、生徒と教師のポジティブな関係はこの両方を強化する。では、どのような評価実践が求められているのか。これらの実践を、どのように教授法やカリキュラムデザインに組み込んでいくか。生徒が学校教育について考え、評価することを通して学びをよりよいもの

［訳注iii］本書では、cooperative learning を「協同学習」、collaborative learning を「協働学習」と訳している。この二つ以外にも、「共同学習」「協調学習」などさまざまな呼び方が混在しており、まだ定訳はない。協同学習も協働学習も、グループで協力しながら行う学習形態であり、知識を教師（外部）から与えられる実体ではなく、相互の活動の中でつくり上げていくものとして捉える点は同じであるが、前者は教師主導で、学習を十分に保証することが重視される一方、後者は学習者主導で、教師と学習者の権威関係の解消が目指されているなどの違いもある。より詳しい説明は、友野（二〇一六）を参照のこと。
友野清文（二〇一六）「Cooperative learning と Collaborative learning」『学苑』九〇七、一－一六頁

にできるように、私たちはどのような手助けをすればよいのか。このような問いは、創意工夫と想像力、さらには意味ある教育改革につながるものである。

前章に引き続き、本章でも、私たちが魅力を感じている実践をいくつか紹介する。まず、教室の学習プロセスの中で行われる評価の実践を取り上げ、次に、学習単位の最後や課程の修了時などに定期的に実施されるリフレクティブ評価について見ていくことにする。

プロセス評価――対話の重要な位置づけ

対話型学習のルーツはプラトンの対話にさかのぼるが、その可能性は、デューイ[6]、ヴィゴツキー[7]、フレイレ[8]、バフチン[9]、ガダマー[10]など、何世代にもわたる教育者たちによって豊かに拡張されてきた。適切に進行される対話は、学びのプロセスを向上させると同時に、有用な評価を行うための最適な方法になりうる。生徒は他者との活発な関わりを通して、**与えられた題材の理解**が適切かどうか、批判的かつ創造的なコメントができているかも含め、即時的なフィードバックから学ぶことができる。クラスメートのやりとりを観察することで、さらに理解が深まることもある。生徒は、会話の中で、これは「もっと説明が必要だ」「的はずれだ」、あるいは「興味深い観察だ」ということがわかってくる。対話が展開するにつれて、幅広い意見や価値観に触れ、多文化への理解や正しい認識の扉が開かれることもありうる。

ただし、内容の理解は、対話型学習がもつ利点の一つにすぎない。その過程において、生徒は自分の意見、価値観、物の見方を、他者にわかるように明確に表現する力、すなわち**コミュニケーション能力も身につける**だろう。この場合の仲間からの評価は、眉をひそめる、微笑む、嬉しそうに笑うなど、微妙なものかもしれない。また、他者を観察することで、ユーモア、比喩、皮肉、個人的なストーリーなど、さまざまな表現方法がもつ可能性と限界も見えてくるだろう。このような観察を通して生徒は有用な比較の機会を得られ、自身の表現のレパートリーを広げるきっかけとなる。

最後に、生徒は対話を通して、**関わる技術を磨く**ことができる。対話では、問いと答えという一般的な儀式にとどまらず、即興が絶えず求められる。そのため、生徒はどのような行為が会話を前へ進めたり、反感を招いたりするのかを学ぶことになる。実験と観察を通して、どんなタイミングでどのように互いをサポートすべきか、相手を傷つけることなく批判するにはどうすればよいかを学ぶことができるのである。理想は、生成的な対話の技術を身につけながら、新たなアイデアを共に創造していくことである。ここに、関係のプロセスそのものがもつ価値を評価するための源泉がある。

I／YOU／WE——評価と学びの対話的な結びつき

数学の授業中、ハーマン先生と生徒たちは大きな輪になって座っている。輪の真ん中で、一四歳のトリスタンが、先週の因数分解の授業後に自分で作った数学のパズルをクラスのみんなに出題する。トリスタンは、興奮を抑えきれない様子でパズルを見せ、「解き方はいろいろあります。だからクリエイティブにね！」と仲間を励ます。クラス全体がすぐに熱気に包まれる。生徒はまず、課題をどのように理解すればよいかという議論を開始する。課題が明確になり、全員が活動の目的を理解したとクラス全体が合意するまで、パズルの文言について話し合う。次に、生徒は各自でパズルに取り組む。ハーマン先生はみなに、問題を解いた手順を書き出すように言う。先生は生徒の間を移動しながら、質問に答えたり、助言を与えたり、生徒の頑張りを認めたりする。個人のワークが終わると、生徒は四人ずつの小グループに分かれ、パズルの解き方を紹介し合う。一人の生徒が解き方を発表し、残りの三人がそれを聞いてフィードバックをする。トリスタンが指摘したようにパズルに「正しい解き方」はないため、いたるところで感謝の笑顔が見られる。ハーマン先生は各グループを回り、フィードバックに参加して、生徒の想像力や創造性を認める。グループの話し合いの後、クラス全員で輪になり、因数を明らかにして答えを確かめるさまざまな方法について考える。

ここで描写した教室の活動は、対話によっていかに評価が学びに結びつくかを表している。ピーター・ガリンが開発し、世界中の学校で採用されているこのモデル[11]は、ともすれば生徒が興味を失いがちになる従来の数学教育とは明確な対照をなしている[12]。ガリンによれば、学ぶこと、理解することに対する生徒の関心の出発点になるのは、彼らを惹きつける何かである。トリスタンがすでにパズルに夢中になっていたことは、直ちに他の生徒たちが興味をもって聞くきっかけになったという意味で重要である。

対話と評価的なフィードバックは、こうして学びのプロセスに組み込まれる。すでに述べたように、学びは問いや刺激から始まる。生徒は問いや刺激をきっかけに対話に参加し、問いを理解するとともに学習活動を明確にする。この探究の過程において、教師と生徒は対等なパートナーであり、共に探究する仲間である。学びは協同的に達成されるものであり、生徒はその旅の形、方向性、意義を決定するプロセスに参加する。[13] このような対話型の探究モデルは、「I／YOU／WE」と呼ばれている。

核となる課題が理解できれば、それが、生徒の個人ワーク、すなわち「I」プロセスの指針となる。クラスには多数の「I」が存在し、それぞれの課題への取り組み、多様な関心、才能、能力が、豊かな可能性のタペストリーを形づくっている。「I」プロセスは、個人主義的に思われるかもしれないが、実は対話的であり、問題についての話し合いの延長線上にある。「I」プロセスでは、生徒は、数学の課題を解くために考えたことを、段階を追って紙に記録するように促される。クラスメートが自分とは違う魅力的なアイデアを出してくれるとわかれば、モチベーションが上がり、好奇心も高まる。

「YOU」プロセスは、直接的な対話を通して学びのプロセスを向上させることを目的としている。[14] 生徒は、互いに評価的なフィードバックを与え、受け取る。判断や測定抜きのディスカッションは、信頼と思いやりを生み出し、互いの創造性と想像力を評価し合う場となる。学びの結果ではなく、プロセスについての生徒の説明に焦点をあてるという点も重要である。そのため、評価される側にとっても、評価する側にとっても、対話が脅威にならないのである。例えば、トリスタンは対話の中で、一つ一つの手順の背景にある考え方を教えてほしいとウルリケに頼んだ。ウルリケは話しているうちに、別の方法でも因数を見つけられることに気づいた。トリスタンも、ウルリケの説明から、彼女がナンバーツリーという素数を見つける便利な方法を使って工夫していたことがわかった。このように、対話的な評価とフィードバックは、新たな学びにつながっていた。フィードバックの演習を終えるころには、一人ひとりの「I」が、「YOU」によって価値を与えられ、感謝されていると感じるようになるかもしれない。

最後に考え方について対話することを通して、クラス全体が「WE」プロセスに移行する。生徒は中心となるアイデアを共に振り返り、探究してきたトピックについて共通の理解に到達する。生徒が学んだことは教師から直接与えられたものではないからこそ、「WE」プロセスが協同的な学びへの感謝をもたらすのである。生徒はプロセスについて省察することで、自分たちが学ぶために学んでいることを実感する。ガリンによれば、このようなプロセスでは、教師はもはや権威ではなく、伝統的に教師が担ってきた「知る者」としての困難な役割を果たす必要もない。今の事例で言えば、ハーマン先生は因数分解を説明して生徒に練習問題を出すわけでも、時間をかけて生徒の答案を採点するわけでもない。教師は生徒を監視する権威主義的な地位から解放され、もっと自由にクラスの生徒と良好な関係を築くことができるようになる。そこでは、信頼や配慮の感覚、そして「共にある」ことへの感謝が育まれる。対話的な実践は、学びを生成すると同時に、その潜在的な可能性を高めているのである。

評価を対話的な学びに組み込んだ実践は、他にも多数ある。例えばニューハンプシャーにあるフィリップ・エクスター・スクールは、今で言う「**ハークネスメソッド**」[15]を一九三〇年代から行ってきた。ハークネスの授業では、円卓を囲んだ対話と話し合いを通じて学習が行われ、クラス全員が質問し、貢献し、一緒に考えるよう促される。英文学から代数学、アフリカの歴史から化学まで、あらゆる学びが積極的な相互作用によって促進される。ハークネスメソッドでは、教師のサポートと励ましも注目に値する。教師はリソースを次から次に提供し、生徒の学びを促進する。生徒は、相互依存を通して自分たちの潜在的な力を育むプロセスに参加しているのである。対話は生徒に、楽しく創造的に学ぶ方法を模索する力を与える。生成的な対話の演出、管理、参加については、学ぶべきことがまだまだたくさんある。しかし、私たちには、対話型教育[16]や、協働学習[17]やプロジェクト型学習[18]などの関連する実践に奮闘している大勢の教育者たちがついている。それぞれの実践に、評価プロセスが組み込まれているのである。

リフレクティブ評価——印から理解へ

従来の評価は、生徒の成績の大まかな印として利用されることが多い。それは、「生徒がどれだけ知っているか」という質問に答えるものである。牧場主が飼育する牛につける印と同様に、テストの点数と成績は、生徒の価値を世間に知らせるブランドのようなものである。クラスの上位、中位、下位と告げられることも、最低限の学びの経験ではある。しかし、生徒が自らの進度や学習習慣、長所と短所、興味や学びのプロセスについて振り返る定期的な省察の価値ははかりしれない。リフレクティブ評価は、生徒の達成度を総括するというより、学びの質や関係のウェルビーイングなどの教育の目的に寄与するものである。

もし、評価によって学びの質を高めようとするならば、評価は生徒の学びの道のりと密接に結びついていなければならない。一定期間（数週間から一年）の学びの軌跡について省察するとき、以下の二つのことが問題になる。第一に、評価は生徒の学ぶ力を高めるものでなければならない。したがって、生徒が学んでいる内容も見直す必要がある。ここで言う力には、知識、スキル、理解だけでなく、戦略や、学ぶことを学ぶスキルも含まれる。第二に、省察は、モチベーション、興味、向上心など、生徒の人間としての発達を促すものでなければならない。これらはすべて、学びのプロセスに深く結びついている。例として、明確にこのような方向に進んでいる二つの実践について検討することにしよう。

個人の学びの記録――共に旅をする　第４章では、初等教育段階においてラーニングレビューとポートフォリオがもつ可能性について詳しく述べた。ラーニングレビューのバリエーションは、中等教育でも行われている。非常に独創的な例として、ノッティンガムのサットンセンターが主唱した「**個人の学びの記録**」がある。[19]これは、従来の評価に代わって、学びの省察の幅を大きく広げる実践である。

この実践では、一四歳の生徒が、各自の学びについて、強調したいところ（ハイライト）を自分で選んでフォルダを作成する。初等教育のポートフォリオと同じように、個人の学びの記録には、生徒が自らの学びの過程で誇りをもっている、あるいは重要だと考える作品や課題の例を幅広く含めることができる。また、ハイライトは従来の授業の課題に限らず、スポーツや音楽、地域活動のドキュメンテーションや図解であってもよい。一般に、個人記録には、執筆したレポート、実践的なプロジェクトの例、書評、学校の内外で習得したスキル、ウェブ上の個人プロフィール、興味や価値観、世界観、願望についての自己紹介などの個人的な項目が含まれる。[20]

生徒が自分の個人記録に何を盛り込むかを選ぶときから、評価のプロセスは始まっている。生徒は、自らの学習活動で価値あるものは何かを考え、経験を有意義なものにするために費やしてきた努力を考慮しなければならない。また、資料を用意する際には、その学期の教育目標と、個人的な成長や発達についても考えることになる。このような省察を行うことで、生徒は自分が他者に評価される受動的な存在ではなく、自身の学びの評価プロセスの能動的な参加者だと認識するようになるのである。

生徒自身が学びを言語化する機会があれば、評価はさらに豊かなものになる。例えば、あるプロジェクトの経験について省察することを選んだとする。この場合、その生徒は、なぜこのプロジェクトが自分にとって重要なのか、何をしようとしたのか、どのように進めたのか、さらにどのような課題に直面し、どのように対処したかを思い出し、もう一度考えることができるだろう。何より重要なのは、この経験から何を学んだか、それが自分の人間としての成長にとってどのような意味をもつかをまとめることである。教師、保護者、その他の関係者が学びの記録にコメントを加えることで、省察のプロセスは続いていく。生徒が中等教育を修了するころには、自身の学びに関する自分だけの完全な記録を手にすることになるだろう。

学びの記録の作成と管理は、協同的な取り組みである。つまり、記録は、充実した学びの旅に向けた集団的な努力と考えることができる。ここで最も重要なのは、教師が審判ではなく学びのパートナーになっていることである。同様に、仲間や保護者も、このプロセスに貢献する者として迎え入れられる。生徒は、このような省察を、自らの学びとは無関係の面倒なものだとは思っていない。達成したことの大小に関わらず、それぞれの省察は常にクラスの他の生徒との関係に照らして行われる。記録は単なる成果の集積ではなく、その生徒をとりまく関係の歴史の見取り図でもある。つまり、記録には、第2章で述べた「変幻自在的存在」が、詳細に記されているのである。

生徒のフォルダにある資料は、学期末に行われる生徒との評価的な対話に備えて、教師が定期的に見直す。この対話は通常、生徒と教師の間で行われるが、他の生徒が加わることもある。記録は、教師、保護者、生徒が継続して対話を行ううえでも役立つ。注目すべきは、教師は、学びの記録とそれに付随する対話を、クラス全体の学びのプロセスの**指標**として利用することもできるという点である。また、学びの記録は、教師の指導の質や生徒との関係に関するフィードバックも提供する。これらの記録は、教師の専門的な省察の重要な一部となるだろう。さらに、記録を利用して、学習コミュニティ内の他の関係者、学校の訪問者や視察者との対話を促すことも可能である。この最後の点については、第7章で詳しく論じることにする。

個人の学びの記録以外にも、定期的な省察とラーニングレビューのバリエーションはある。例えば、世界の多くの地域で、試験に代わって学年末のポートフォリオが導入されている。カリフォルニア州とユタ州のポートフォリオは、綿密な研究プロジェクトに関するレポートなど、生徒が選んだ作品によって構成されていることが多い。レポートには、調査、批判的思考、分析、質疑応答、下書き、報告など、何か月にも及ぶ努力と活動を通した生徒の学びが反映されている。これらはすべて濃密な経験であり、教育システムの次の段階に進むレディネスの証明になりうる。レディネスは、プロジェクトの内容だけでなく、学びへの取り組み、発表の形式に対する気配り、原稿を改善しようとする粘り強さ、困難に直面したときのレジリエンスなど、生徒個人の資質にもあらわれている。大切なのは、ポートフォリオは、生徒がいかに他者と協力して学ぶことができるかを示しているということである。アメリカの高校では、ポートフォリオが卒業要件になっているところもある。[21]

パーソナル・ロードマップ　中等教育を、あらかじめ設計された試練を乗り越える過程とみなす考え方に対して、関係を考慮に入れて生徒の学びを評価し記録する方法が、世界中の学校で模索されている。ここでは、ノルウェーで活発に行われている進歩主義的な教育運動を一例として挙げる。

ユース・インベスト・スクールは、学校を中退した一四歳から一六歳の若者の教育復帰を支援するために、二〇一五年にノルウェーで設立された。問題を抱えた家庭や崩壊した家庭の子どもが多く、薬物依存の問題を抱えている者や、精神疾患の診断を受けている者もいる。進みたい方向や向上心があまりない、教育の選択を「間違えた」、あるいは「普通の」学校になじめないとみなされている者がほとんどである。[22]すでに教育に幻滅している十代の若者たちは、ユース・インベストにたどり着いたとき、たいてい不機嫌でやる気をなくしている。

ユース・インベストでは、若者たちの教育への復帰を促すため、自分が何者か、どこにいるのか、教育を通してどのように人生を変えていけるかを掘り下げて考えるための時間と空間が与えられる。各自がアドバイザーやメンターと共に、これらのトピックについて深く話し合う。生徒たちは、会話を通して、自分の資質、強み、才能、興味、さらに将来の希望や夢について考える。「五年後、あるいは一〇年後に、自分はどうなっていたいか」「そのときの私の人生はどうなっているか」「私は誰と人生を共にしているだろうか」。このような問いは、学校外の生活や、自分にとってよい人生とは何かということに、生徒の目を向けさせる。この展望を念頭に置き、自己認識を深めたうえで、対話は生徒を現在に引き戻す。その展望に向かって進むには、何が必要なのか。目標を達成するために、教育に何ができるか。その過程では、誰の助けやサポートが必要なのか。こうした問いかけによって、生徒は、自ら学び発達する主体になるように促される。

生徒は各自、アドバイザーと協力してロードマップを作成する。例えば、カーステンは自動車整備士になりたいと考えており、サラは自分のサロンを開くことが夢である。彼らは教育を通して、どんな知識、資質、能力を身につける必要があるだろうか。次に、生徒は、どの教科を勉強すべきか、どんなプロジェクトに着手すべきかを、アドバイザーの助けを借りながら決定する。重要なのは、学びの旅における人間関係の重要性が強調され、生徒は、自分に伴走してくれる大切な他者を見つけるように促されるということである。教師、仲間、家族、あるいはそれ以外の人で、自分の夢を実現するために必要で、かつ、すぐに手を差し伸べてくれる人はいるだろうか。また、生徒のロードマップは、学校の中にあるリソースに限定されるものではない。もし学校が必要な機会を提供できないのであれば、生徒が目標を達成できるように支援する別の道を探すことになる。

ロードマップはまた、評価の質を高めるための視覚的な手がかりにもなる。ロードマップは教室の共有空間に掲示され、仲間や先生と共有される。もちろん、生徒のロードマップは時間と共に変化する可能性があり、ロードマップ作りが進んでいくプロセスを、学びや発達とみなすことができる。教育プログラムにこれを一つ加えるだけで、何よりもモチベーションの火付け役になると、生徒も教師もその意義を感じている。このロードマップは、一人ひとりの生徒とメンターの会話のきっかけになり、話し合いの参考にもなる。「カーステンは今学期、数学でどんな進歩を成し遂げたか。誰に助けを求め、それによって彼の学びがどのように支えられたか」「サラの実務研修はうまく進んでいるか。表計算ソフトの使い方を学ぶとき、数字に対する恐怖心は克服できたか」。このような省察的な検討は、生徒がプロセスを見直し、改善するのに役立つ。生徒は、学びの目標とその達成状況についても話し合う。このように、生徒は学びに対して責任をもつように促されると同時に、互いに助け合う友人関係や、アドバイザーやメンターとの打ち解けた関係を築くことになる。自己アイデンティティを確立し、有意義な関係を形成し、自分の居場所を見つけようと奮闘している若者にとって、これらは重要なサポートである。

ユース・インベストのパーソナル・ロードマップは、若者たちの教育の旅を再び活性化する、数ある実践の一つにすぎない。これらの評価実践を通して、教師は、生徒が今学びの行程のどこにいるか、課題や障壁がどこにあるのか、また生徒が恐怖や否定的な気持ちを乗り越えるためにどんなサポートをすればよいかがわかるようになってきた。教師は次第に、生徒のニーズを敏感に察知し、尊重し、生徒一人ひとりにとって意味のある教育的経験を用意することができるようになっていく。教師も生徒と共に学び、生徒の目標をサポートするために、自分たちの教育戦略やカリキュラム構成をどのように調整すればよいかを考えている。ユース・インベストがノルウェーの教育福祉に貢献をしたとして、全国的な評価を得たのは、決して驚くことではない。

学習意欲を高め、持続させる

教室内の無気力は、中等教育で頂点に達する。試験で結果を出さなければならないという重圧、興味とかけ離れたカリキュラム内容、心をつかんで離さない思春期のドラマに、生徒たちはただ苦しんでいる。では、関係に基づく評価の第二の目的である、生徒の学習意欲をさらに高めるためには、どうすればよいだろうか。学ぶ楽しさと好奇心に火をつけると同時に、自らの努力と進歩についての貴重なフィードバックや省察を取り入れることが課題になる。多くの場合、学びのプロセスを向上させる実践は、生徒の学びへの興味を持続させることにもつながる。ここでは、学習それ自体への建設的で有意義な関わりに寄与する二つの評価実践に焦点をあてる。

ラーニング・アグリーメント

ラーニング・アグリーメント（学びの合意書）は、セルフマネージド・ラーニング・カレッジの活動に触発された考え方で、現在では世界の多くの国々で使用されている。[23] ラーニング・アグリーメントは通常、学期の初めに、教師やメンターの進行のもと、六人の小グループで行われる。グループの初回ミーティングの後、生徒は各自、自分の興味や目標と、それを達成するための計画を反映させた個人のラーニング・アグリーメントを作成する。作成したアグリーメントは、グループ内で発表し、コメントと質問を受ける。「アグリーメント（合意）」と言っても、グループとの非公的な「約束事」である。アグリーメントは生徒同士の関係に根ざしたものであるため、グループのメンバーは互いの意図を尊重し、「約束事」を守りながら、学びを進めていくように促される。

ラーニング・アグリーメントにはさまざまなバリエーションがあるが、よく見られるのは、重要な学習目標とプロセスに関する五つの質問に答えるものである。[24] 最初の質問は、「私の学びの旅はどこまで進んでいるのか」である。この質問では、生徒の現在の興味やモチベーションにつながる過去の経験に目が向けられている。次に、「今私はどこにいるのか」という質問が続く。この質問について考えるために、生徒は、現在の学びへの取り組みと自分が向かっている方向性について振り返る必要がある。続いて、生徒は、「私はどこに行きたいのか」を考えるように促され、自身の学びの目標を深く探究し始める。目的地を確認すると、次は「そこにどうやって行くのか」という質問で、生徒は旅と航海についてさらに想像するように求められる。ここでは、これからの学びのプロセス、利用できる関連リソース、引き受けるべき責任についてじっくり考えることが課題になる。最後の質問は、より明確な評価、すなわち「目的地に到着できたかどうかをどうすれば知ることができるのか」である。これは、よい学びとは何か、それをどのように証明するかという基準について考えることを促すものである[25]。

ラーニング・アグリーメントの作成は、それだけで完結するものではなく、生徒の学びのプロセスや進捗状況を確認するための出発点である。ラーニング・アグリーメントは、生徒が学びの目的について考え、自らの希望や計画を評価する基盤となる。また、グループ内で協力し、互いの学びをサポートする枠組みを与えてくれる。学期中の典型的なミーティングでは、生徒一人ひとりが、自分が着手したことに関して、その学期に何が達成できたかを紹介し合う。ラーニング・アグリーメントを枠組みとして使用することで、他の生徒たちが応答することが可能になる。ここには、メンバーをサポートしたり、洞察やリソースを提供したりすることも含まれる。

ラーニング・アグリーメントの使用が世界中に広がっているのは、中等教育において若者が幅広い経験を積み、現在および将来の活動を計画する能力を高めているという認識によるところが大きい。彼らはまた、個人の興味や才能を明確にし、他者と協力して学ぶことにも長けている。ラーニング・アグリーメントを作成する過程で重要なのは、グループ内で学びへのポジティブな関わりをつくり出すことである。生徒は、仲間や証人の立会いのもとでアグリーメントに署名するという行為を共有する。この儀式を通して、生徒は一連の責任を引き受けることになる。学びの目標が自分のものだとはっきり示すことで、生徒の貢献とやる気はますます高まるのである。

ラーニング・ジャーナル

ラーニング・アグリーメントに関係の深いものとして、**ラーニング・ジャーナル**という実践がある[26]。ここでは、アメリカのある学校のクリエイティブ・ライティングの授業を例として、その評価の可能性を示すことにしよう。

ある高校の英文学の授業では、生徒がライティング技法を身につけるために、ラーニング・ジャーナルの活用を勧めている。生徒たちは、ジャーナルそれ自体は個々のニーズや好みに応じてどんな形式でもかまわないということを理解しており、一人ひとりのラーニング・ジャーナルは異なる形をとる可能性がある。

マヤはクリエイティブ・ライティングを楽しんでいるが、自分が書いた文章に納得がいかないことが多い。彼女のラーニング・ジャーナルは、授業のメモ、アイデアのスケッチ、試してみたい考え、素敵だと思う例の切り抜きなどを含むコラージュのようなものである。マヤは、自分の文章の下書きをどのように作成するかを考えるために、ジャーナルを使っている。クラスメートのトムは、自分の能力に自信がなく、クリエイティブ・ラーニングに苦戦していた。トムのラーニング・ジャーナルは、個人的な記録の形態を取っており、自分のアイデアに対する不安や疑問、このようなためらいが、いかに自由かつ創造的に書く妨げになっているかが記録されている。

六週間後にクラスでミーティングを行い、ライティング技法がどれくらい身についているかを評価した。生徒はペアになり、楽しかったこと、まだ身についていないこと、さらに技法を高めるために必要なステップに焦点をあてて、ラーニング・ジャーナルを確認し合う。マヤとトムも互いのジャーナルに目を通し、質問し合った。トムは対話を通して、マヤがジャーナルで集めたアイデアをどれだけ活用し、そのアイデアがマヤのライティングをいかに向上させたかをマヤに示した。マヤも、トムの記録から、トムがライティングに対する自分の気持ちを探ることで恐れを克服し、大胆に書くようになっていることに気がついた。この対話によって学びがさらに可視化され、マヤもトムも新たな興奮と熱意をもって、再びクリエイティブ・ライティングのプロジェクトに取り組むことになった。

ラーニング・ジャーナルは、学びへの意欲を高める対話的かつ評価的なアプローチである。個人で省察することも大切だが、相手からのフィードバックからだけでなく、互いの作品を評価するという課題から参加者が得るものも大きい。ジャーナルを作成し、その内容について話し合う際に、教師が生徒にどのような指示をするかについては、多くのバリエーションがある。例えば、生徒のライティングの特定の側面に対する省察や、仲間からのコメントをジャーナルに含めるように求めることができる。ディスカッションの課題も、ペアで、自分たちの作品をその分野のより一般的な水準と比較して考えさせるなど、さまざまなものが考えられる。また、「どうすればもっと自信をもてたのか」、あるいは「私を最も助けてくれたのは誰か」など、より個人的な質問について考えてみるように促すこともできる。

生徒が自分の作品を比較検討する必要がある場合、その方向で議論することも可能である。[27] 例えば、二人の生徒が同じ目標を達成するうえで、それぞれの学びの軌跡にどれくらい意味があるかを知りたいとする。このとき、彼らは実際に一緒に「旅」をすることができる。毎週のラーニングレビューでは、それぞれの旅を評価し、方向性の違いがさまざまな意味でいかに有用かに焦点をあてて対話することになるだろう。また、マヤとトムが物語を創作し、その文章の強みや長所について教師から詳細なコメントをもらうとする。二人は、教師のコメントに沿って、自分たちの文章を見直すかもしれない。この場合の対話は、互いやクラスメートとの比較ではなく、フィクションを書くという一般的な伝統との比較から見た自分の作品の長所に焦点をあてたものになるだろう。

これは、教師が**基準**に照らして「比較」のコメントをする際に、一つの評点で決めつけるのではなく、より多くの情報を提供する形で行うべきだということも示唆している。例えば、教師は、他の生徒が書いた質の高い物語のサンプルを匿名で提供したり、フィクションの長所や優れた点に関するチェックリストを渡したりする。また、生徒が自分の向かっている方向性を評価できるように、文章に求められるさまざまな質を提示するのもよいだろう。このように、生徒は、自分の文章の中で伸ばすべき資質と、この特定の状況で何が改善になるのか、またその理由について学ぶ。

要するに、ラーニング・アグリーメントやラーニング・ジャーナルなどの関係に基づく評価のアプローチは、生徒の学びへの取り組みに大きく貢献することができるのである。これらの実践は、学びのよりよいアプローチや標準とは何か、なぜそうなのかという判断基準を生徒が設定するのに役立つ。生徒はさまざまな基準を検討し、自分にとって最も有用なものを選ぶことができる。また、それによって、自分自身のニーズ、スキル、願望を考慮に入れることも可能になる。感情的、倫理的、政治的、精神的な問題を織り交ぜて取り上げることもできる。関係を豊かにするサポートを通して、生徒は自分の学びに責任を負うようになり、ごく一部を除くすべての人を萎縮させる分断的な競争は避けられる。このような実践は、相互的な配慮とサポートを特徴とする。関係のプロセスを育むことで、それが学びの共同体全体の土台となりうるのである。

関係の質を豊かにする

テスト中心の評価では、どうしても競争が重視され、個人の成功が優先され、教師、仲間、学びそれ自体と生徒との関わりが損なわれてしまう。それに対して、関係に基づく評価のアプローチは、関係を豊かにする方向に働く。ここでは、教室の学習グループを活用したディスカッションに焦点をあてる。以下の例について考えてみよう。

ある高校の教室に、一六歳のアシフがニコニコしながら入ってくる。この日は学期末を控えた最後の週で、生徒の学習の進捗状況をグループで確認することになっているのだ。アシフはディスカッションを始めたくて、うずうずしているように見える。ジャービス先生が進行役を務める。先生はまず、各自の活動と成果について話すように言う。生徒たちはこのプロセスをよく理解しており、各自が設定した目標に対する成果を評価するように促されてきた。

アシフの番がくる。アシフはメモを見ながら自分の「野望」の一つを指差し、「僕は、バイクの組み立てを覚えることを目標の一つに掲げていました」と誇らしげに言う。アシフは早口になりそうになるのを抑え、冷静を装いながら、仲間を見上げる。「えっと、僕は三か月かけて」、アシフはここで効果的な間をとり、「ようやくバイクを完成させることができました！」と言う。そして、まるで「うまくいっているんだ」と言いたげに、大きな目で友だちを見つめる。大きな歓声と拍手が沸き起こる。続く会話では、アシフがどのようにしてこの目標を達成したのか、どんなステップを踏み、どんなリソースを利用したか、次の「野望」にどのように取り組んでいくかについてグループで話し合う。

アシフの話は、イギリスの典型的なメインストリームの学校の出来事である。この学校では、少人数の生徒が、革新的な学びのアプローチを探究するアクションリサーチ・プロジェクトに参加していた[28]。このファシリテーション付き学習グループの主な成果の一つは、ポジティブな関係に貢献する（これは、関係に基づく評価の第三の目的である）評価的なフィードバックの方法であった。生徒が興奮と喜びを分かち合い、互いに支え合っていたことは注目に値する。

この成果は、どのようにして得られたのか。**構造**と**プロセス**の両方が重要であった。いくつかの構造的な特徴が、学習グループに大きなメリットをもたらしていた。第一は、ラーニング・アグリーメントの使用である。ラーニング・アグリーメントを枠組みとすることで、生徒一人ひとりの学びに対して共通の焦点がつくり出され、強い相互依存の意識が促された。また、グループミーティングを通して、グループの信頼関係も生まれた。定期的に（毎週でも）ミーティングをすることで、グループの結束はさらに強まった。ミーティングでは、生徒がただ集まって自分自身や学びについて話す場であるということ以外に、事前に決められた議題などはなかった。アシフのグループは六人で、週に一回、四五分間のミーティングを行った。ディスカッションでは、薬物依存、政治、個人金融など、特定のトピックに焦点があてられることが多かったが、生徒のニーズや経験によって、感情、友人関係、恋愛、人生の現実的な問題、具体的な学習課題などについての個人的な意見交換の場になることもあった。グループに多様な背景をもつ生徒がいると、学びはより豊かに展開した。ジェンダー、学習能力、社会経済的背景など、グループの多様性が増すほど、学びの経験も人間関係も豊かになるのである。

グループミーティングのプロセスも、成功に大きく貢献した。グループ内で生徒が互いにどう関わるかは極めて重要である。表面的なおしゃべりは、学びにはほとんど役に立たない。グループ内の衝突はよくあることである。生成的な対話を促進すること、つまり相互交流を活性化し、生徒がグループとして新たな理解の空間に入っていけるようにすることが課題となる。第2章で述べたように、この種の生成的な対話は、一般的にはあまり行われておらず、生徒が実践することはほとんどない。そのため、教師には、モデルを提供するという重い責任が課されている。例えば、言葉はその内容だけでなく、感情のトーンも重要であるということを示す必要がある。また、互いへの感謝と尊重を促し、失礼のないように批判的な審議を行うことを可能にし、笑われることを恐れずにオープンで想像力豊かな提案が生まれるような質問を作成しなければならない。ここから、教師教育カリキュラムへの明確な示唆が得られる。

学習グループは、評価と関係の充実を結びつける一つの方法にすぎない。協同的な実践のほとんどは、注意深く行えば、学校を学びの文化へと向かわせることができる。教育がテストの出来や成績のためのものでなくなれば、学校文化は関係のウェルビーイングを促進する方向に向かうだろう。ここでは、生徒同士の関係を強化する実践に焦点をあてたが、実践に少しの変化を加えることで、影響を受ける関係のネットワークは、教師、保護者、より広い地域社会へと広がるだろう。次のような可能性を考えてみよう。

・毎日の出席確認で、生徒が教師と簡単な面談を行い、学習の最新の状況を報告する。
・週一回、生徒は教師と共に学びの省察を行う。進捗状況について話し合い、個人目標と今後の課題への対応方法を再調整する。
・学期の半ばに行うラーニング・レビューで、生徒の学習状況、特別ニーズ、共同でのサポートの可能性について、保護者も交えて話し合う。
・学期末の学習発表会を生徒が主催し、保護者、教師、学校管理職、職員を招待して自分たちの学習成果を展示する。学習発表会の期間、生徒は自分たちのプロジェクトを発表し、学びの経験についてディスカッションを行い、自分たちの課題を地域の人々と共有する。発表は、パフォーマンス、演劇、ファッションショー、美術品の展示などの形式をとることもある。
・年一回のラーニング・カンファレンスを生徒が職員と協力して開催し、地域の大人が集まって、共に関心のあるテーマ（例えば、「銃と学校の安全」や「気候変動」[訳注Ⅳ]）について探究する。議論を喚起するために、生徒は発表したり、映画を上映したり、フォーカスグループを組織したりすることもある。

以上のような提案によって、私たちは、関係の充実を図るだけでなく、より広範かつ熱心な学びの共同体の構築を目指して進むことにもなるのである。

教育のウェルビーイングに向けて

思春期は、人生で最も刺激的な時期であると同時に、最も難しい時期でもある。プルーストは、思春期はほぼすべてのことを学ぶことができる唯一の時期であるとさえ述べている。確かに、人生が新たな可能性に開かれているように見える一方で、思春期は、複雑な感情や人間関係に悩まされる時期でもある。若者が思春期に成長するために、教育は個人の発達ニーズに応え、学びへの理解を育てなければならない。テストによる画一的な教育評価のアプローチでは、こうした相互に関連し合う目的の達成に見事に失敗する。一方、関係に基づく評価の実践は、生徒のモチベーションを高め、学びのプロセスを深め、生徒のウェルビーイングにとって重要な無数の関係を豊かにすることが可能なのである。

［訳注iv］少人数のグループをつくり、決められたテーマについて議論してもらう手法、またはそのグループのこと。

注

［1］この本では、ユネスコ国際標準教育分類のカテゴリーを使用して教育水準を表しており、一二歳から一八歳の教育を「中等教育」と呼んでいる。本節で取り上げる評価に関する事柄は、中等教育全体に適用できるものであるため、ここからは、「中等教育」という言葉を、低年齢も高年齢も含めた中等教育を指すものとして使うことにする。

［2］ピーター・ブロスの「第二の個体化」理論を参照。Blos, P.（1967）"The second individuation process of adolescence," *Psychoanalytic Study of the Child*, 22: 162-186.

［3］Rosenblum, G. and Lewis, M.（2008）"Emotional Development in Adolescence," in G. Adams and M. Berzonsky（eds.）, *Blackwell Handbook of Adolescence*. Oxford: Blackwell Publishing, 269-289.

［4］Gill, S., and Thomson, G.（2012）*Rethinking Secondary Education: A Human-Centred Approach*. London: Pearson Education; Gill, S. and Thomson, G.（2016）*Human-Centred Education: A Handbook and Practical Guide*. London: Routledge.

［5］Hattie, J. A. C. (2009) *Visible Learning: A Synthesis of over 800 Meta Analyses Relating to Achievement*. London: Routledge.
［6］Dewey, J. (1939) "The Modes of Societal Life," in J. Ratner (ed.), *Intelligence in the Modern World: John Dewey's Philosophy*. New York: Random House, 365–404.
［7］Vygotsky, L. S. (1978) *Mind in Society*. Cambridge, MA: Harvard University Press.
［8］Freire, P. (1970) *Pedagogy of the Oppressed*. New York: Continuum Books.（三砂ちづる訳　二〇一八『被抑圧者の教育学——50周年記念版』亜紀書房）
［9］Bakhtin, M. (1981) *The Dialogic Imagination: Four Essays*. Austin, TX: University of Texas Press.
［10］Gadamer, H-G. (1976) *Philosophical Hermeneutics*, trans. and ed. David E. Linge. Barkely, CA: University of California Press.
［11］以下を参照。Gallin, P. (2010) "Dialogic learning from an educational concept to daily classroom teaching," transtlated from "Dialogisches Lernen. Von einem pädagogischen Konzept zum täglichen Unterricht," *Grundschulunterricht Mathematik*, 02-2010(Mai), Oldenbourg Schulbuchverlag.
［12］Gadamer, H-G. (1975) *Truth and Method* (W. Glen-Doepel trans.). New York: Crossroad.
［13］前掲書。
［14］Carless, D. (2015) *Excellence in University Assessment: Learning from Award-Winning Practice*. London: Routledge, 192.
［15］https://www.katherinecadwell.com/harkness-method/
［16］例えば、以下を参照。Alexander, R. (2004) *Towards Dialogic Teaching: Rethinking Classroom Talk*. London: Dialogos; Alexander, R. (2006) *Education as Dialogue*. Hong Kong: Hong Kong Institute of Education and Dialogos.
［17］教育財団が行った、ピア・メンタリング、協同的グループワーク、その他の例を含む協働学習に関する調査を参照のこと。https://educationendowmentfoundation.org.uk
［18］Knoll, M. (2014) "Project Method," in C. Phillips (ed.), *Encyclopedia of Educational Theory and Philosophy* (Vol. 2). Thousand Oaks, CA: Sage, 665–669.
［19］メイドリー・コート・スクールの個人の学びの記録の例を参照（www.hse.org.uk）。
［20］その他の提案については、Gill, S. and Thomson, G. (2016) *Human-Centred Education: A Handbook and Practical Guide*. London: Routledge. の第7章を参照。
［21］例えば、カリフォルニア州では、三四の高校が「カリフォルニア・パフォーマンス・アセスメント・コラボレーティブ」というネットワークを形成し、ポートフォリオに基づく評価を推進している。
［22］Hauger, B., and Mæland, I. (2015) "Working with Youth at Risk: An Appreciative Approach," in T. Dragonas et al. (eds.),

Education as Social Construction: Contributions to Theory, Research and Practice. Chagrin Falls, OH: Taos Institute Publications.

［23］www.selfmanagedlearning.org

［24］これは、英国イーストサセックス州のセルフ・マネージド・ラーニング・センターの生徒たちが作成したラーニング・アグリーメントをアレンジしたものである。

［25］Cunningham, I., and Bennett, B. (2000) *Self Managed Learning in Action: Putting SML into Practice.* London: Routledge. を改変。

［26］ラーニング・ジャーナルについては、以下を参照。Moon, J. (2004) *A Handbook of Reflective and Experimental Learning.* London: Routledge; Langer, A. (2002) "Reflecting on practice: Using learning journals in higher and continuing education," *Teaching in Higher Education*, 7(3): 337-351.

［27］Topping, K. J. (2018) *Using Peer Assessment to Inspire Reflection and Learning.* London: Routledge.

［28］この研究は、一対一のメンタリング、グループによる探究（ここで報告したもの）、固有の認知発達という、三つのパートで構成されている。

第6章　授業評価への関係論的アプローチ

私は毎年同じことをして、毎年同じように教えています。一年目はよくやったと褒められ、二年目は厳しく叱責されました。そして三年目に、生徒の点数が飛躍的に伸びました。私は高額のボーナスをもらい、今では全英語教師の中で上位四分の一の成績を収めています。
私は何か特別なことをしたのでしょうか。さっぱりわかりません。

――アメリカの高校教師[1]

学校に通う子どもたちは、人生の一二年という間、無意味で役に立たないテストに苦しめられている。教員になろうと思っている人は、大学、さらにその先まで評価がついて回る。新卒の教師は、「これでやっとテストから解放される」と歓声を上げる（あるいは心の中で思う）かもしれないが、そうはいかない。学生、教師、管理職を問わず、教育に関わるすべての人は測定の「イデオロギー」に飲み込まれてしまうのである。

本章では、教員評価および業績管理の一般的な慣例に疑問を投げかけ、より豊かな関係の地平に向けた議論の場を開く。まず、測定に基づいて教員を評価する従来のアプローチの弊害について考える。評価によって、教師個人のウェルビーイングだけでなく、子どもたちを教え、学びのコミュニティに参加し、専門家として成長する力までもが危機に瀕しているのである。次に、専門性の発達を第一の目的とする、授業評価の関係論的アプローチを紹介する。この枠組みは、教師の専門的な学びと全人的な成長という目的に寄与する、創発的で革新的な実践を探究する舞台となる。これらの実践では、授業と学習における関係のプロセスが非常に重視されている。このような実例を通して、評価プロセスが教師の努力を尊重し、高めるだけでなく、教育の心臓部とも言える関係のプロセスに貢献できることがわかるだろう。

問われる教員評価

生徒の成績評価をめぐる問題点の多くは、教員評価にもあてはまる。[2] 第1章、第2章で述べたように、測定の妥当性、測定基準の狭さ、教室内に生まれる疑心暗鬼や疎外感、対立など、さまざまな問題がある。また、テストの点数で生徒の成績を測りながら、その同じ点数に基づいて教師を評価するという、明らかに皮肉な事態があることは言うまでもない。ここでは、こうした批判が教員評価にどれくらいあてはまるかを詳しく説明するのではなく、別の角度から検討することにしよう。

まず、教員評価を、従来の学校教育と同じ製造業のパラダイムに落とし込むことの弊害について、考えてみよう。工場モデルでは、教師はその実効性を測ることで評価を受け、査定される。教員の質に関する全米総合センター（the National Comprehensive Center for Teacher Quality）は、実効性を、定量化可能な生徒の「アウトプット」と定義している。[3] 同様の観点から、経済協力開発機構（ＯＥＣＤ）は、教員評価の目的を、教師のパフォーマンスを向上させることと提唱している。こうして、パフォーマンス指標は、ほぼ例外なく、実効性の高い教師に報酬を与え、そうでない教師を脅したり排除したりするために利用される。このプロセスに、教師の専門職としての成長を促進するものはないに等しい。さらに、このようなパフォーマンス管理型アプローチでは、教師の実践が評価の対象となるにもかかわらず、教師自身がそのプロセスに関与することはほとんどない。授業について最もよく知っている人たちが、目標設定や改善計画、評価方法の決定などについては沈黙を余儀なくされているのである。[4] 教員評価システムは時代とともに大きく変化してきたが、基本的な関心は依然として、生徒の成績を向上させる教師の能力と効果を測定することにある。[5] この関心は、教育に徐々に浸透している経営管理の言語および実践と一体となっている。「業績（パフォーマンス）評価」「目標設定」「カリキュラムデリバリー」[訳注 i]などの言葉を使うことにより、教育の商品化が着実かつ組織的に進んでいる。[6]その結果、教師はますます、あらかじめ決められ、標準化と測定が可能な成果に向けてパッケージ化された、パイプライン型カリキュラムの枠内で教えるようになっている。評価は、説明責任を果たすためだけのものである。私たちが手にしているのは、教師の継続的な学びと専門性発達の支援を目的とするフィードバック項目ではなく、検査項目なのである。[7]検査項目によって、教師の生産性に基づく費用対効果の分析が可能になる。[8]実際、この業績管理のプロセスは、工業製品や商品の品質保証のための評価にそっくりである。[9]まさに、新自由主義的な理念が教育現場に入り込んでいるのである。[10]

説明責任への強迫観念は、責任に対する誤解につながっている。教師だけが生徒の学びに対する責任を負うという誤解である。このような考えは、授業と学習の根底にある関係のプロセスを見落としている。これまで述べてきたように、学びの責任は個人にあるのでなく、集合的に達成されるものである。教師の仕事の質を生徒の成績によって定義することは、生徒が自らの学習にいかに積極的に参加しているかを軽視することになる。[11]クラスの人間関係、家庭、経済状況については、言うまでもない。

経営の言説を採用することは、多くの点で有害である。生徒をパッケージ化された「製品」に加工するという、教育の道具的な目的のみが強調されがちだからだ。このような言説では、教育は「生産」行為とみなされる。教師が経済効率性のために管理され、型にはめられてつくられるものになるとき、[12]学校における関係の文脈から疎外される。[13]教師は賃金労働者となり、教育の崇高な側面は製品づくりに格下げされる。教師による教育への貢献は、事実上、「教える機械」への関与に縮小される。生徒のテストの点数で教師の「アウトプット」が測られ、教師のパフォーマンスが比較可能になる。こうして、システムは、「良い」「効果的」な教師には報酬を与え、「悪い」「効果的でない」教師には罰を与えるというアメとムチのメカニズムを使い、教師のパフォーマンスを向上させようとする。教師は固有の価値をもっている

［訳注 i］カリキュラム・デリバリー curriculum delivery　カリキュラムを確実に実施すること。

のではなく、機能を果たすことによってのみ価値を獲得する。

教育機関の目的が新自由主義の理想と一致するとき、教師も不幸な形で概念化される。[14] 一つは、特定分野の知識を習得し、「製品」を「成型」する「仕事」に適した「専門家」あるいは「知識人」としての教師、もう一つは、生徒の心に知識を埋め込む責任を負う「提供者」あるいは「執行人」としての教師である。どちらの見方も、教育を「**指導**」の問題とみなす傾向にある。つまり、教える（授業）とは、あらかじめ決まった知識や情報を**伝達する**ことであり、学ぶ（学習）とは、テストの準備をするプロセスのことなのである。

このような方向性によって、二つの主要な論点が見えなくなる。一つは、教師自身が学ぶ者になりえるということである。教師は学び続けたいというニーズと向上心をもち、個人としても専門職としても学びを深め、成長することができる。私たちは、教育は本質的に共創のプロセスだと考えている。そのプロセスには、対話、協同、相互的な関わり、互恵的な学びが含まれていることが望ましい。優れた教師は、生徒の探究や問いを導くだけでなく、学習におけるファシリテーター、メンター、協力者、共同探究者となる変幻自在的存在なのである。[15] さらに、学校文化の活性化には、教師のウェルビーイングが重要であるということが抜け落ちている。生徒のテストの点数で教師の業績を評価すると、教師のウェルビーイングに有害な影響があることが、多くの研究から明らかになっている。[16] 評価によって、教師が機械の歯車のように扱われ、その仕事が組立ラインのようなものになれば、教師のウェルビーイングは損なわれる。

教師のストレスを軽減するために、マインドフルネス療法やメンタルヘルスのサポートが盛んに行われているにもかかわらず、[17] 従来の教員評価は、教師の成長や学校文化を抑圧し続けている。[18] 効率性、効果、経済的利益の追求が、教師の不満や抵抗にあい、[19] そうした不満が多くの地域での教師の大量離職につながっているのは驚くべきことではない。[20] しかし、この状況は変えられる。教員評価に関係論的アプローチを取り入れることで、教師のウェルビーイングを高め、専門職としての学びと成長につながる場が開かれると私たちは考えている。

評価と包括的な専門性発達

　多くの専門職がそうであるように、教師も、うまく教えたい、専門性を高めたいという願いをもっている。教師は生徒の学習と成長だけでなく、生徒や同僚、保護者との関係、コミュニティの繁栄についても考えている。このような関心事に応えるためには、どのように評価を実践すればよいのだろうか。関係を重視する教員評価の方法には、具体的にどのような可能性があるのだろうか。

　この核心的な問いに対し、ここでは教員評価の包括的なアプローチを提案したい。その具体的なねらいは、教師の専門性を高めることである。[21] 教師の専門性発達を通常よりはるかに広い文脈で捉えるため、このアプローチを「包括的」と呼ぶ。教師の専門性を、生徒の成績を上げるという観点から捉えるのは、非常に視野が狭く、有害ですらある。教師はガイドであり、ファシリテーターであり、メンターであり、学習者でもある。もっと包括的に考えなければならない。教師は、授業／学習のプロセスの積極的な参加者である。したがって、専門性の発達は、教師同士の関係、生徒、同僚との関係、さらには保護者との関係も含む関係プロセスを育てることまで拡張して考える必要がある。また、評価を教師のウェルビーイング全般（授業／学習活動および学校内の生活や人間関係への満足感も含む）に結びつけることも重要である。[22] これらの目的を達成するには、教師の専門性発達を包括的に評価、支援する以下の四つの主な方向性が考えられる。

専門職コミュニティ内の相互的な学びを強化する　専門性の発達の第一の源は、教育コミュニティそれ自体に見出されるべきである。授業に関する知恵や知識は、主にこのコミュニティ内に蓄積されている。コミュニティの参加者は、物語や価値観、意見、実践を共有することを通して、お互いの成長を助け、自己評価プロセスに刺激を与え合う。また、教師の専門性発達は、個人の能力を高めることにとどまるべきではない。教育目的、学校の理念、カリキュラムデザイン、教育哲学、教育の改善に向けた総合的戦略について、コミュニティ内で対話できるようになることが理想である。ここでは、他から切り離された個人としての教師から、教師を含むより大きな関係のプロセスへと重点が移っている。

生徒と協同して実践を改善する　すでに述べたように、学習者との協同を抜きに授業は成り立たない。関係に基づく評価のアプローチでは、教師は「評価の対象」ではなく、生徒と共に探究する者となる。綿密かつ建設的な評価や対話的なレビューは、成長と発達を目指す協同と考えるべきである。このような協同は、生徒や同僚との関係を豊かにし、関係のプロセスへの感謝を促進し、相互的な学びにつながるものでなければならない。授業評価に生徒の声を取り入れることで、学びのプロセスにおいて「何が最も効果的か」という教師の認識が広がる。クラス全体が学びのプロセスに最大限参加するようになるための手がかりは、生徒が与えてくれる。「私たちはうまくやれているか」「どうすればもっとよくなるのか」[23]。このようにして、生徒は自分たちの人生を左右する教育プロセスや意思決定に参加できるようになる。

肯定することで関わりを促す　専門性の発達は、教師のパフォーマンスの改善という観点から定義されることが多い。しかし、熟練したパフォーマンスだけでは不十分である。教師が自分の努力に意味ややりがいがあると感じられなければ学校は退屈な場所になる。教育への持続的で創造的な関与が、専門性発達の三つ目の特徴である。関係論的アプローチは、教師の弱点や問題点を特定して改善につなげることを重視する欠点中心の発達モデルを脱却し、教師の実践の価値ある側面を強調する。教師の強みや才能、可能性が大切にされることで、自信がつき、創造性が高まり、専門職としての活動に活力が生まれる。肯定的なアプローチによって、教えるうえで大切なことは何か、共有された教育的理想をいかに実現するかを探究することが可能になる[24]。

省察的に問い続ける　最後に、教師が実践に対する深い省察を続けていくためのプロセスと道筋を確立することが重要である。よい授業は、私生活、教室内、学校内外の多くの要因に依存している。ここでの課題は、授業がこのさまざまな領域での生活をどのように変化させるのか、省察を続けることである[25]。関係論的アプローチは、教師としての自らの人生や、それが織り込まれている関係の網の目について、積極的に問い続けることを促すのである。

関係に基づく授業評価実践

現在の教員評価に代わる方法を模索しているのは、私たちだけではない。関係を重視した多くの革新的な代替案が、すでに動き出している。ここでは、その中から印象的な事例をいくつか紹介する。どの実践にも複数のねらいがあるが、ここでは、教師の包括的な専門性発達という私たちのビジョンに含まれる目的の一つをいかに実現しているかに焦点をあてる。

専門職コミュニティにおける相互的な学びの促進

従来の教員評価は、階層的であると同時に個人主義的である。すなわち、校長など学校内の地位の高い人が、自分の管理下にある教師を評価するという意味で階層的であり、教師一人ひとりを独立した単位として、その成果を評価するという意味で個人主義的である。関係に基づく代替案では、このような管理主義的な考え方を脱却するため、授業を、専門職の学びのコミュニティにすでに埋め込まれている他の教師たちとの関係のプロセスとして捉えるところから始める。教育に関わるあらゆる問いは、協同的で相互的な学びに根ざしたものでなければならない[26]。相互的な学びを通して、同僚間の関係を豊かにし、専門職コミュニティを強化し、ヒエラルキーや個人主義の疎外的な影響を克服することが可能である。

この可能性を具体的に説明するために、サニーブルック小学校の実践について考えてみよう[27]。サニーブルック小学校は、多様性の大きい地域にあり、教育当局からの説明責任の要求と、さまざまな背景をもつ子どもたちをサポートする必要性との間で板挟みになっている。特に教師の実践を評価する際に、このことが顕著にあらわれる。避けて通れない説明責任の問題と、求められる教師の専門性発達との対立を解消するために、この学校は、教師の専門性発達に向けたアプローチの一つとして相互的な学びの仕組みづくりを行った。相互的な学びの主な方法は、（1）**メンタリング**と（2）**ピア評価**の二つである。メンタリングもピア評価も、教育実践に関わる重要な問題について省察的対話を行い、授業／学習プロセスへの関与を深めることを目的とするものである。

メンタリングでは、新任教員が経験豊富な先輩教員のメンターとペアを組むのが一般的である。メンターは、メンティーの仕事ぶりを観察、省察、検討し、フィードバックやアドバイスを行い、新人がその学校の理念や文化、実践をより深く理解できるようにする。新人は、学校の方針、教育方法、カリキュラムで重視している点、クラスづくりなどについて学ぶ。原則として、メンターは新人を指導し、課題を与え、サポートする責任を負っている。

サニーブルックでは、新任教員のメンタリングの従来の方法を拡張し、さらに二つの強調点を付け加えている。一つ目は、教師のよりよい専門的な学びに関するものであり、よい教育とは何かというビジョンを共有し、メンターとメンティーの実践を省察することが含まれる。二つ目の強調点は、ライフヒストリーや個人の願いを共有する深い対話を通した協働学習である。これにより、学校内の上下関係を打破し、メンターとメンティーの間に生き生きとした関係を築くことができる。つまり、メンターはより優れた者としてふるまう必要がなく、対話の中で自分自身の実践を見直し、省察することができるのである。

同様に、ピア評価やピアフィードバックも研究が進み、多くの学校で行われている。[28] 伝統的なピア評価では、教師が少人数のグループを作り、互いの実践を観察し、検討し、フィードバックを行う。サニーブルックでは、これまでの経緯を踏まえ、独自のピア評価モデルを作ることにした。このモデルでは、四人の教師がチームを組み、交代でクラスを訪問して互いの仕事の観察と省察を行い、そこから学ぶことを目的としている。[29] 通常は、訪問と観察の後、すぐに報告のための対話が行われる。観察する側の教師は、記憶がまだ新しいうちに、自分の視点から見た授業の進行、楽しかったことや一番よかった点、活動がいかに子どもたちの学習経験に貢献していたか、子どもたちの取り組みの質など、観察したばかりの実践を振り返る。次に、観察される側の教師が授業のプロセスを振り返る。例えば、特にうまくいったところ、一番うれしかったこととその理由、こうすればよかったと思っている点などである。このような報告とフィードバックは、観察する側にとっても観察される側にとっても有益なものとなる。報告会に加えて、一～二週間に一度、チームの四人が集まり、互いの指導や学びについてじっくり話し合うこともある。

メンタリングとピア評価の実践は、示唆に富み、刺激的で、専門職としての成長という教師の願いに直接的に応えるものである。ただし、一方で大きな課題もある。中でも特に重要なものとして以下の三つが挙げられる。一つ目は「時間」である。サニーブルックは、弱い立場にある子どもたちを数多く受け入れており、教員たちは多忙で、すでに過剰な負担を強いられている。また、州立学校であるため、教師はそれぞれ事務的な仕事も抱えている。メンタリングやピア評価は、従来の業績管理よりも時間がかかるように思われる。例えば、ある教師が他の教師を指導したり観察したりしているときは、別の誰かがその教師のクラスをカバーしなければならないが、ほとんどの学校には、教師を増やす余裕はない。サニーブルックでは、自分たちのプログラムを守るために、評価のための対話の時間を確保した。また、より広い学校コミュニティからもサポートを得ることができた。例えば、特定の日は、地域のボランティアがスポーツ、芸術、音楽などの活動を共に進め、教師が省察的対話に必要な時間を取れるようにしている。

二つ目の課題は、「信頼」である。相互的な学びでは、同僚に批判されたり、他者と比較されたり、弱みを握られたりするのではないかという不安を教師に抱かせてはならない。率直に話し合えるようになるまでには、時間がかかる。そのような場をつくるため、サニーブルックのスクールリーダーは、メンタリングのペアとピア評価チームに、学びと改善に向けて自分たちでテーマを決めるように呼びかけた。リーダーたちは、トップダウンで議論をコントロールしないように配慮した。生い立ちを共有することは、このプロセスの大切な一部となり、互いのライフヒストリーや価値観、実践に対する好奇心を高めることにつながった。学校は、検査項目ではなく、教師たちの人間関係を育んだ。生徒の学びの経験という共通の関心事を強調することで、さらに信頼感が高まった。従来の「よい教師」「ダメな教師」という評価の代わりに、「生徒の学びを豊かにするにはどうすればよいか」を問うようになった。こうして、教員評価は、形成的で、互いの成長につながり、学びやウェルビーイング、専門性の発達に不可欠なものとなる。

三つ目の課題は、「粘り強さ」である。これは、メンタリングとピア評価を、専門的な対話の継続的な流れとして維持していくことを意味する。フィードバックや評価のコメントは往々にして、観察者が被観察者に一方的に語るモノローグになってしまう。「子どもたちが授業中にとても熱心に取り組んでいる姿が見られてよかった」「子どもたちが経験すると予測されるあらゆる困難を前もって察知することは明らかにできていなかったが、状況に気づいてすぐに課題を変更していた。よく頑張っていたと思う」のようなフィードバックは、無意味ではないにしても、さらなる探究につながるものではない。サニーブルックの教師たちは、専門的な対話を続ける秘訣は質問づくりにあることに気づいた[30]。

そこで、教師たちは、メンタリングやピア評価のセッションに、調査や挑戦的な質問を組み込む方法を模索し始めた。例えば、メンターとメンティーの間あるいはピア同士で、実践の意図や特徴についてさらに詳しい説明を求める質問をする（例えば「今日の授業で起こったことをあなたがどのように見ていたか、もう少し詳しく教えていただけますか」）。クラス活動のデザインや、生徒の学習の指導法の背景にある教師の考えを探るような質問をしてもよいかもしれない（例えば「子どものやる気の引き出し方に感銘を受けました。そのようにしたのはどうしてですか」など）。さらに、今後に向けた質問をすることも可能である（例えば「もしもう一度するとしたら、違うやり方をしますか」「あなたがこれから取り組もうとしていることをサポートするにはどうしたらいいでしょうか」）。

サニーブルックでは、関係を重視するこのような評価方法が、教員評価の正式な要件に組み込まれている。実際、教師の学びと成長の鍵としてメンタリングやコーチングを重視する学校は増えており、サニーブルックはその代表例である。これらのアプローチを通して、教師が省察し相互的に学ぶ機会があることが、研究から明らかになっている[31]。また、教師の継続的な専門性発達に価値を置く公立学校では、ピア評価を行うケースが増えている。このような実践の探究は、ヨーロッパ、アフリカから、アメリカ、アジア太平洋地域に至るまで世界各地で継続して行われており、評価と教師の発達を結びつける主要な手段の一つであることは間違いない[32]。

生徒との協同を通して実践力を高める

標準化された業績評価から、教師が自らの実践に対する理解を深めることは難しい。教員評価が、「私の生徒は何に興味をもっているのか」「私の授業を生徒はおもしろい、あるいは意味があると思っているのか」「自分の授業をいかに改善できるか」を深く考える機会になることはほぼないと言ってよい。また、テストの点数から、教師が生徒のニーズや経験、取り組みの状況を把握することも難しい。生徒の声に耳を傾けてはじめて、これらの目的を達成することができるのである。一部の学校では、教員評価に生徒の視点を取り入れるため、生徒にアンケートを実施している[33]。しかし、アンケートの妥当性や信頼性、生徒の教師に対する評価には単に彼らの成績が反映されているだけではないかなど、疑問は尽きない。生徒が教師を評価することの意義は広く認められているが、生徒の視点を教師の専門性発達にどのように取り入れるかも重要である。

教師が生徒の声に耳を傾け、彼らの希望や課題を理解しなければ、コンテンツを伝達するという伝統的な、そして往々にして退屈な実践にすぐに逆戻りしてしまう。生徒の声が聞こえなければ、教師の声は人間味を失い、その内容も無意味なものになる。これは、人間関係が有意義な授業／学習の試金石であるというだけでなく、パッケージ化されたコンテンツを一方的に伝えることは、教師にも生徒にも疎外感をもたらすからである。だからこそ、生徒の言葉に耳を傾け、彼らの声を授業実践に取り入れ、その声を対話に持ち込むことが重要である。教師は、傾聴と対話を通して、生徒の興味や学習習慣、過去と現在の学びの経験などを知ることができる。そうした情報や理解に基づき、教師は生徒の学習をよりよく指導し、促進し、魅力的な学びの経験を共に創出することができるのである。

先見の明のある教育者たちは、授業と学習をともに充実させる方法として、長年にわたって対話を推進してきた。例えば、生徒が教師の発達に関わるというアイデアは、「教育を大きく変える考えであり、その中心にあるのは、真に共有された責任としての授業／学習へのコミットメントである」[34]と評価されている。このような背景から、アメリカの大規模な中等学校であるフォークスクールは改革に着手した。[35]スクールリーダーと教師は、生徒と協力して授業／学習の質を向上させるという考え方に刺激を受け、教師の授業評価に生徒のフィードバックを取り入れる方法を模索した。この学校の経験から、教師の授業実践が生徒の学びに大きな違いをもたらすこと、また、生徒からのフィードバックは、教師が自らの実践を振り返るのに役立ち、専門職としての学びの指針となることが明らかになった。[36]

こうした理解に基づき、運営チームは、教師や生徒と相談しながら、プログラム評価の枠組みを作った。運営チームが特に重視したのは、「学びの経験の豊かさ」「意欲と責任感」「人としての幸福感」という、教師と生徒に共通の課題であった。これらの課題に対する生徒の意見は、省察と行動に豊富な材料を提供するように思われた。運営チームは試行錯誤の末、生徒が教師の実践を評価するために必要な知見を提供できるよう、三つの形式を提案した。

一つ目は、授業中に行われる**プロセスフィードバック**である。例えば、教師が授業を一時中断し、生徒がどう感じているか、つまり「この授業はうまくいっているか」「最も参考になるのは何か」「これをもっとわかりやすく、あるいはもっと有益なものにするために、私たちにできることはないか」のように尋ねるのである。特に、教師が建設的な批判を受け入れる姿勢をもっている場合、生徒はこのような質問について熱心に議論することが明らかになっている。このように、授業に基づくプロセスフィードバックは、生徒のニーズや興味に直接応えるのに役立つ。説明責任のための検査とは違い、今や学びは共有の責任となっている。生徒は、自分たちが授業をより魅力的に、学習をよりおもしろくする役割を担っていることを認識できる。

二つ目の形式は、各学期末に正式に実施される**学期末フィードバック**である。生徒全員に、匿名でアンケートに答えてもらう。アンケートには、学期中の生徒の学習、意欲、幸福感および教師の実践を段階で評価する質問と、詳細なフィードバックやコメント、エピソードなどを書く自由形式の質問が用意されている。質問は生徒の経験に関連するものであるため、ほとんどの生徒がアンケートに参加し、じっくり考えて慎重に回答しようとする。アンケートは匿名で行われ、生徒と教師の力関係の不均衡は最小限に抑えられている。生徒は建設的で率直な、時には批判的なフィードバックを気軽に提供でき、教師は自分の実践を評価するのに役立つ。

有意義なフィードバックを生み出す三つ目の方法は、**フォーカスグループによる対話**である。これは五〜七人のボランティアの生徒と一緒に行うもので、学期末に校内の運営チームが主催する。会話は自由形式で、リラックスした雰囲気の中で行われる。ここでも、生徒の学びの経験、意欲、発達全般、幸福感などに焦点をあてた質問がなされる。また、生徒の学習や教師の授業改善に役立つ具体的な実践についても話し合う。あくまで実践についての対話であり、教師自身について判断を下すものではないため、率直かつオープンに話すことが可能になる。ほとんどの生徒は、自分の意見を聞いてもらえたと感じる。そのため、フォーカスグループの会話は、活気とエネルギーにあふれ、洞察力やアイデアに富んだものになることが多い。

授業の評価に生徒が参加することは、教師と生徒の双方にとってメリットがある。教師のプロ意識と生徒の学習意欲が同時に高まり、協力的な相互依存の意識も生まれる。教師は、生徒が専門的な学びのパートナーになりうることに気づき、教育的な視野を広げてくれる生徒を信頼する。一方、生徒は、教師の専門職としての成長を支えることを通して、自らの学びを自分の手でつくっていくことが可能なのだと実感する。生徒は、自分が本当の意味で学校に貢献できると感じ、自分が受けている教育に対する責任感を高めていく。このような過程を経て、教師と生徒の関係が深まるとともに、双方の幸福度も高まる。

肯定を通して関与を高める

従来の教員評価は、教師の人格と専門性を脅かす。それに対して、私たちは、評価の関係論的アプローチが専門性への関与をいかに促し、刺激することができるかを問う。ここでは、学校や学習機関で取り入れられることが増えている、価値を認める評価に目を向ける[37]。これは、先に（第3章で）述べた、評価（エバリュエーション）を価値づけと同一視するという提案と同じである。価値を認めるというこの考え方を教員評価に適用すれば、教師の欠点や能力不足ではなく、強みや才能、可能性に焦点をあてることが可能になる。以前うまくいったこと、現在うまくいっていることに関心が向くようになり、そうした強みから想像力と革新性が発揮される[38]。

ニュートンスクールの経緯を例に挙げよう[39]。この小さな小学校では、長年、標準的な業績管理モデルに基づいて教員評価が行われてきた。このモデルでは、教員評価が給与や昇進に結びついており、競争と恐怖の風土が生まれていた。教師は、生徒がテストでよい点数を取れるようにするために大変な努力をしていた。学校は、データに基づいて学校のランクを上げようと努力し、ランクは学校の財政に結びついていた。学校全体に緊張した雰囲気が漂い、教師同士、教師と学校管理職の間には、ギスギスした不信感が生じていた。

新しい校長としてこの学校に着任したマリアンヌは、教職員の不満や不安に耳を傾け、教師たちが批判に敏感で疲弊していることに気づいた。協議を重ねる中で、マリアンヌは、不満の根源は評価の枠組みにあるのではないかと考えるようになり、他のスクールリーダーと協力して変革を目指すことにした。まず、生徒のテストの点数で教師の能力を測るという標準的なやり方をやめ、代わりに教師が集まって自分たちの実践を振り返る場を確保することを提案した。一四人のスタッフにとって、これは素晴らしいアイデアのように思われた。しかし、当初の熱意はすぐに冷めてしまった。教師の間には、以前から防衛意識や不信感があり、集団での振り返りの時間を設けることに恐れや不安を抱いていた。教師たちは、批判的なフィードバックはおろか、お互いの実践を評価することも容易ではないと感じていた。意図していた専門職としての学びは、表面的な議論に終わってしまったのである。権力関係もまた、オープンな問いの妨げとなった。経験豊富な教師のコメントは、初心者のコメントよりも権威あるものとして扱われ、結果的に一部の教師を沈黙させることになった。

このような状況の中、マリアンヌは**アプリシエイティブ・インクワイアリー**（価値を認める探究[40]）に精通していたことから、ある進め方を提案した。それは、教師の専門的な学びを支援するためのもので、特に教師の既存の実践を評価することに重点が置かれていた。二日間の現職教員の専門性発達セッションの一部として行われたそのイベントは、以下のステップで構成されていた。

学校のライフヒストリー　まず、マリアンヌはスタッフに、学校の歴史に関する筋書き（ストーリーボード）を作ろうと提案した。学校の「道のり」に加え、チームの各メンバーが個人的なエピソードや、学校全体の発展に自分が貢献できることを紹介した。この語りのプロセスを通して、教師たちは互いの教育に対する価値観や考え方、学習の捉え方を認め合い、チームの結束を強めていった。

学校の生き生きとした特色　次に教職員は、学校の活動から特に刺激を受けたときのエピソードをもとに、学校の生き生きとした特色を書き出し、それがなぜ重要なのか、それはどのようにして得られたのかについて話し合った。このステップを経て、チームは、学校の特色が、各成員に授業／学習における最高の喜びや楽しみも与えていることに気づいた。

強み・才能・可能性　次に、職員は、学校の実績に貢献しうる自分の強み、才能、可能性を各自で図式化するように求められた。さらに、三〜四人の同僚が互いの資質について話し合うグループワークも行われた。その結果、全員が専門職として認め合うようになり、教師同士の関係も良好になった。

共通の未来を思い描く　スタッフ全員が元気になったところで、チームは学校の将来像について思いをめぐらせた。これまでの活動では、個人のスキルや可能性が重視されていたが、この段階では、学校全体で夢を共有し、その実現に向けた道筋を探ることに専念した。学校の将来は、教師の専門性発達や人間関係にかかっていることに気づいてほしいという期待も込められていた。

このような段階を共に経ることで、チームは、個人や集団の強み、価値観、希望、夢について問うことが変化につながると気づいた。[41] 教師同士の関係にも、明らかな変化が見られた。自分たちの仕事への肯定的な評価（感謝）に重点を置くことで、防衛的な姿勢が消え、改善の道筋についてよりオープンに省察するようになった。間違うことをあまり恐れなくなり、革新のためにリスクを取ることを厭わなくなった。このように、価値を見出そうとする目は、教師に力を与え、教師は自分も学び、専門職として力強く成長していくのだと実感できるようになった。教師の専門性発達プログラムの変革は、その後すぐに、学校の全体的な計画（三年ごとに改訂される戦略的青写真）に組み込まれた。教師は、自身の専門性の発達が学校の戦略的計画と一体化していることを実感できるようになった。

多くの学校では、教師の実践の評価に、価値を認めるアプローチを採用している。[42] このアプローチでは、教師とその実践を解決すべき、あるいは管理すべき問題として捉えるのではなく、好奇心をもってオープンに教育実践を捉え、教師の専門的な学びと発達のための生き生きとした機会を探る。この教員評価のアプローチによって、学びのコミュニティにおける教師間の関係をさらに強化することができる。

アクションリサーチによる省察

教師の能力開発の包括的プログラムの四つ目のねらいは、深い省察を続けることである。教師は、自らの実践を振り返ることが、自身の成長にとって重要であることを認めている。[43] しかし、従来の教員評価では、自らの授業実践について探究を続ける機会はほとんど得られない。教師は、同僚や生徒との会話が有益だとわかっているが、そのような会話が、求められるような深くて細やかな気づきを必ずしも提供するものではないということにも気づいている。学校は、いかにしてそのような探究の場を提供できるだろうか。

ここで私たちが魅力を感じるのは、教師が焦点を絞って深く探究することができるような研究である。しかし、自らの教育実践を研究するとなると、しばしばジレンマが生じる。尺度、対照群、統計を重視する従来の実証的研究がどうすれば可能になるのか、どのような意味があるのか、教師は必ずしもわかっているわけではない。[44] このジレンマは、**アクションリサーチ**によって解消できる。[45] 教師によるアクションリサーチは、教育における価値、信念、意味についての重要な省察をもたらす。[46] 授業と学習に新しいアイデアを試すことが奨励され、理論と実践の統合が可能になる。[47] 今日の学校現場では、協同的アクションリサーチがますます重要な役割を果たしており、[48] それは教師の専門性発達につながる極めて重要な関係的評価の形であるように思われる。実際、教師が自らの教授法、人間関係、価値観、夢などについて研究するための時間とリソースを提供している学校も多い。

アクションリサーチの可能性と期待を踏まえ、多くの学校では、それをプログラムの不可欠な部分、特に教師の実践の評価の一部にすることを試みている。[49] 時間とリソースが必要であることに加え、アクションリサーチを教師の専門性発達に結びつけることも課題になりうる。[50] また、疑問から始まり、探究を続け、実践を改善するというアクションリサーチの省察的サイクルへの体系的なアプローチが欠けている場合も多い。[51]

ここでは、複数の中学校の教師の経験をもとに、効果的な進め方を説明する。[52] これらの学校は、研究志向のバックグラウンドをもつ教師も多いが、地元の大学とのパートナーシップを確立することで可能性がより広がると考えた。そこで専門の研究者が学校に招かれ、教師と共に研究と教師の発達を統合する方法を探った。この協同から、すべての教員に利用可能な体系的アプローチである、専門性発達のための「What? So What? Now What? モデル」が生まれた。[53] この「3Ws」という枠組みは、研究を具体的で相互に関連する段階に分け、参加者にわかりやすく説明するうえで非常に有用なものであった。

「What?」の調査段階では、教師は自分の授業の中で、共に注意を向けて体系的に探究することで効果が期待できる一つの側面に焦点をあてた。フィンランドで歴史を教えているアンは、生徒のプロジェクトの指導場面を選んだ。アンは生徒に協同的探究に加わってもらい、彼らがとても熱心に参加していることを知った。アンは次のような質問から始めた。「私のプロジェクトの指導はどうでしたか」「私の指示は明確でしたか」「プロジェクトについて私が書いたフィードバックをもとに行動することができましたか」。アンは生徒のコメントに丁寧に耳を傾け、質問し、さらに考えたいことや後で検討したい点を注意深くメモしていた。

「So What?」は省察の段階であり、教師がグループで集まり、調査の振り返りを行った。教室で気になっていること、実践に対する生徒からのコメント、それに対する自身の考えなど、自分たちが探究したことを、一人ひとりが発表した。

その発表を受けて、同僚たちがさらに質問したり、考えたりした。アンの事例では、同僚から次のような質問が出た。「どのような前提でプロジェクトの指導を行っていましたか」「指導の際、最も重視したことは何ですか」「生徒の学習面では、どのようなことを期待していましたか」。アンは、同僚と共に自分のノートを読み返し、省察する中で、自分の指導が、生徒のプロジェクトの最終成果物（最終報告書やプレゼンテーション、生徒につける点数）を重視しすぎていたことに気づいた。また、省察をさらに深める中で、それは、自分のクラスに来たばかりの移民の生徒を成功させてあげたいという自身の願いとも結びついていたことが見えてきた。「彼らが私たちの社会で成功できるということを示してほしかったのです」とアンは言った。「So What?」の議論を続けるうちに、アンは自分の授業が一つの政治運動になっていることに気づき、歴史の教師として、プロジェクトの指導は何よりもまず、生徒の学びのプロセスを育てるものでなければならないと考えるようになった。

「Now What?」の段階では、調査と省察から行動（アクション）に移る。教師は生徒のもとに戻り、さらなる対話を行う。アンは、「指導を改善するために、私／私たちは何をすればよいか」「改善のために私／私たちに必要なのは、どんなリソースか」「このように変化させることで、何が期待できるか」とクラスに問いかけた。アンと生徒たちは会話を重ね、結果も重要であるが、歴史的証拠をいかに集めて解釈するかのようなプロセスに関する質問から、最も多くを学ぶことができるという考えに至った。

教師たちは、次第に、実践のさまざまな側面について多様な問いを生み出せるようになった。また、地元の大学から専門の研究者が来ることで、アクションリサーチのサイクルや問いの厳密さに自信がもてるようになった。学校管理職は、体系的な問いが、実践の具体的な改善と教師の専門性発達に大いに役立つことを学び、教師の研究を支援する時間、場所、資源の確保を続けた。参加した教師たちは、アクションリサーチを教室に取り入れ、生徒や同僚と協力し、授業のプロセスに省察的な視点を適用することで、有意義かつ実質的な成果が得られることを実感した。また、アクションリサーチのサイクルによって、生徒の学びや幸福感が向上するという波及効果も得られた。

教師のアクションリサーチが、教師の専門的な学びと発達を支え、教育変革を促進することはよく知られている。[54]教師主導の専門的な学びの方法であるというだけでなく、協同的な関係が育まれることも、アクションリサーチがもつ可能性である。求められるのは生徒、同僚、地域社会、他の学校との多方面にわたる対話とパートナーシップである。すべての教室がアクションリサーチの場であり、すべての教師が研究者であり、すべての同僚が共同研究者であり、すべての生徒が研究協力者であり、すべての学校が探究のコミュニティなのである。

教員評価から専門的な学びへ

関係の視点から教員評価にアプローチすることで、教師の全人的な成長を促し、専門性の発達を支える無数の機会が見えてくる。測定・判断・報奨・懲罰から、探究・省察・対話・継続的な学びへと焦点が移る。[55]本章で取り上げてきた実践から、教員評価は、教師**に対して**行われるものではなく、教師とその同僚、生徒、その他の関係者**と共に**行われるものであることがわかる。[56]

よい授業とは、私たちが共有するコミュニティの存在を反映したものであり、そこでは、教室内外のさまざまな人間関係がダイナミックに展開されている。授業評価は、そうしたコミュニティから資源を引き出すだけでなく、教師をその一部とする関係のプロセスをさらに豊かにすることができるのである。

注

[1] Amrein-Beardsley, A., and Collins, C. (2012) *The SAS Education Value-added Assessment System (EVAAS): Its Intended and Unintended Effects in a Major Urban School System*. Tempe, AZ: Arizona State University.

[2] ここでの「(教員) 評価 appraisal」という用語は、以下からの引用である。
OECD (2009) *Creating Effective Teaching and Learning Environments: First Results from TALIS*. Paris: OECD.

[3] Goe, L., Bell, C., and Little, O. (2008) *Approaches to Evaluating Teacher Effectiveness: A Research Synthesis*. Washington, DC: National Comprehensive Centre for Teacher Quality.

[4] Green, T., and Allen, M. (2015) "Professional development urban schools: What do teachers say?," *Journal of Inquiry and Action in Education*, 6(2): 53-79; Kane, T., Kerr, K., and Pianta, R. (2014) *Designing Teacher Evaluation Systems: New Guidance from the Measures of Effective Teaching Project*. New York: John Wiley & Sons.

[5] 前掲書参照。

[6] Spring, J. (2015) *Economization of Education: Human Capital, Global Corporations, Skills-Based Schooling*. London: Routledge.

[7] Goe, L., and Holdheide, L. (2011) *Measuring Teachers' Contributions to Student Learning Growth for Nontested Grades and Subjects*. Nashville, TN: National Comprehensive Center for Teacher Quality.

[8] Skourdoumbis, A. (2017) "Assessing the productivity of schools through two 'what works' inputs, teacher quality and teacher effectiveness," *Education Research Policy Practice*, 16: 205-217.

[9] Hebson, G., Earnshaw, J., and Marchington, L. (2007) "Too emotional to be capable? The changing nature of emotion work in definitions of 'capable teaching'," *Journal of Education Policy*, 22: 675-694.

[10] Mather, K., and Seifert, R. (2011) "Teacher, lecturer or labourer? Performance management issues in education," *Management in Education*, 25(1): 26-31.

[11] Gill, S., and Thomson, G. (2012). *Rethinking Secondary Education: A Human-Centred Education*. London: Pearson Education.

[12] Evans, L. (2011) "The 'shape' of teacher professionalism in England: Professional standards, performance management, professional development and the changes proposed in the 2010 White Paper," *British Educational Research Journal*, 37(5): 851-870.

[13] 「生のモード the mode of life」はフーコーの概念であり、「生活形式 the form of life」はウィトゲンシュタインの概念である。Gergen, K.J. (2009) *An Invitation to Social Construction* (2nd ed.). Thousand Oaks, CA: Sage.（東村知子訳　二〇〇四『あなたへの社会構成主義』ナカニシヤ出版（第1版の翻訳））または、Gergen, K.J. (1982) *Toward Transformation in Social Knowledge*. New York: Springer-Verlag.（杉万俊夫・渥美公秀・矢守克也監訳　一九九八『もう1つの社会心理学——社会行動学の転換に向けて』ナカニシヤ出版）を参照。

[14] Smyth, J., and Shacklock, G. (1998) *Re-Making Teaching: Ideology, Policy and Practice*. London: Routledge; Fielding, M., and McGregor, J. (2005) "Deconstructing student voice: New spaces for dialogue or new opportunities for surveillance?" Paper given at the Annual Meeting of the American Educational Research Association, May 2005, Montreal, Canada.

[15] Gill, S. (2015) "'Holding oneself open in a conversation': Gadamer's philosophical hermeneutics and the ethics of dialogue," *Journal of Dialogue Studies*, 3(1): 9-28.

[16] 例えば、以下を参照。Davidson, K. (2009) "Challenges contributing to teacher stress and burnout," *Southeastern Teacher Education Journal*, 2(2): 47-56; Gonzalez, A., Peters, M., Orange, A., and Grigsby, B. (2016) "The influence of high-stakes testing on teacher self-efficacy and job-related stress," *Cambridge Journal of Education*, 47(4): 513-531; Richards, J. (2012) "Teacher stress and coping strategies: a national snapshot," *Educational Forum*, 76: 299-316.

[17] Kolbe, L. J., and Tirozzi, G. N. (2011) *School Employee Wellness: A Guide for Protecting the Assets of our Nation's Schools*. Atlanta, GA: Centers for Disease Control.

[18] 例えば、以下を参照。Dibben, P., Wood, G., Roper, I., and James, P. (2007) *Modernising Work in Public Services: Redefining Roles and Relationships in Britain's Changing Workplace*. Basingstoke: Palgrave Macmillan.

[19] Mather and Seifert (2011) 前掲論文。

[20] Richardson, H. (2019) *Four Out of 10 Teachers Plan to Quit, Survey Suggests*. BBC, April 16, 2019. https://www.bbc.co.uk/news/education-47936211

[21] Hill, H., and Grossman, P. (2013) "Learning from teacher observations: Challenges and opportunities posed by new teacher evaluation systems," *Harvard Educational Review*, 83: 371-384.

[22] Thomson, G., and Gill, S. (2020) *Happiness, Flourishing and the Good Life: A Transformative Vision of Human Well-Being*, London: Routledge. を参照のこと。

[23] Fielding, M. (2001) "Students as radical agents of change," *Journal of Educational Change*, 2(2): 123-141.

[24] Gergen, M., and Gergen, K. J. (2003) *Social Construction: A Reader*. London: Sage.

[25] Freire, P. (1972) *Pedagogy of the Oppressed*. Harmondsworth: Penguin. (三砂ちづる訳　二〇一八　『被抑圧者の教育学——50周年記念版』亜紀書房)

[26] Hargreaves, A., and O'Connor, M. T. (2018) *Collaborative Professionalism: When Teaching Together Means Learning for All*. Thousand Oaks, CA: Corwin. も参照のこと。

[27] サニーブルック小学校の例は、三つのイギリスの小学校の実践を組み合わせたものである。

[28] Wilkins, E., and Shin, E. (2011) "Peer feedback: Who, what, when, why, and how," *Education Digest*, 76(6): 49-53.

[29] Chism, N. (2007) *Peer Review of Teaching: A Sourcebook* (2nd ed.). Bolton, MA: Anker Publishing.

[30] Spec, M., and Knipe, C. (2005) *Why Can't We Get It Right? Designing High-Quality Professional Development for Standards-Based Schools*. Thousand Oaks, CA: Corwin Press.

[31] Wall, H., and Palmer, M. (2015) "Courage to love: Coaching dialogically toward teacher empowerment," *The Reading Teacher*,

68(8): 627-635; Carr, M., Holmes, W., and Flynn, K. (2017) "Using mentoring, coaching, and self-mentoring to support public school educators," *The Clearing House*, 90(4): 116-124; Robbins, P. (2017) *How to Plan and Implement a Peer Coaching Program*. New York: ASCD; Asanok, M., and Chookhampaeng, C. (2016) "Coaching and mentoring model based on teachers' professional development for enhancing their teaching competency in schools (Thailand) using video tape," *Educational Research and Reviews*, 11(4): 134-140.

[32] Pham, K., and Heinemann, A. (2014) "Partners with a purpose: District and teachers union create an evaluation system that nurtures professional growth," *Journal of Staff Development*, 35(6): 40-47; Msila, V. (2009) "Peer evaluation: Teachers evaluating one another for an effective practice," *International Journal of Learning*, 6(6): 541-557; Darling-Hammond, L. (2013) "When teachers support & evaluate their peers," *Educational Leadership*, 71(2): 24-29.

[33] Peterson, K., Wahlquist, C., and Bone, K. (2000) "Student surveys for school teacher evaluation," *Journal of Personnel Evaluation in Education*, 14(2): 135-153; Ferguson, R. F. (2012) "Can student surveys measure teaching quality?" *Phi Delta Kappan*, 94(3): 24-28; Downer, J. T., Stuhlman, M., Schweig, J., Martínez, J. F., and Ruzek, E. (2015) "Measuring effective teacher-student interactions from a student perspective: A multi-level analysis," *The Journal of Early Adolescence*, 35(5-6): 722-758.

[34] Fielding, M. (2001) "Students as radical agents of change," 137.

[35] これは、アメリカの先進的な学校のいくつかの事例を合成したものである。

[36] Fielding, M. (2008) "Interrogating student voice: Pre-occupations, purposes and Possibilities," *Critical Perspectives in Education*, Summer.

[37] 例えば、Preskill, H., and Catsambas, T. (2006) *Reframing Evaluation Through Appreciative Inquiry*. Thousand Oaks, CA: Sage Publications; およびガーゲン著『あなたへの社会構成主義』を参照。

[38] Cooperrider, D., and Whitney, D. (2005) *Appreciative Inquiry: A Positive Revolution in Change*. San Francisco, CA: Berrett-Koehler.

[39] ニュートン・スクールは、イギリスのケント州にあるコミュニティ・スクールの仮名である。

[40] アプリシエイティブ・インクワイアリーの紹介については、以下を参照。https://appreciativeinquiry.champlain.edu/learn/appreciative-inquiry-introduction/

[41] Whitney, D., and Trosten-Bloom, A. (2003) *The Power of Appreciative Inquiry*. San Francisco, CA: Berrett-Koehler.

[42] Kozik, P., Cooney, B., Vinciguerra, S., Gradel, K., and Black, J. (2009) "Promoting inclusion in secondary schools through appreciative inquiry," *American Secondary Education*, 38(1): 77-91; Shuayb, M. (2014) "Appreciative inquiry as a method for

participatory change in secondary schools in Lebanon," *Journal of Mixed Methods Research*, 8(3): 299-307; Steyn, G. (2012) "Reframing professional development for South African Schools: An appreciative inquiry approach," *Education and Urban Society*, 44(3): 318-341.

[43] Schön, D. (1983) *The Reflective Practitioner: How Professionals Think in Action*. New York: Basis Books. (柳沢昌一・三輪建二訳　二〇〇七『省察的実践とは何か——プロフェッショナルの行為と思考』鳳書房); Moon, J. (2008) *Reflection in Learning & Professional Development*. Abingdon: Routledge Falmer.

[44] Elliott, J. (1981) "Foreword," in J. Nixon (ed.), *A Teacher's Guide to Action Research, Evaluation, Enquiry and Development in the Classroom*. London: Grant McIntyre; Bennett, C. (1993) "Teacher-researchers: All dressed up and no place to go," *Educational Leadership*, 51(2): 69-70.

[45] Altrichter, H., Posch, P., and Somekh, B. (2007) *Teachers Investigate Their Work: An Introduction to Action Research Across the Professions* (2nd ed.). London: Routledge; Stringer, E. (2008) *Action Research in Education* (2nd ed.). London: Pearson Education; Gilles, C., Wilson, J., and Eias, M. (2010) "Sustaining teachers' growth and renewal through action research, introduction programs, and collaboration," *Teacher Education Quarterly*, 37(1): 91-108.

[46] Clauset, K., Lick, D., and Murphy, C. (2008) *Schoolwide Action Research for Professional Learning Communities: Improving Student Learning Through the Whole-Faculty Study Groups Approach*. Thousand Oaks, CA: Corwin; Mills, G. (2011) *Action Research: A Guide for the Teacher Researcher* (4th ed.). Boston, MA: Pearson; Burns, A. (2010) "Action research: What's in it for teachers and institutions?," *International House Journal of Education and Development*, 29: 3-6.

[47] Mertier, C. A. (2016) *Action Research: Improving Schools and Empowering Educators* (5th ed.). Thousand Oaks, CA: Sage; Mills, G. E. (2016) *Action Research: A Guide for the Teacher Researcher* (6th ed.). Philadelphia, PA: Pearson; Gill and Thomson (2012) 前掲書; Gill, S., and Thomson, G. (2016) *Human-Centred Education: A Handbook and Practical Guide*. London: Routledge.

[48] Schneller, L., and Butler, D. (2014) "Collaborative Inquiry: Empowering Teachers in Their Professional Development," *Education Canada*, 42-44; Cammarota, J., and Fine, M. (eds.) (2008) *Revolutionizing Education: Youth Participatory Action Research in Motion*. New York: Routledge.

[49] Hong, C., and Lawrence, S. (2011) "Action research in teacher education: Classroom inquiry, data-driven decision making," *Journal of Inquiry and Action in Education*, 4(2): 1-17; Avalos, B. (2011) "Teacher professional development in teaching and teacher education over ten years," *Teaching and Teacher Education*, 27(1): 10-20; Hughes, S. (2016) "Joining the game:

Living and learning as an action researcher," *The Canadian Journal of Action Research*, 17(1): 3-19.

[50] Cain, T., and Harris, R. (2013) "Teachers' action research in a culture of performativity," *Educational Action Research*, 21(3): 343-358.

[51] Hine, G. (2013) "The importance of action research in teacher education programs," *Issues in Educational Research*, 23(2): 151-163.

[52] 以下に述べる事例は、フィンランドとイギリスの学校の実践を合成したものである。

[53] Rolfe, G., Freshwater, D., and Jasper, M. (2001) *Critical Reflection in Nursing and the Helping Professions: A User's Guide*. Basingstoke: Palgrave Macmillan.

[54] Rogers, D., Noblit, G., and Ferrell, P. (1990) "Action research as an agent for developing teachers' communicative competence," *Theory Into Practice*, 29(3): 179-184; Altrichter et al. (2007) 前掲書; Roulston, K., Legette, R., Deloach, M., and Pitman, C. B. (2005) "What is 'research' for teacher-researcher?," *Educational Action Research*, 13(2): 169-189.

[55] Guba, E., and Lincoln, Y. (1989) *Fourth Generation Evaluation*. Newbury Park, CA: Sage.

[56] Danielson, C. (2012) "Observing classroom practice," *Educational Leadership*, 70: 32-37.

第7章　学校評価への関係論的アプローチ

証拠は明らかです。処方箋、テスト、学校に対する外部からのコントロールに頼っていては、学校の改善は望めません。

——パッシ・ソールベリ（フィンランド教育省）

私たちは評価の時代に生きている。世界を測ることは、世界をコントロールするための重要な一歩だと考えられている。この論理は、医学、化学、生物学のような分野では、それなりに成功を収めている。ということは、当然、教育にもあてはまるはずだ。こうして、私たちは測ることによって、教育という広大で複雑なプロセスをコントロールしようとする。教育機関に投入されたお金、時間、労力のすべてが必ず結果につながると信じたいのだ。私たちは、生徒、教師、管理職を測定する。もちろん、学校それ自体にも光を当てる必要がある。しかし、生徒や教師の評価に伴う無数の欠陥についてこれまで述べてきたことを踏まえると、なぜ学校を評価することが学びに貢献すると期待できるのだろうか。学校をテストすることで、学びだけでなく学校コミュニティそれ自体のウェルビーイングが損なわれるのではないだろうか。

本章では、関係に基づく学校評価について議論する。はじめに、従来の学校評価の主な問題点を洗い出す。これは、学校評価における関係に基づく実践の可能性を探るための準備となる。関係を重視する評価実践は、学校コミュニティの活力をいかに育むことができるだろうか。ここでは、学校ごとに行われる内部に向けた実践、および外部評価と内部評価を組み合わせた試みの二つの事例をもとに、この可能性について説明する。最後にこれらの探究の糸を集め、学校評価の統合的な枠組みを提案する。

学校の説明責任の危うさ

「よい学校」とは何か。どんな基準をもとに、そのような判断をするのか。人間にあてはめて考えてみよう。「よい人間」とは何か。どんな評価をすれば、ある人間を他の人間と比較できるのか。例えば、政府が「人間としてのよさ」を次のような方法で測定することにしたとしよう。（1）教会への出席率で精神の「よ（善）さ」を、（2）上腕二頭筋の大きさで肉体的な「よさ」を、（3）フェイスブックの友だちの数で社会的「よさ」を、（4）語彙力で知的な「よさ」を測定する。「不条理だ」とあなたは言うかもしれない。そのような基準は無意味で、不公平で、恣意的である。しかし、学校評価の現在の試みは、まさにそのような不条理に近づきつつある。

地域レベルから国レベルに至るまで、学校の「よさ」を評価する主要な手段として、標準化された尺度を頼るのが一般的である。シンプルで手軽に結果が得られるなど、利点は多い。そのような尺度によって、すべての学校を平等に扱い、結果を学校間で比較したり継時的に比較したりすることが可能になる。経済協力開発機構（ＯＥＣＤ）の生徒の学習到達度調査（ＰＩＳＡ）のような国際テストを利用すれば、世界中の学校を比較することができるようになった。また、このようなデータから統計的な分析を行い、有意差を検出し、予測することも可能である。

何より重要なのは、こうしたデータを教育達成度の向上に役立てることが可能だと論じられていることである。順位の低い学校には、管理職や教師の解雇、営利企業への譲渡、あるいは廃止など、さまざまな罰が与えられる。また、学校間、地域間、さらには国家間の競争によって、改善が動機づけられる[1]。平均的な学校はランキングを上げるための努力を余儀なくされ、成績の悪い学校は、自分の子どもに「よい」学校を求める保護者からの圧力を受けることになる。運営組織にとって、このようなデータは、学校に説明責任を負わせ、運営組織が責任を果たしているとさまざまな関係者に納得させるための手段となる。

このような評価の方向性は、アメリカの「No Child Left Behind（落ちこぼれをつくらないための初等中等教育法）」や「Every Child Succeeds（すべての生徒が成功する法）」、イギリスの「Every Child Matters（どの子どもも大切に）」のような国のプログラムに顕著にあらわれている。これらのプログラムでは、小学校・中等学校の児童生徒（アメリカでは三年生から八年生）に毎年標準テストを行うことが義務づけられている。イギリスでは、生徒は一六歳でＧＣＳＥ（General Certificate of Secondary Education）、一八歳でＧＣＥのＡレベル（General Certificate of Education at an Advanced Level）を、全国一斉テストとして受けることになっている。[2]

読者はもう気づいていると思うが、第1章で痛烈な批判の対象となったのは、まさにこのようなハイステークス・テストのプログラムであった。思い出すために、測定の誤りについて考えてみよう。既存の測定基準はあまりにも狭すぎるというだけではなく、実際に何を測定しているのかが明確ではない。家庭環境に恵まれず、社会的支援がほとんど受けられず、常に空腹かつ睡眠不足で、恐怖と隣り合わせの生活を送り、ロールモデルをもてない子どもたちは、教師や学校管理職のスキルと献身的な努力がどれほどあったとしても、標準テストでよい結果を出すことは難しい。このように不利な立場に置かれた子どもたちの教育の責任を負う学校を責めることは、無責任な社会のスケープゴートを探すようなものである。

また、このようなテストには、さまざまな状況に置かれた子どもや若者にとって意味のある、多様な形態の知識や能力は反映されていない。学校の幅広い目的や文化的な精神も反映されていない。とりわけ、互いへの配慮、好奇心、関わり、関心、創造性、参加など、非常に重要でありながら測定が容易ではない教育の質を捉えられていないのである。

そのうえ、アメとムチの市場戦略をモデルとするこのようなプログラムが、パフォーマンスの向上という狭い目標を適度に達成できているかも明らかではない。[3]第1章で述べたように、この努力は納税者にとって莫大なコストとなっており、その価値を示すものはほとんどない。決められた目標をほとんど達成できていないにもかかわらず、付随する影響があまりにも大きい。「テストのために教える」ことは、このような悪影響の一つにすぎない。例えば、前章で述べたように、教師の評価が生徒の成績で測られると、教師は生徒から、同僚から、そして自分たちの職業からも疎外される。

スクールリーダーが教師に対して「データを出せ」「テストの点数を上げろ」と圧力をかけると、両者の関係も悪くなり、共感が得られにくくなる。そのうちに、こうした圧力は、成績が悪く自分が事実上の落ちこぼれだと思い込んでいる生徒にも伝わる。こうして教師や生徒は不満を抱き、自分の成長、学び、教育からどんどん離れてしまうのである。

評価委員会が学校を訪問し、対面のやりとりが許されても、ほとんど改善にはつながらない。例えば、イギリスの学校査察では、まず各学校が自己評価票を記入することになっている。質問項目には、教育行政関係者が学校のパフォーマンスに重要だと考える基準が反映されている。このように、学校査察は、測定基準によってつくられた狭い視野で生徒や教師を定義し、事実上、得点データに変換してしまう。査察官は学校に到着すると、関係者にアンケート用紙の記入を求め、それは再び測定基準に変換される。訪問者と学校関係者との対話は、権力関係、恐怖、疑念に満ちている。外部の権威が設定したフープを学校がうまくジャンプしてくぐれるかどうかが議論の焦点となり、疎外感が蔓延する。質に関する集合的な探究になりえたはずのものが、非人間的な監査という形をとるのである。

もっと表面にあらわれにくい影響もある。批評家は、データに基づいた評価は、学校の自律よりも政治権力を優先する傾向があると主張する。これは、トップダウンの管理の一形態である。[4] 公権力に説明責任を求められることで、不信という関係性が築かれる。学校が外部の権威に自分たちの価値を証明する必要があるとき、スクールリーダーは恐れを抱き、権威の側は疑念をもつようになる。[5] さらに、権力の旋律に合わせて踊ることを求められると、学校は、教育における省察、想像力、責任を放棄する。教育が公的管理の道具になれば、その深い人間的な意義は失われる。人間の価値、思いやりと理解、個人とコミュニティのウェルビーイング、平和と正義のような事柄はわきに追いやられてしまう。[6] 標準化された学校評価は、七面鳥の中まできちんと火が通っているかどうかを教えてくれる温度計のようなものではない。むしろ七面鳥を調理するものなのである。[訳注ⅰ]

従来の学校評価がもたらす弊害を考えれば、多くの反発が起きるのも当然である。教師や管理職の不満は広がっている。[7] しかし、希望の光も見える。学校査察の改革が進み、学校が提供する教育の質の調査からテストの点が徐々に切り離されつつある。[8] ここでは、積極的な抵抗に方向性と裏づけを与えてくれる二つの具体的な実践に注目する。これにより、関係性に配慮した代替案を検討する用意ができるだろう。

一つ目の事例は、リーズ市内にあるリトル・ロンドン・コミュニティ小学校である。この学校は、二〇一七年にSATs（Standard Attainment Tests）から撤退した、イギリスでも数少ない学校の一つである。この決定は、教師、保護者、地域の人々に支持され、特に生徒たちに歓迎された。この学校は、極めて多様性に富んだ地域にある。子どもたちの間では約九〇種類もの言語が話されており、大半の子どもたちはSATsで不合格になることがほぼ確定している。スクールリーダーたちは、子どもたちにこのようなアイデンティティを植え付けることを拒否するため、テストが子どもたちの学習にダメージを与えるという理由でSATsをボイコットした。

二〇一七年五月のSATsの調査日に教育水準局（OFSTED）のチームが到着した際、スクールリーダーと学校役員は自分たちの決断を貫き、[9] テストに合わせて授業を行うと、教師は子どもたちの学習ニーズを満たすことができず、子どもたちの育ちの援助ができないと主張した。同校では現在、SATsの点数によってストレスを抱える代わりに、協同プロジェクト、野外活動、芸術などのより充実したカリキュラムの開発に時間をかけている。また、教師による評価、生徒の自己評価やピア評価を含む厳格な自己評価システムを採用している。子どもたちがより豊かで有意義な方法で学び、個々のスキルや興味を伸ばし、学ぶことそれ自体に目的があると理解できるようにサポートすることが可能だ

［訳注 i］単に調理された料理の温度を確認しているのではなく、調理自体に関わっている。つまり、学校評価は、教育のプロセスとは独立にその成果を測るものではなく、教育プロセスそのものの一部であるという意味のメタファー。

と考えられているのである。現在は、多文化教育とオーダーメイドの評価について共に考えようと他の学校に呼びかけている。

二つ目の抵抗は、大きな政策の転換という形をとったものである。二〇一七年末、ニュージーランドのクリス・ホプキンス教育大臣は、全国の学校に、従来の標準テストの二〇一七年の結果を省庁に報告する必要はないと発表した。もっと劇的なのは、それ以降、報告の要請そのものが廃止されることである。ニュージーランドでは、教師に「テストよりも授業に集中してほしい。それが生徒の能力を向上させる方法だからだ」と、大臣は述べている。[10] こうして、ニュージーランドは、世界で初めて国家的な標準化システムを廃止した先進国となったのである。[11] 確かに、この新しい政策は、今も活発な議論が続いている。標準化やテストなしに、子どもたちが確実に学んでいるかどうかをどうやって知ることができるのか。学校自体のウェルビーイングを犠牲にすることなく、よりよい理解につながる評価プロセスをどのように再構築すればよいのか。

エビデンスに基づいたプログラムを求める声は、いたるところで聞かれている。しかし、どんな証拠があれば、学校がちゃんと機能していること、ある学校が他の学校より優れていること、ある改革が効果的であることがわかるのだろうか。これまで見てきたように、標準化された指標や統計的な比較だけでエビデンスを定義することは、誤解を招きやすく、ダメージも大きい。また、質的データが理解を深める可能性についても述べた。生徒（および教師）は、自らの経験、希望、成果をどのように表現するだろうか。ただし、このような質的なエビデンスにも方法論的な問題は多い。例えば、体験談を書くとしても、その人の明らかにしたいという意欲、語る力、そのときの記憶などに違いが出てくるだろう。参加者と直接対話することで、学校について知ることもできるかもしれない。しかし、そのような対話は、参加者の人選や個性の違い、力関係などによって、**エビデンス**としては限界がある。つまり、エビデンスとされるものはすべて、特定の条件下で生成され、仮定に彩られたものであり、その結果はさまざまに解釈することができるのである。

関係論の立場に立つならば、学校評価は、**意味を問い**、**価値づけ**、**共同構築するプロセス**とみなされなければならない。あらゆる種類のエビデンスがこのプロセスに貢献しうるが、どれも決定的な結論を出す根拠にはならない。従来の標準化されたエビデンスが確かに役立つこともある。例えば、ある授業を受けた生徒が、数年間で国語や数学に伸びが見られるかどうかを知ることは有用かもしれない。このようなエビデンスは、教師と生徒が授業や学習への取り組みを振り返り、教師やクラスの生徒たちがその結果にいかに貢献しているかを探るのを助ける。質的なエビデンスによって、モチベーション、成功の要因、人間関係の質についての議論がより容易になる。エピソード、物語、鮮やかなイラストは、抽象的な数字に人間味を与え、価値観や行動について交渉する場を提供してくれる。したがって、学校評価への関係論的アプローチでは、複数の情報源と多様な種類のデータを生み出し、深い省察と全体的な分析を強く後押しすることが課題となる。確かに曖昧さは残るが、複数の視点が存在し急速に変化する世界において、明確さは魅惑的な幻想にすぎない。

関係論に基づく学校評価の代替案

関係論の立場から言えば、学校がうまく機能しているかどうかについての客観的な評価は存在しない。むしろ複数の視点があり、それぞれが価値観や関心に彩られ、変化しているのである。学校に対する教師の見方は管理職のそれとは異なるし、生徒や保護者、行政機関の視点とも違うだろう。従来の教科の成績を重視する人もいれば、生徒のウェルビーイングを優先する人、個人の能力の開花を重視する人など、さまざまである。また、ほとんどの関係者が複数の相反する価値観をもっているうえに、それらは時代や状況に応じて変化する。一律の基準を押し付ければ、あらゆる微妙な差異が失われ、複数の声や価値観が黙殺されれば、民主的な教育は危機に瀕する。ここまで提案してきたように、複数の声や価値観を、相互に気配りや思いやりをもってまとめるとき、学びが活性化し、コミュニティが繁栄するのである。

このように考えると、私たちの目的は、学校評価を放棄することではなく、学校の繁栄の核となる関係のプロセスを活性化する方法を見つけることである。共に省察し、深く対話し、価値や活動について共に探究するための新たなスペースを学校内に創造し、育てていかなければならない。対話スペースでは、学校管理職、教師、生徒、保護者、その他の関係者が、学校がいかに機能しているかをさまざまな面から探究することができる。地域社会が協力して、生徒の学習や教師の専門性発達を支援するにはどうすればよいかを取り上げることもできる。すべての関係者が、学びのプロセスに関心をもち、全体的な成長とウェルビーイングに対して責任をもつように促される。配慮をもって実践することで、参加者は、より深い理解と、多様で変化するニーズや価値観への洞察を得ることができる。その目的は、「卓越への（唯一の）道」の最終的な確定ではなく、複数の経路を継続的に織り交ぜていく試みである。

これは単なる夢物語にすぎないのだろうか。だが、すでに見たように、学校や行政組織が、トップダウンの評価や標準化の力に抵抗している。先進的な考えをもつ多くの教師、校長、学校理事、政策立案者が、教育的に意義があり関係を重視した学校評価の新しいあり方を模索している。ここでは、二つの重要な実践例を紹介する。一つ目は内部評価の可能性、二つ目は内部評価と外部評価の統合を示すものである。

内部評価――「質の高さ」は現場でつくられる

職人ギルド（組合）、女性のキルトサークル、バスケットボールをしている少年たちを考えてみよう。どの場合も、**優れたもの**への関心がある。参加者は互いを観察し、自分たちがしていることについて共に話し、互いのスタイルや戦術を褒めたり修正したりすることで、「アート（芸術性・技術）」を向上させるためのアイデアを出し合っている。外部からの指示や判断は必要としていない。実際、グループを内側から理解していなければ、外部の権威が意味のある判断を下すことは難しいだろう。ここでは学校評価の可能性を、関係者を集めて授業の質や学習経験、指導の原則、学校生活の全般的な豊かさについて深く考察するプロセスという観点から考えてみたい。学校のよりよい未来に向けた探究を通して、学校は学びのコミュニティとなる。以下の抜粋は、八歳の少年がニュースクールの年次評価に参加している事例である。彼は保護者ボランティアの質問に自信をもって答えている。

ボランティア　「学校のどんなところが好き？」
児童　「友だちがいるから好きです」

ボランティア「あなたと友だちについて話してくれますか」
児童「友だちとはいろんな話をして、学校では一緒にいろんなことをします。僕は友だちといるのが好きだから、いつも一緒にいたい。休みの日は、友だちがいないからつまらない」
ボランティア「ああ、そんな友だちがいたらきっと楽しいでしょうね」
児童「勉強も教えてくれるんだよ」
ボランティア「他に、学校で勉強を助けてくれる人はいる？」
児童「もちろん先生も助けてくれます。彼女はとってもいい先生です。僕は先生が好きです」

ニュースクールはイギリスのサセックス州の小さな町にある小学校であり、三歳から一二歳までの八〇人の子どもたちが学んでいる。二〇年前に地元の保護者と教育者によって設立されたこの学校では、人間関係の重要性が広く認識されている。この学校では、設立以来、毎年「全校調査」が行われている。調査の対象は、子どもたち、スタッフ（学校理事、校長、副校長、教師、ティーチングアシスタント、ボランティア）、保護者など主要な関係者である。調査は、（1）授業の質、（2）学習の進捗状況、（3）地域社会への参画、（4）管理・運営、のような従来の評価テーマに沿って構成されている。

ニュースクールでは、長年にわたって評価のプロセスと仕組みを改善してきた。現在の評価は、主に次の三つの項目で構成されている。一つ目は**評価アンケート**であり、特定の関係者に向けたテーマ別の質問が用意されている。それぞれのテーマにおいて、参加者は自分の経験に関連する一連の記述に五段階で回答する。例えば、「学習」というテーマでは、「学校にいることが好き」「安全だと感じる」「活動に参加することが楽しい」「勉強がおもしろい」「友だちがいる」「学校で他の人を助けることができる」などについて、どの程度あてはまるかを子どもたちに尋ねる。低学年の子どもたちには、保護者や研修を受けた地域ボランティアの協力を得て、アンケートが実施されている。同じテーマでも、保護者に対する質問は、自分の子どもがどのくらい学習に取り組んでいるか、好奇心があるか、関心をもっているか、学習意欲があるか、成長段階に合った発達をしているか、精神的なサポートを受けているか、他の人の学習に貢献することを奨励されているか、というものになる。一方、教師への質問は、生徒がどのくらい意欲をもって学習に取り組んでいるか、よい質問をしているか、ニーズと能力に合った進歩が見られるか、協同的に学習しているか、プロジェクトで挑戦しようとしているか、他人の興味やニーズに配慮しているか、などになるだろう。参加者には、自分の言葉で詳細やストーリーを加えてもらい、数字に人間味を加えている。アンケートの回答は、その後の議論に豊富な情報を提供する。

アンケートを補足する評価プロセスの二つ目の要素は、**詳細なインタビュー**である。参加者は、学校理事の代理として訓練を受けた専門家によるインタビューを受ける意思があるかどうかを尋ねられる。インタビューでは、学校生活のさまざまな面に関する経験や考え方に焦点があてられる。通常は、生徒、管理職、教師、ティーチングアシスタント、保護者など、それぞれのグループから五人のボランティアが無作為に選ばれ、評価の四つの主なテーマに沿って半構造的インタビューが行われる。このセクションの冒頭の抜粋にあるように、インタビューを通して、学校の実践とそれがコミュニティとしての学びとウェルビーイングに与える影響について、より細かなニュアンスを含んだ理解が育まれることが期待されている。

評価プロセスの三つ目の要素は、**フォーカスグループによる対話**である。この対話では、前述の二つの調査の結果について、参加者に自由に考えてもらう。その目的は、学校が評価プロセスから何を学んだのか、また共同体として何をどのように変えたり改善したりする必要があるかについて、洞察を得ることにある。この対話は、アプリシエイティブ・インクワイアリーの実践に基づいており、さまざまなレベルで行われている。**教室レベル**では、生徒は管理職や教師と共に対話に参加する。**学校レベル**では、管理職と教師は自分たちの特別な関心事に焦点をあてることができる。最後に、**コミュニティレベル**では、管理職、教師、保護者、コミュニティの関係者が一同に集まる。深い対話ができるように、一グループの人数はおよそ一二〜一五人に限定されている。

説明のために、フォーカスグループの会話から、質問例をいくつか紹介する。

・これまでの調査で、私たち／私は何を学んだか。
・現在の学校での経験で、印象に残っていることを三つ挙げるとしたら何か。

・子どもと大人は、コミュニティの学習や生活にどのような関わりをもっているか。
・コミュニティのウェルビーイングを育み維持するうえで価値があるのは、私／私たちの実践のどの側面か。
・私たちの学校を活気あるコミュニティにするために、最も力を入れるべき有望な分野は何か。
・取り組みの責任は誰が負うのか。
・どのような協同が理想か。

特筆すべきは、学校コミュニティの個人的、集団的な強みと可能性を正しく理解できるように、質問が調査を方向づけている点である。また、前向きな変化を引き起こすための可能な道筋や手立てを特定するのにも役立っている。さらに参加者は、必要な変化をもたらすために責任を分かちもつグループや委員会を提案するように促されることもある。フォーカスグループによる対話の後、学校はデータ、ナラティブ、洞察を合わせて**統合的分析**を行う。分析は、管理職、教師、保護者を含む学校評価委員会によって行われる。この少人数のチームが専門家と協力して、より一般的な結論を導き出し、次年度の計画を立てる。

この多声的な調査は、標準化されたテストとはまったく対照的である。また、外部の調査員が学校を二日間訪問し、学校に人間味のない評価を下し、校長に欠点の責任を問うよりもはるかに優れている。関係に基づくアプローチは、測定、比較、判断の代わりに、コミュニティ自身の学びのプロセスや経験に対する好奇心を刺激し、革新に対する理解と責任を共有するための探究を促す。学校の方針や実践は、もはや学校管理職だけが決定するものではなく、すべての参加者が教育プロセスの共創に参加する。ニュースクールの主任教師が述べているように「学校を知るのに、全員が集まり、**自分たちの**学びのストーリーを共有する以上によい方法はない」のである。

内外の声を融合させる

すでに論じたように、標準化されたテストを使って、外部から学校を判断するのは危険である。外部の評価委員会の監査についても同じことが言える。学校査察は、標準テストと同様に抑圧的なものになりかねない[12]。一方、地域の学校制度の評価に、国家や地域の価値観を持ち込むことを求める声も強い。それは、社会の分断を恐れているためだけでなく、地域の学校をその一部とする社会生活に不可欠なニーズや価値が存在するからである。例えば、民主主義を発展させるには、民主主義の実践についての理解の共有が教育にとって肝要である。そのため、評価のプロセスにおいて、内部と外部の両方の声を集めることができるような方法を開発することが課題となる。

そこで注目したいのが、ニュージーランドの教育評価局（ERO）が開発したプログラムである。ニュージーランドはイギリスとヨーロッパの文化が中心だが、二〇〇以上の少数民族を抱えており、中でも先住民族のマオリ族は重要な位置を占めている。そのため、統一性と多様性の両方に価値が置かれ、細心の注意が払われている。すべての学校が「改善に向けた評価と探究の継続的で循環的なプロセス」への参加を求められる。[13]このプロセスでは、生徒の学習と達成度、学校の優先事項または発展に向けた目標、革新と改善のための行動に重点が置かれる。最も重要なのは、このプログラムでは、国の指標が学校の自己評価に統合され、参加と協同のプロセスが重視されていることである。さらに、各学校コミュニティの特定のニーズが尊重されており、関係のプロセスに敏感であることは明確である。

EROの評価では、生徒の達成度、進捗状況、関連する目標を反映した**アウトカム指標**、および、生徒の学習や学校の改善に関連する実践やプロセスに着目した**プロセス指標**の二種類の指標を採用している。アウトカム指標は定量的だが、学業成績に限定せず、生徒の自信、幸福感、学習への参加度なども指標に含まれている。プロセス指標は学校の質的なデータを利用し、リーダーシップ、効果的な授業、学習機会、カリキュラムの妥当性、イノベーションなどの要素に焦点をあてる。

アウトカム指標の評価が低いパフォーマンスを示している場合、プロセス指標を、その原因となっている学校の状況を調べるツールとして使用することができる。一方、アウトカム指標の評価が優れたパフォーマンスを示している場合、プロセス指標は、どのような学校のプロセスや活動がそのパフォーマンスに貢献しているかを分析するためのツールとして使用できる。[14]

ただし、これらの外部指標は、学校の総括的な判断や政策の押し付けのために使われるのではなく、その地域の対話や計画のための主な資料として学校に提供される。さらにEROは学校に対して、生徒の経験の質（いわゆる学習者アウトカム）に関わる学校の状況を中心に議論するための枠組みを提案している。この枠組みでは、（1）管理責任、（2）公平性と卓越性のためのリーダーシップ、（3）強力な教育的つながりと関係、（4）応答性の高いカリキュラム、効果的な授業、学習の機会、（5）専門的能力と集団としての力、（6）改善と革新につながる評価、探究、知識の構築、という六つの主要な条件が強調されている。[15] 興味深いことに、EROは**文化的応答性の高い学校教育**を目指す中で、これらの条件をマオリ族の文化的価値観と結びつけている。例えば、相互責任、生徒の全人的なウェルビーイングへの配慮に根差した教師の権限、共通の目的に向かう学びのコミュニティの連帯感などである。これらの価値観に従うことで、EROは拡大家族のような関係が学校教育の中心にあること、また、権利と責任、約束と義務、サポートが共同生活の基本であることを確認しているのである。

評価プロセスは、EROチームが学校を訪問し、目標、手順、指標について話し合うことから始まる。この話し合いは、四段階からなる学校内の評価プロセスにつながっている。[16] 第一段階は、**気づき**である（例えば、生徒の経験や達成度に着目する）。ここでは、アウトカム指標を用いて生徒の学習状況を把握し、生徒の発達にとって最も重要なものは何かを特定する。「生徒がどのような状況でどの程度学習しているかについて、その情報から何がわかるか」。この振り返りでは、自信、言語と文化、ウェルビーイング、達成度と進捗状況、参加状況のような指標に注目する。また、学習が進んでいない生徒を見つけ出し、その理由を明らかにする。

次に、**調査**の段階に進む。ここでは、プロセス指標が、上記の六つの領域からどこに焦点をあてて評価すべきかを検討する手がかりとなる。焦点となる質問は、以下のようなものになる。「何が生徒の成果や学習経験につながったのかを、どのようにして知ることができるか」「他にどんなことを知る必要があるか。また、そのためにどうすればよいか」「さらにどんな情報が必要か」「どうすればわかるか」「どのような問いに答える／焦点をあてる必要があるか」。

調査の後、評価は**協同的意味づけ**のプロセスに入る。この段階では、学校コミュニティの具体的な目標を達成するうえで、効果的かつ意味のある実践を探る会話が行われる傾向がある。指標やその他の情報を活用し、協同的意味づけを行うことで、次の段階の**アクションを起こすための優先順位づけ**につながっていく。ここでは、必要な改善点を特定し、取るべき最も重要なアクションを選択することを目的とした会話が行われる。また、これらのアクションを成功させるための資源も探る。

計画が実行され、結果が得られると、さらに**その効果をモニターし評価する**ための取り組みが行われる。ここで、循環的なプロセスは出発点に戻り、再びアウトカム指標を用いて、学校コミュニティ内で行われたアクションの効果を評価し、再検討する。議論は、教育の目的や、学校の実践が本当の意味ですべての参加者に学び、進歩、達成の機会を提供しているかに戻る。言い換えれば、この循環的なプロセスは、学校コミュニティが特定した一連の価値観と優先事項に焦点をあてながらも、国の関心も考慮したものとなっている。

特にＥＲＯのアプローチでは、学校との協同が有する関係的な可能性が引き出されている。学校で評価的な対話が行われる際、指標と探究の範囲が会話の共通言語となり、その言語が学校内での評価的思考、推論、意思決定の基盤をつくる。[17] コミュニティでの省察、見直し、評価の力が高まれば、学校とＥＲＯの代表者との対話も豊かになる。このように、学校評価のプロセスは、学校と教育システム全体にとっての学びの機会となるのである。

学校評価のための関係的資源

トップダウンの学校評価を、地域と関係を中心とした評価方法に置き換えようと試みているのは、ニュースクールやＥＲＯの取り組みだけではない。他にも、標準化や押し付けられた管理に踊らされない方法を模索する学校は増えている。これらの取り組みは、一般の学校にも有用で刺激的な資源を提供している。ここでは、最も関連性の高いものをいくつか紹介しよう。

アメリカで最も広く知られている評価方法の一つに、**エンパワーメント評価**がある。[18] この実践は、住民組織化を目的として開発されたものであるが、学校システムにも適用可能である。標準化された成果指標で学校システムをテストするのではなく、その場にいる人々が評価の主体になる。これにより、学びのコミュニティは自己管理し、自ら設定した目標に照らして活動を検討し、さらなる進歩や改善のために必要な行動をとることができる。評価者は、コーチやファシリテーターとして、学びのコミュニティが継続的な自己評価の実践をつくり出せるようにサポートする。教育コミュニティは次第に、自分たちの未来を描き、進捗状況を評価し、計画やプログラムを変更できるようになっていく。ただし、EROプログラムと同様、標準化された評価をまったく使用しないわけではない。成果指標は、地域の進捗状況についての対話に役立つ情報を与えるものと考えられている。テストの点数は、政策を決定するのではなく、それぞれの学校の発展を後押しするのである。[19]

学校ベースの評価は、地域によって大きく異なるが、典型的なエンパワーメントの手順には、（1）学校コミュニティのメンバー全員が対話に参加して共通の教育目標を特定し、その目標を達成するために利用可能な資源を調査する「棚卸し」のプロセス、（2）コミュニティが目指す理想（夢）の学校についての幅広い包括的な議論、（3）理想に向かって進むための具体的計画を策定する組織の設立、（4）提案された変革を実行する管理委員会の設置など、いくつかの段階がある。実行に関わる各グループは、その進捗状況を評価するための基準を設定する。このようにして、教育コミュニティは、自分たちの未来を描き、その進捗状況を評価し、計画やプログラムを継続的に変更できるようになる。

多くの学校は、**対話型評価**からヒントを得ている。[20]対話型評価とは、簡単に言えば、平等と正義を強調し、多文化的な知性を認め、定量化よりも定性的分析を重視し、大規模な社会変革を視野に入れたものである。対話型評価は、多くの関係者の価値観、視点、経験、希望を取り入れ、尊重する。[21]それは、全国テストのパーセンテージの数字のような欠陥のある評価を超えて、複数の意見や効果の指標（テストの得点を含む場合も含まない場合もある）を織り交ぜたものになる。ここに挙げた対話的・協同的なアプローチは、学校に対する地域の人々の関心とサポートを高めるうえで非常に効果的である。[22]

価値を認める（アプリシエイティブ）評価は、主に大規模組織におけるプログラム評価や人材評価の文脈の中で生まれた実践であるが、明らかに多くの点で学校評価との関連性を有している。社会構成主義の理論によれば、実践者は、生徒、教師、学校システムのパフォーマンスの低さなどの**問題**に焦点をあてて対話を行うことで、問題そのものを強化してしまう傾向がある。それは、グラスに入っている水を「半分しかない」（「半分もある」ではなく）と捉える悲観的な見方である。問題が現実の中心にある場合、議論はたいていい互いへの非難、排除、不信、モチベーションの低下などにつながる。これでは、生産的な議論や、熱意ある将来の計画は生まれようがない。対照的に、価値を認める評価のアプローチでは、参加者が価値を置いているもの、大切にしているものについての議論が中心になる[23]。

学校全体の調査と同様、まずは肯定的な経験についての語りを二人組や小グループで共有する。それにより、互いへの感謝や前向きな可能性が感じられる。続いて、これらの語りを集め、より大きなグループで、その語りにあらわれている共通の価値を探る。価値についての省察は、これらの価値が最も完全な形で実現される未来をつくるための手段へと移っていく。具体的にどのようなステップを踏めばよいのか。どのような資源が必要か。コミュニティを前進させるために最も適切な人物は誰か。次に、共有された目標に向けて進捗状況をモニターするグループがつくられる。さらに規模を広げ、学校全体がアプリシエイティブ・インクワイアリーのサミットに参加することもある[24]。

アメリカでは、対話とアプリシエイティブな実践をアクションリサーチの形式に統合した、ライフスケープ[25]と呼ばれる革新的な関係構築の実践が行われている。望ましい目標設定への多声的な参加、関連データの継続的な収集、学んだことについての省察、関連する行動の形成に重点が置かれ、学校評価にも効果的に応用できる。学校全体の調査と同様、ライフスケープでは、教職員、保護者、生徒を含む学校コミュニティのすべての関係者を、継続的な探究に迎え入れる[26]。外部の権威が政策を押し付けるのではなく、参加者の価値観や見方が声を与えられる。ライフスケープ型のアクションリサーチを、学習コミュニティの活動の評価に適用することで、会話の中で時間、文脈、関係を共有し、「共にあること」の重要性が強調される。こうして私たちは、関係に富んだ生態系に向かうのである[27]。

このような実践は、世界の多くの地域で行われている同様の取り組みと共鳴する。いずれも、より民主的、包括的で、見識ある学校評価の方向性がありうることを示している。これらの実践は、より平等な力の配分を促進し、学習コミュニティの参加者全員が対話のパートナーとして行動できる方法を模索するよう、私たちに迫っている[28]。私たちは、学校評価を**コミュニティ全体**の取り組みとして考えた方がよいだろう。何をコミュニティとみなすかについて、決まった境界線はないのである。

包括的な枠組みに向けて

以上のさまざまな実践では、授業と学習を活性化し刺激する関係のプロセスに、確かな価値が置かれていることがわかる。これらの実践では、標準テストの得点や厳格な学校査察の基準に代表される、抑圧的・破壊的な単一の声の押付けは回避されている。むしろ、対話的で協同的な探究を奨励し、あらゆる声に耳を傾け、受け入れようと努力し、地域の状況を敏感に捉え、総括的プロセスではなく形成的プロセスとしての評価に取り組んでいる。[29]

では、このような実践から得られる多くの知見を、関係に基づく学校評価を実現するための全体的な枠組みへと統合することはできるだろうか。学校評価が、教師、生徒、地域の人々に**働きかける**ものではなく、彼らと**共に行動する**プロセスであるならば、その包括的な枠組みはどのようなものになるだろうか。さらに重要なのは、どうすれば学校評価自体が省察、感謝、学びのプロセスになりうるか、ということである。最後に、学校評価はいかにして、学校で行われている関係のプロセスをさらに豊かにし、改善と革新をもたらすことができるだろうか。

これらの課題について語るべきことは多いが、ここで私たちが試みたいのは、シンプルに対話をひらくことである。既存の実践だけでなく、これまでの章で取り上げた関係論と実践のさまざまな要素を参照する。私たちの主たる関心は、学校評価の主要な領域を特定することにある。何を評価の対象とすべきか。どのような基準が重要か。次に、評価のプロセスに触れ、特に、相互的な評価の実践がどうしてすべての関係者にとって生成的なものになりうるかを考える。理論と実践のさまざまな声を集約すると、包括的な学校評価の中心となる六つの探究の領域が見えてくる。

授業と学習

工場メタファーで語られる伝統的な評価において、学校評価は主に製品、すなわち生徒の成績に焦点をあてて行われる。生徒の成績は、教師の能力によって決まると考えられている。教師は、生徒が教育を受け始めたときより終えたときの方が、多くのことを知っているように教育する責任がある。一方、関係論の観点から見ると、授業と学習は切り離すことができない。例えば、教師のコミュニケーションを生徒が受け入れてはじめて、教師はコミュニケーションのスキルがあると言える。この方向性は、教師側の準備、生徒側の準備、授業と学習の対話的・関係的なプロセス、という評価において重要な三つの点を示唆している。ここでもまた、評価において、より対話的で継続的な関係性を志向する理由がある。教師は、自分の専門分野や教育学の発展について最新の情報を得ることができているか、革新の道が開かれているかどうか、コミュニケーション能力を意味のある効果的な方法で高めることができているかどうか、などの課題を考えることが重要である。生徒については、学校に魅力を感じているか、スキルや能力が向上しているか、協同する力があるか、などが課題となる。最後に、評価のための対話では、教育的プロセスの関係の質に焦点が当てられるべきである。これらは、次の探究領域に含まれる可能性が高い。

関係のウェルビーイング

人間関係が学びとウェルビーイングの源泉であるというだけでなく、学校評価は人間関係の質に焦点をあてて行われなければならない。ここには当然、教師、生徒、スクールリーダー、保護者、地域住民など、すべての関係者の間の関係が含まれる。例えば、教室、運動場、放課後、家庭で、互いを尊重し、思いやることができているか。生徒は、授業中に意味のある質問を自由にすることができるか。対話、協力、責任の分担が可能か。保護者や地域の人々との間に、同僚、友人、家族のような関係を築くことができているか。人間関係のウェルビーイング（充実）は、生徒や教職員自身のウェルビーイング（充実感）にも反映されるだろう。生徒や教職員は、安全やサポート、活力、エネルギーを感じられているか。理想を言えば、この関係のウェルビーイングの重視に、より広い世界との関係、すなわち自分の地域や国あるいは伝統の内部と外部の両方との関係が含まれている必要がある。教室のどこに、地球規模の相互理解を深めるための窓があるだろうか。

学習環境

学校の物理的・文化的環境は、学びのプロセスと学校コミュニティのウェルビーイングのどちらにも重要な役割を果たしている。学校の内外の物理的特徴とその周辺環境は、人々の安心感、帰属意識、楽観性、参加意識、喜びを左右する。教室が暗く、家具が粗末で、廊下は暗く、ペンキがはげていたり、教室の温度が低すぎたり高すぎたりすると、学校は陰鬱で不気味な場所になってしまう。コンピューターがあるか、遊ぶ道具があるか、交流の場があるか、生徒はきちんと食事を与えられているか、十分な備品があるか。緑地はあるか、環境美化に配慮しているか。これらはすべて、学びのプロセスと生徒や教職員のウェルビーイングに寄与するものである。

文化的環境には言葉で言い表せない性質があり、それについても考慮する必要がある。最も身近なところでは、**私的・公的**両面における安全性の問題がある。私的な世界で、生徒は心理的安全性を感じられているだろうか。自分がいじめや偏見、差別の対象になっていると思っていないか。身体的、人種的、文化的、能力的に違いがあっても、受け入れられていると感じているか。公的な安全について言えば、生徒にとって学校内や行き帰りの道は安全か。教職員や生徒、家族は、地域での対立、薬物乱用、失業率、支援サービス、公共交通機関などの影響を受けていないか。学校が地域社会の生活の質に責任を負うことは確かにできないが、自分の学校を評価する場合は、そのような要素も考慮に入れるべきである。場合によっては、学校が変化をもたらすために積極的な政治的役割を果たすこともあるだろう。

リーダーシップと管理運営

リーダーシップと管理運営の主な目的は、教育プロセス、授業実践、学校文化、環境のすべてが学校のビジョンと目標にうまく一致するようにすることである。残念ながら、リーダーシップという考え方は、伝統的に教育の工場モデルと結びついており、スクールリーダー（およびそのスタッフ）は、学校の機能を監督する管理者としてふるまうことを求められている。これまで述べてきたように、この伝統は監視と不信の文化を生み出すだけでなく、教師と生徒が学習に対する責任を共有しようとするモチベーションをも低下させてしまう。管理運営のプロセスは、理想的には、すべての関係者が教育プロセスに十全かつ熱心に関与できるようにするものでなければならない。このような関係のプロセスとしての教育への関心は、学校の管理運営に関する数多くの著作にあらわれているが、その強調点は、分散型リーダーシップ、協同型リーダーシップ、関係的リーダーシップなど、さまざまである。[30]このような活動は、ほぼ必ずと言ってよいほど、対話と協同を重視し、コミュニティのすべてのメンバーの責任を育む必要性を訴えている。関係に配慮したリーダーシップでは、教職員、生徒、保護者、地域の人々の声を大切にする。そうした声に耳を傾けることは、意思決定のために必要不可欠なのである。

この文脈では、次のような質問に注意を払うとよいだろう。リーダーはどのようにして、全員が学校の目標に貢献できるようにするか。生徒、教師、地域社会のウェルビーイングをどのようにして確保するか。生徒や教師が主体的に学びに取り組み、地域社会の発展に貢献できるように、どのようにして促していくか。学校の中で、人間関係、対話、協力の文化をいかにして生み出すか。対話を促進し、教育的な対話の場をつくり、コミュニティの生きた経験から洞察を得るために、関係、構造、プロセスにどのように注意を払っているのか。管理運営のプロセス自体にも関心が及ぶかもしれない。例えば、管理運営のプロセスは、地域に対して、学校を発展させ改善するための協同的な取り組みへの参加を促しているだろうか。管理運営の実践は、結束力、協力、共創をどの程度優先しているか。意思決定に多様な声が反映されるよう、傾聴と対話の場が設けられているか。学校の方針と実践は、どのように相互にサポートし合っているのか。このような問題を探究することが、充実した学習コミュニティを育むことにつながるだろう。

地域との関わり

学びは、学校内の関係だけでなく、保護者や地域の人々との関係を通して発展していく。そのため、学校評価では、保護者やその他の地域の関係者が学校生活に参加しているかどうかを考慮に入れる必要がある。関係者の参加は、学びを豊かにし、学校の活性化につながる。学校評価は、地域住民が、例えば、ボランティア活動、遠足の受け入れ、学校行事への貢献、授業での講演等で、学校に参加する機会があるかどうかに目を向けると効果的である。地域の人々が学校の中を見て、学校の活動に感謝し、生徒や教師にとって何がうまくいっているかを探る方法はあるか。学校の活動がいかに地域を支え、地域に貢献しているかを知る方法はあるか。学校を発展させるためのアイデアや洞察を、地域の人々が提供する機会はあるか。そして、最も重要なことは、私たちがもっと一緒にできることは何か、ということである。

革新と変革

評価の最後の領域は、学校の革新と変革の可能性に関するものである。これは、通信技術の急速な発達を考えれば、特に重要である。例えば、教職員に授業と学習の革新的な実践の探究を促すリーダーシップとはどのようなものか。教師の研究能力や探究力を育み、専門的な学びを継続できるように、学校はどんな機会を提供しているか。変化をどのように観察して議論するか、また、そのような議論は革新をいかに促進するか。また、学校のビジョンを推進するために、創造的で斬新なアイデアを実行する責任を、学校コミュニティはどのように担っているのだろうか。創造性はアイデアの混合によって生まれるため、境界を越えた協力や協同がどのように促進されるかにも注意を向ける必要がある。意味のある変化に向けた協同的な取り組みに対するサポートはあるだろうか。

生成的なプロセスとしての評価

これらの問題は、どのようにすれば解決できるだろうか。本書では、これまで一貫して「聴くこと」「対話」「協同」の重要性を強調してきた。関係論から見れば、これらのプロセスは、学校評価において鍵となる役割を果たすはずである。その意義は大きいが、関係の微妙な細部には悪魔が潜んでいる。学校査察官が教師との生産的な対話のために最善を尽くしても、権力関係の問題に直面する。学校の方針を話し合うコミュニティの会合が、敵対的な怒鳴り合いになることもある。保護者が学校に来て話し合うとき、まず教師の欠点を非難することが多い。私たちはみな進んで、他人の欠点を見つけ、非難を回避し、自分の行動を正当化し、自分の権利を守り、他人の主張の粗探しをし、道徳的な優位性を主張する。

ここでは、生成的な対話にとって不可欠な実用的な項目を検討することはできないが、これまでの章で、いくつかの主要な要素を提案した。権力関係を最小限に抑え、集団的責任を強調し、すべての声を聞くための条件も指摘した。共感的に聴き、強みに焦点をあて、感謝の気持ちをもって質問することの重要性も強調した。生成的な対話を構築するための資源は、他にもたくさんある。[31] しかし、重要なのは、学校評価の参加者は、探究と省察の実践の**あり方**に、継続的に注意を払わなければならないということである。

結論を言えば、従来の学校評価のアプローチは、複雑で変化する教育課題に対応できるものではない。評価の伝統の限界から逃れるために、私たちは関係のプロセスへの移行を提案してきた。評価の実践は、参加者に自分の行動の成果を最大限に認識させると同時に、授業と学習のプロセスを支援し、人間関係を豊かにし、より広い学びのコミュニティの力を高めることができる。このような評価プロセスは、すべての人の声と価値を尊重し、地域の文化的状況に配慮し、学習とウェルビーイングの中核にある人間関係を大切にする、変革的な評価の概念に基づいている。

注

［1］Hargreaves, D.（1990）“Making schools more effective: The challenge to policy practice and research,” *Scottish Educational Review*, 22(1): 5-14.

［2］全国一斉テストの議論は、教育と機会の平等への貢献という観点から語られることが多い。しかし、批評家が指摘するように、テストはエリート層による支配を強化することに成功している。
Leman, N.（1999）*The Big Test: The Secret History of American Meritocracy*. New York: Farrar, Straus and Giroux; Guinier, L.（2015）*The Tyranny of the Meritocracy*. Boston, MA: Beacon. を参照。

［3］Wrigley, T.（2013）“Rethinking school effectiveness and improvement: A question of paradigms,” *Discourse: Studies in the Cultural Politics of Education*, 34: 31-47; さらに、Brown, S.（1994）“School effectiveness research and the evaluation of schools,” *Evaluation and Research in Education*, 8(1-2): 55-68 の五五頁を参照のこと。

［4］Harris, A., and Chrispeels, J.（eds.）（2009）*Improving Schools and Educational Systems*. London: Routledge.

［5］West, J.（2017）“Data, democracy and school accountability: Controversy over school evaluation in case of DeVasco High School,” *Big Data and Society*, January-June: 1-16.

［6］Fullan, M., and Hargreaves, A.（1992）*What's Worth Fighting for in Your School? Working Together for Improvement*. Buckingham: Open University Press.

［7］例えば、Greene, P. は、『Forbes』二〇一九年八月一四日号の記事「It's a new school year. What should be the big education policy issues?」の中で、ハイステークス・テストに代わる方法を実施しているアメリカのさまざまな州を紹介している。

［8］例えば、イギリスでは、二〇一九年から、教育水準局（Office for Standards in Education: OFSTED）による学校査察において、標準テストの点数以外も見ることにした。実際、この枠組みでは、データよりも教育実践やプロセスそのものに焦点をあてて評価的な対話を行うことが目的となっている。OFSTED（2019）*The Education Inspection Framework*. London: Office for Standards in Education. を参照。

［9］https://www.yorkshireeveningpost.co.uk/news/leeds-headteacher-bans-ridiculous-sats-tests-1-8550659 を参照のこと。

[10] Gerritsen, J. (2017) "National standards ditched by government," Radio New Zealand, December 13, https://www.radionz.co.nz/news/national/346011/national-standards-ditched-by-government

[11] フィンランドでは、高校三年生の終わりに行われる一回の試験を除き、標準化された試験は義務づけられていない。

[12] 英国および欧州の他の国における外部査察制度に関する批評を参照のこと。
Terhart, E. (2013). "Teacher resistance against school reform: Reflect an inconvenient truth," *School Leadership and Management*, 33(5): 486-500.

[13] Education Review Office (ERO) (2016) *School Evaluation Indicators: Effective Practice for Improvement and Learner Success*. New Zealand: Education Review Office. の六頁参照。

[14] 前掲書、一一頁。

[15] 前掲書。

[16] Education Review Office (ERO) (2016) *Effective School Evaluation: How to Do and Use Internal Evaluation for Improvement*. New Zealand: Education Review Office.

[17] Education Review Office (ERO) (2016) 前掲書、八頁。

[18] 以下を参照のこと。Fetterman, D. M., and Wandersman, A. (eds.) (2004) *Empowerment Evaluation, Principles in Practice*. New York: Guilford; Fetterman, D. M., and Wandersman, A. (2007) "Empowerment evaluation, yesterday, today, and tomorrow," *American Journal of Evaluation*, 28: 179-198. また、以下も参照のこと。O'Sullivan, R. G. (2004) *Practicing Evaluation: A Collaborative Approach*. Thousand Oaks, CA: Sage; Stake, R. E. (ed.) (2006) *Standards-Based and Responsive Evaluation*. Thousand Oaks, CA: Sage.

[19] 詳細については、以下を参照。Schneider, J. (2017) *Beyond Test Scores: A Better Way to Ensure School Quality*. Cambridge, MA: Harvard University Press.

[20] Ryan, K., and Destefano, L. (2004) "Disentangling dialogue: Issues from practice," *New Directions for Evaluation*, 85: 63-76; Schwandt, T. A. (2005). "The centrality of practice to evaluation," *American Journal of Evaluation*, 26(1): 95-105.

[21] Greene, J. C. (2001) "Dialogue in evaluation: A relational perspective," *Evaluation*, 7(2): 181-187.

[22] Cousins, J. B., and Whitmore, E. (1998) "Framing participatory evaluation," *New Directions in Evaluation*, 80: 5-23. も参照のこと。

[23] Preskill, H., and Catsambas, T. T. (2003) "An overview of appreciative inquiry in evaluation," *New Directions for Evaluation*, Winter: 100; Preskill, H., and Catsambas, T. T. (2006) *Reframing Evaluation Through Appreciative Inquiry*. Thousand Oaks,

CA: Sage. を参照のこと。

［24］Gergen, K. J. (2009). *Relational Being: Beyond Self and Community*. New York: Oxford University Press.（鮫島輝美・東村知子訳　二〇二〇『関係からはじまる――社会構成主義がひらく新しい人間観』ナカニシヤ出版）を参照。

［25］Lewis, R. E., and Winkelman, P. (2017) *Lifescaping Practices in School Communities: Implementing Action Research and Appreciative Inquiry*. New York: Routledge; Zhang, X. (2015) "School principals: Problem solvers and appreciative leaders," in T. Dragonas et al. (eds.), *Education as Social Construction*. Chagrin Falls, OH: Taos Institute.

［26］前掲書を参照。

［27］Lewis, R., Herb, C., Mundy-Mccook, E., and Capps-Jenner, N. (2018) "Lifescaping action research pedagogy," *Educational Action Research*, 1-17.

［28］Ryan, K. E., and L. DeStefano (eds.) (2000) *Evaluation as a Democratic Process: Promoting Inclusion, Dialogue, and Deliberation. New Directions for Evaluation*. San Francisco, CA: Jossey-Bass, 85.

［29］このように、関係性に富んだ評価の実践は、レスポンシブ評価の活動と密接に関係している。以下も参照のこと。Greene, J. C., and Abma, T. A. (2002) *Responsive Evaluation: New Directions in Evaluation*. San Francisco, CA: Jossey-Bass; Greenstein, L. M. (2017) *Restorative Assessment: Strength-Based Practices That Support All Learners*. Thousand Oaks, CA: Corwin.

［30］Giles, D. (2018) *Relational Leadership in Education*. London: Routledge; Deflaminis, J. A. (2016) *Distributed Leadership in Schools*. New York: Routledge; Muhammad, A. (2017) *Transforming School Culture: How to Overcome Staff Division* (2nd ed.). Bloomington, IN: Solution Tree Press.

［31］例えば、以下を参照。Lipmanowicz, H., and Mccandleuss, K. (2014) *The Surprising Power of Liberating Structures*. Seattle, WA: Liberating Structures Press; Patterson, K., Grenny, J., McMilan, R., and Switzler, A. (2011) *Crucial Conversations: Tools for Talking When Stakes Are High* (2nd ed.). New York: McGraw Hill; Juzwick, M., et al. (2011) *Inspiring Dialogue: Talking to Learn in the English Classroom*. New York: Teachers College Press.

第8章　関係に基づく評価と教育変革

昨日の生徒に教えたように今日の生徒に教えるならば、彼らから明日を奪うことになる。

——ジョン・デューイ『民主主義と教育』

教育の工場モデルに対する不満は広がり、激しさを増している。これまで述べてきたように、このような不満は、従来の評価に対する多くの痛烈な批判となって表われているだけでなく、関係性を考慮に入れた評価方法の発展にもつながっている。同時に、旧態依然とした教え方、カリキュラム編成、教室のデザイン、学校と地域社会との関係、学校コミュニティづくりに代わる革新的な実践を生み出そうと、果敢に行動する教師、スクールリーダー、学者などはますます増えている。世界中の教育者が、実践、価値観、構想、熱い思いをもって、一体的な変革に向けた準備を進めている。この一体的な変革という目的を踏まえ、本章では、教育の三つの柱とみなされている教授法、カリキュラムデザイン、評価の関係を探っていく。特に関心があるのは、柔軟なカリキュラムデザイン、対話的で協同的な教授法、関係に基づく評価の新たな取り組みが、相互に強化し合う関係である。従来の評価を、関係を重視したものに変えない限り、このような革新は決して起こりえない。評価を縛る鎖を解き放つことで、概念的なつながりをもち、かみ合った実践を発展させる道が開かれるのである。

次に、一体的な変革を阻む大きな障壁となっている、長年続けられてきた評価の「儀式」に目を向ける。関係に基づく評価のアプローチが教育変革の鍵であるならば、主要な反論にはきちんと答えておく必要があるだろう。ただでさえ多忙を極める教師の一日のどこに、対話的な評価の実践に割く時間があるというのか。比較尺度や統計という安全装置を使わずに、どのようにして学校を管理し、政策を立てるのか。大学や企業は、効率的で費用対効果に優れた成績評価やテストの点数を使わずに、どのようにして膨大な数の志願者の中から合格者を選ぶことができるのか。これらが取り組むべき課題となる。

教育システムの重大な変革は、ある文化の中で起こる。多数の利害関係者がいるため、幅広いサポートが不可欠である。そこで本章の最後に、関係を豊かにする変革を妨げるものと、それを必然的にしているものという、文化的生活に見られる二つの重要な傾向について探ることにしよう。前者は、社会や社会制度を秩序化しようとする微細な力である。エビデンスに基づいた意思決定が求められていることはその一つのあらわれにすぎない。教育評価もその一つである。しかしその一方で、秩序化へと向かう力に対抗する逆向きの文化的な力も働いている。この力は、コンピューター、スマートフォン、ソーシャルメディアなどのコミュニケーション技術の急速な発達によって生まれたものである。これらのテクノロジーは、文化的生活のパターンを変化させるとともに、教育の伝統に断絶をもたらしている。このような変化は、教育の関係論的な変革の必要性をいっそう高め、最終的には、変革を確実にするだろう。

教育の柱を揺るがすもの

教育に対する私たちの考え方のベースになっている理想や革新的な衝動は、私たちだけのものではなく、世界中でイノベーションの原動力となっている。[1] これまで指摘してきたように、そこで共有されている核となる価値観には驚くほど共通点があり、私たちが掲げる関係論的な方向性とも親和性が高い。私たちの目の前にあるのは、教育における大規模な変革の可能性である。本書は教育評価に焦点をあてているが、その意味するところははるかに深い。評価のあり方は、教室の内外を含めた学校生活全般に密接に関わっている。ここまで、評価が学びと人間関係の両方にいかに影響を与えるかを強調してきたが、それは限定的な見方である。評価のあり方を転換することは、大きな変革につながるのである。

教育者は、教授法、カリキュラム、評価を、学校教育実践の三つの主な領域として挙げることが多い。[2]この三つは「教育の柱」と言われるが、それぞれ独立しているわけではなく、一つの領域の変化は他の領域に影響を与える。例えば、定型化されたカリキュラムでは、カリキュラムの網羅性を保証するためにトップダウンの授業が行われやすい。逆に、生徒に自分のカリキュラムを作成する機会が与えられる場合、講義は協同型授業に置き換わる可能性が出てくる。したがって、評価のあり方を根本的に変えることは、より広範な意味をもつ。すでに述べたように、教授法とカリキュラムにおける革新の多くは、本書が提唱する関係主義的な方向性に一致している。関係に基づく評価の扉を開くことは、こうしたイノベーションを開花させることにつながる。大きな変革の可能性がかすかにあらわれているのである。さっそく見ていくことにしよう。

探究型エマージェント・カリキュラムに向けて

標準化されたカリキュラムを支持する議論は数多くあるが、それによって、教師は配信型教育に合った「パッケージ化された知識」に頼るようになる。標準化されたカリキュラムのねらいは、教育における平等性を保証し、知識や文化的遺産の継承に寄与し、さまざまな職業および専門職への準備を約束することにある。しかし、すでに述べたように、このような前提条件はいずれも疑問の余地がある。人々、アイデア、イノベーションのグローバルな流れが大きく加速していることを考えれば、なおさらである。多様性、柔軟性、創造性、協調性がますます求められる世界の中で、標準化されたカリキュラムは国民を均質化する。[3]標準化されたカリキュラムによって生徒のウェルビーイングや世界の平和が損なわれていることに気づかなければ、悲劇がもたらされる。標準化されたカリキュラムと全国テストは依然として切っても切れない関係にあり、学校同士の比較とともに私たちの目標の一つとなっている。これらは、影響を受ける人々のニーズ、欲求、興味、才能のバリエーションの大きさに無関心であるだけでなく、関係のプロセスの活力をも奪う。教育において教師が果たす役割は、機械がちゃんと機能しているかを確認する組立ラインの監督のようなものに限定されてしまう。生徒もまた、型にはめて形づくられる単なる製品になる。生成的な関係、互いへの思いやり、感受性、喜び、好奇心は、教育にほとんど関係がないか、邪魔ですらある。

一方、従来の評価に代えて関係に基づく評価のアプローチをとるならば、教育の重大な革新にも力を注ぐことになる。カリキュラムは「命令」ではなく、学びの旅に寄り添う「ガイド」や「コンパス」として考えられるようになる[4]。複数の旅のルートを柔軟に考える機会が生まれるのである。カリキュラム開発における最も重要な革新の一つの萌芽は、**探究型エマージェント・カリキュラム**を実践している学校に見られる。このようなカリキュラムへの初期の関心が高まりを見せたのは、特に児童中心主義の時代である[5]。カリキュラムをあらかじめ決められた目標ではなく、生徒の興味、好奇心、熱意に結びつけようとする試みは今も続いている。カリキュラムはあらかじめ計画されるものではなく、時間をかけて生まれる（エマージェントな）ものである[6]。カリキュラムの決定は対話に基づいて行われ、状況に応じて途中で修正可能である[7]。このことは、生徒一人ひとりのニーズに合わせた教育スタイルと、異なる学びの軌跡をつくり出せることを意味する。典型的な例として、レッジョ・エミリアの教育的アプローチにヒントを得て世界の多くの小学校で行われている活動が挙げられる[8]。子どもたちは、配慮の行き届いた環境の中で、何が魅力的で探究に値するテーマなのか、教師、親、地域の関係者と対話していく。

共創的なカリキュラムが小学校段階に適しているという点については、同意する人が多いだろう。一方、中学校や高校のレベルに適用することに対しては異論もあると思われる。常識的な見解によれば、小学校では幅広い基礎を築くことが重要であり、その後の学校教育では、内容の習得により重点を置くべきだとされている。よく言われるのは、生徒の興味に任せていては、役立つことをほとんど学べず、社会に出る準備ができないということだ。このような反論に対し、私たちは逆に、カリキュラムが生徒の興味や情熱に根ざしたものになれば、生徒は自ずと学び続けるようになると主張したい。学校教育と職業の関連性については、既存のカリキュラムが果たして時代の要請に合っているのかという批判が広がっている。自らの情熱に従って行動する生徒は、教師の指導とサポートを受けることで、将来職場の多様な要求に進んで応えようとするだろう。

例えば、高度に発達したネットワークをもつ、アメリカのサンディエゴにあるハイテックハイという公立高校について考えてみよう。[9] 特色である探究型カリキュラムでは、生徒が自分の関心に特に関連するカリキュラム内容の共同作成に直接関与する。夢中になれる充実した学びを実現する生徒のプロジェクトが、最も重視されている。ノルウェーのユース・インベスト・スクール（第5章参照）、ベルリンのエヴァンゲリカル・スクール・ベルリン・センター、フィンランドの現象ベースの学習プログラムなどのアプローチも、大変刺激的である。どの事例も、生徒がカリキュラムの決定に大きな影響力をもっている。講義形式の授業はほとんどなく、標準テストも行われない。オランダのアゴラ・スクールでは、標準化されたカリキュラムが廃止されただけでなく、年齢別のクラスもない。[10] 精選された教員集団の協力のもと、生徒は自分の学びを進めることができる。いずれの事例も、適切に学ぶことと、社会人への一歩を確実に切り開くことの両方において、成功が十分に期待できる。

以上の革新的な実践は、**基本的な知識**、すなわち教育を受けた市民が身につけておくべき知識の問題を避けているのではないかと、疑問に思う人もいるかもしれない。当然の疑問である。公立学校は、すべての人が共通言語を最低限使いこなし、生物学、歴史、地理、数学、公民などの基本的な知識を身につけられるようにする必要があるのではないか。自由放任主義のカリキュラムは、このような公共的な要請にどのように応えるのか。何が基本的な知識にあたるのかという問題をめぐっては、論争が絶えない。一般的に、生徒が学ぶ**べき**範囲を限定すればするほど、学習効果は低下する。[11] 上級レベルの生徒に、なぜ大半の授業を受けるのかと質問すれば、たいてい「必修だから」という答えが返ってくる。「大学に入るために必要だから」と答える生徒も多いだろう。[12] たまに、「こういうことを知っているのはいいことだ」とつぶやくくらいである。それは、生徒が学ぶことに関心がないからではなく、決められた内容を強制的に勉強させられることは、最も不快だからである。

たとえある種の基本的な知識について合意ができているとしても、カリキュラムを管理し、決定し、標準化する必要はない。エマージェント・カリキュラムを試みている学校の多くは、必要な、あるいは核となる科目数を最小限に抑えている。一般的な知識は与えられるかもしれないが、専門的な知識は、個人的な関心やプロジェクトの作業を通じて深めていくものである。例えば、気候変動に関するプロジェクトに取り組んでいる生徒は、気象学の知識を学ぼうとするかもしれない。このような場合、核となる科目は必修にするのではなく、本当に必要な人に勧めるだけでよいだろう。

また、教師が基本的な知識を有している場合は、探究の指導をする際に、生徒がそれらの知識を自分のやりたいことに統合できるよう手助けをする。このようなプロセスに評価的な省察を挟み込むことで、生徒はさらなる学習が必要な分野の手がかりを得られる。この点については、あとの標準化をめぐる議論で触れることにしよう。

対話的で協同的な教育に向けて

このように、標準化されたカリキュラムは、伝統的な評価方法と密接に結びついている。同時に、この組み合わせには、教授法というパートナーが必要である。特に、標準化されたカリキュラムでは、教師は、生徒に核となる知識を伝えることが強く求められる。生徒に確実に知識を習得させるのは、教師の責任である。それは、知識の伝達がいつ、どこで、どのように行われるかをコントロールすることを意味する。この責任を果たすための最も確実な方法は、理解度と定着度を体系的にチェックすることである。つまり、教師が生徒の前に立って授業を進め、講義し、指示するというトップダウンの教授法が「ごく当たり前」になるのである。生徒に自分の興味に従って学ぶ機会を与えれば、教師がコントロールできなくなる危険性がある。テストの成績は下がり、授業にも学習にも問題があるということになるだろう。それに対して、従来の評価から関係に基づく評価のアプローチに移行することで、可能性は大きくひらかれる。関係を重視する実践では、カスタマイズされた学びの経験を優先し、生徒の熱意に応え、既存のカリキュラムには収まりきらない好奇心をもつ生徒をサポートしようとする。教師には、環境の中で変化する生徒の多様なニーズに合わせて教授法を考える機会がある。

ここでようやく、関係に基づく評価のアプローチが、教育現場ですでに進められている一連の革新的な活動とうまく調和していることがわかる。私たちが念頭に置いているのは、協働学習 collaborative learning、対話型学習、つながりに基づく学習、グループプロジェクト学習、協同学習 cooperative learning、ユニゾン・リーディングなどである。[13] これらの実践はすべて、私たちが進めている関係論的なアプローチと多くの目標を共有している。例えば、教師と生徒は効果的に距離を縮め、教育と学習の共同参加者かつパートナーになれるかもしれない。対話を通じて、教室でのリーダーシップと影響力は共有される。[14] 個人の責任は関係的な責任に転換し、教室は学習者の共同体となるだろう。

より一般的に言えば、これらの教育実践を通して、生徒は関係のプロセスそのものに生成的な形で参加する準備ができる。傾聴する力、多様な価値観や意見に対する理解、新しいアイデアを共に創造するスキル、比較し総合する力、曖昧さに耐える力、対立を生産的に乗り越えるスキルなどが高まる。究極的には、このような教授法は、地球の未来の中心となる関係のプロセスそのものに価値を注ぎ込むのである。これからの世界情勢は、協力するか、滅びるか、なのだから。

学びのコミュニティとしての学校へ

関係に基づく評価のアプローチは、教授法およびカリキュラムにおける変革の運動と一致している。これらのアプローチは、標準化と評価による負の影響を、学びへの積極的な関与、教育成果の充実、そして教育の中心にある関係的プロセスの強化に置き換えようとするものである。生徒、教師、学校管理職は、学びとウェルビーイングのために**協力し合う**。競争することも、監視されることも、成績や順位を恐れることもなく、価値ある未来に向けて協同するのである。工場としての学校から学びのコミュニティとしての学校への扉が、ここに開かれていることがわかる。

デューイの思想に起源をもつ、学びのコミュニティという概念は、コミュニティの中で学びを促進する方法を模索する研究者を刺激し続けている[15]。本書で提案したように、学びは関係への参加に根ざしている。関係が良好であれば、学習内容だけでなく、コミュニティへの有意義な参加の方法についても、互いに学び合うことができる。また、学びのコミュニティという考え方によって、学びは生徒、教師、学校管理職を超えて広がっていく。保護者、地域住民、企業、地方自治体、その他の関係者を、学びのパートナーとして招き入れることができるのである。学びのコミュニティとしての学校は、授業と学習のプロセスにすべての人を巻き込んでいく[16]。相互的な信頼関係は、すべての参加者の協同的な努力から生まれる。私たちは、大衆化した現在の学校教育の人間性を奪うような仕組みを離れ、学校を、共にあり、学び、力を発揮する方法を集団として探るダイナミックな活動の中心に変えることができる。

現実を見よ！——関係に基づく評価への疑問

ニュージーランド政府は全国テストを廃止した。さまざまな弊害があり、納得のいく結果が得られなかったためである。予想されたことだが、この決定は満場一致で承認されたわけではなく、批判的な意見も多かった。変革には疑問や反論がつきものであり、慎重な対応が必要である。多くの大切なものがかかっている。関係に基づく評価という私たちの提案に、足りないものは何か。どのような理想が危機に瀕しているのか。非常に現実的で非常に大きな障壁が、変化を阻んでいるのではないか。まさにその通りである。いくつかの重要な反論について、考えてみることにしよう。

「そんな時間がどこにある？」

関係に基づく評価の実践は、多くの教師や学校管理職にとって魅力的である。やはり、機械的で人間味のない試験を監督し、不正を監視し、成績をつけるのは、評価者としてあまり楽しいことではない。教えることの喜びは、通常、生徒との関わりを通して生徒が学びを進めていくことから生まれるものだからである。しかし、「どうやって時間を捻出すればいいのか」と考えると、関係論的アプローチへの熱意は、すぐに失われてしまうかもしれない。なぜなら、教師の一日は、授業や授業準備、会議、採点、その他の管理業務、休み時間の校庭の見守りなどで、ぎっしりと埋め尽くされているからだ。関係に基づく評価方法の多くは、時間がかかるように思われる。対話し、相互的な探究をし、計画や進捗状況を協同的に検討するための時間を、教師はどうやって確保すればよいのだろうか。

これは当然の疑問であり、今日の教師が背負っている責任の大きさも物語っている。関係に基づく評価によって、テストを作り、不正行為を防ぎ、採点し、不満をもつ生徒や保護者に対応するという大変な仕事が軽減されるという反論も可能ではある。しかし、時間に対する要求への影響はもっと広い。「時間がない」という批判は、単にテストや試験を関係に基づく評価方法に置き換えるだけで、教室で行われていることや文化の他の部分はすべてそのままであることを前提としている。この前提については、本書の中ですでに異論を唱えてきた。関係に基づく評価のアプローチによって、教授法とカリキュラムの両方が変わり、それによって教師に時間的余裕が生まれるのである。

まず、教授法について考えてみよう。協同型授業、プロジェクト型学習（ＰＢＬ）、対話型授業に移行すれば、概して授業準備の時間は削減される。教師は、授業を分単位で念入りに計画したり、重要なポイントを確実に暗記したり、生徒の注意を持続させる方法を考えたり、集中していない生徒を叱りつけたりする必要はない。一日の進め方は画一的に決められておらず、生徒も一緒に考えていく。教室は、教師の権威に支配されるものではない（したがって、教師だけが説明責任を負うのではない）。教師と生徒は、学びの質に対する責任を分かち合っているのである。

カリキュラムの作成に目を向けると、さらに多くの利点がある。例えば、探究型エマージェント・カリキュラムでは、教師は、あらかじめ決定され、外部から押し付けられた知識のパッケージを提供する必要はない。そのため、教師は生徒と一緒に、知識を身につけ学ぶためのさまざまな方法を探究し、カリキュラムを創造することができる。このようなカリキュラムは、参加する生徒にとって、より自分に合った魅力的なものになるだろう。また、反抗的な態度の生徒を叱ったり、ストレスや不安に対処したり、ペナルティを課せられて不満に感じている生徒とやりとりしたりする時間も節約できる。次章で取り上げるように、こうした共同探究プロセスの重視は、より広いコミュニティの参加を促進する。テストや成績評価をなくすことで、保護者やその他の地域の関係者が、生徒の学びをサポートし、充実させる活動に参加できるようになる。ここでもまた、教師の時間的な負担は軽減される。

「成績評価がなければ、厳密さはどうなる？」

成績をつけない教育がありうると言ったら、多くの人は衝撃を受けるだろう。成績、学期ごとのまとめ、通知表は、学校生活の基本である。しかし、これまで述べてきたように、成績は生徒の学びの経験をほとんど反映しておらず、将来の計画を立てるうえでの指針にもならないどころか、人間関係を悪化させる管理装置になってしまっている。生徒の成績評価の問題は、長く論争の的となってきたが[17]、それに代わる有意義な方法への関心も高まっている[18]。本書で提案してきたように、関係に配慮した評価方法を用いることで、生徒は有益なフィードバックを受け取ることができる。審査される脅威から解放されれば、評価によって学習意欲を高めることも可能である。特に重要なのは、恣意的で根拠の乏しい基準によって生徒の相対的な優劣が決められないことである。先ほど述べたように、個別化されたエマージェント・カリキュラムへの移行に伴い、生徒同士を比較して評価するというやり方はほとんど見られなくなっている。生徒の学びの経験は確かに評価されるかもしれないが、その評価は、主として生徒一人ひとりの進捗状況に結びついている。[19] したがって、学校での成績評価をやめようという広範な国際的な流れは、歓迎されるかもしれない。それは特に小学校で顕著だが、中学校や高校にも波及しており、将来的にはさらに広がっていくと思われる。

このような流れに対する最も強力な反論の一つは、厳密さに関するものである。「関係に基づく評価方法は、果たして厳密なのか」「生徒が確かに学んでいると、どうしてわかるのか」という疑問をもつ人は多い。この反論は、何よりもまず、次のような疑念から生まれている。関係に基づく評価方法は、教師の主観に依存するように見えるうえ、生徒と教師の関係が重視されることからも、バイアスがかかる余地は非常に大きい。これは、客観的あるいは価値中立的と考えられているテストと比較してのことである。しかし、本書では、テストは決して価値中立的ではないということを明らかにしてきた。テストでは、常に特定の集団が他の集団より有利になる。このバイアスは構造的なものであり、気づかないうちに階層的な社会構造を支持しているのである。

一方で、現在の分析では、パフォーマンス・テスト、すなわち特定の学習分野のスキルや知識をみるための標準テストも理にかなったものになりうる。生徒はさまざまなタイミングで、自分が特定の分野の内容をどの程度習得できているか知りたいと思うかもしれない。「私は、自分の興味のある分野で、本当に必要なことをどこまでわかっているのか」。多くの中等教育機関に見られる**スタンダードに基づく学習**への依存の高まりは、このことと密接に関連している。[20] スタンダードに基づく学習は、頻繁な評価を伴う決まりきったカリキュラムよりも、生徒がそれぞれのペースや方法で自由に学ぶことができる。ただし、生徒たちは、最終的には共通の基準で評価されることになっている。スタンダードに基づく学習プログラムの実施の仕方には、多くのバリエーションがある。スタンダードがコースのカリキュラム全体に適用され、パフォーマンスが点数化されるようなプログラムは、伝統的な工場モデルの評価に近い。しかし、スタンダードに基づく学習を、教育の平等が不可欠な読解や生物学などの特定の内容・分野に限定して行うことは可能である。競争的な成績評価を一掃し、一人ひとりに合わせてフィードバックを行うことで、生き生きとした関係を築く余地が生まれるのである。これらの問題については、後ほど説明する。

「測定しなければ、説明責任はどうなる？」

試験やテストには、教師、学校管理職、政策立案者にとって重要な指導的価値があると言われる。標準化された評価装置によって、教師は、クラスの生徒のカリキュラム内容の理解について、管理職は、教師の能力について、政策立案者は、学校システムがどのように機能しているかについての情報を得られるというのが一般的な考え方である。いずれの場合も、担当者はよりよい仕事をするために情報を必要としているとされる。このように考えると、関係に基づく評価方法では、効果的な意思決定に求められる確かな事実を提供することが難しいとみなされる可能性がある。この批判をもう少し詳しく検討してみよう。

まず、これまでの章で述べてきたように、測定には、妥当性、感受性の低さ、学びのプロセスへの影響、階層による偏りなど、さまざまな問題がある。さらに、テストの点数から私たちが実際に何を学んでいるのかを考えてみよう。教師は、全国テストにおける自分のクラスの平均点を知ることで、何を学ぶのか。すでに指摘したように、生徒の能力、興味、性格、社会経済的な背景などは、一人ひとり異なる。では、あるテストでクラスの平均点が全国標準を下回った場合、それは何を意味するのだろうか。クラスのメンバー構成か、指導方法か、テストが行われた日の天候か、特定の教科のトピックか、それとも何か別のものか。もし、クラスの成績が飛び抜けてよかったとしたら、その成功をどう解釈すればよいのか。以上の問題を、関係論的なフィードバックやラーニング・レビューを通して教師が行う生徒の学びの評価と対比してみよう。後者の評価では、教師は、生徒一人ひとりの関心、思考と表現のレベル、個人的な資質、家庭環境などについて詳細な知識を得ることができる。これらの情報は、教師が個々の生徒のニーズや学びの道筋に合わせる際に、真に役立つものとなりうる。

校長や地方教育行政関係者は、学級あるいは学校全体のテストの点数をどのように解釈すればよいかという、同様の曖昧さに直面している。何を測定しているのかがはっきりしなければ、有効な測定値という概念そのものが無意味になる。比較についても、疑問が残る。テストの点数は、何と比較すべきなのか。（同じクラスの）前年度の点数だろうか。

しかし、年ごとに複数の要因の変動があることを考えると、あまり適切ではない。ある年と複数年度のパターンを比較する場合、クラスの民族や階層の構成の変化、国の動向、その他の要因は反映されるのか。また、何年分あれば意味のあるパターンと言えるのか。

学校間の比較についても、同様の疑問が浮かんでくる。地方教育行政関係者は、ある学校が他の学校と比較してどんな実績をあげているかを知ろうとする。しかし、他のどの学校と比較すればよいのか。たとえ近隣の学校であっても、生徒の文化的構成や社会経済的地位などには違いがあり、その結果、テストの点数にも影響が出るだろう。では、地域、あるいは国同士の比較はどうか。同じ問題の繰り返しである。一口に公立学校と言っても、都心の学校か、郊外の小さな学校か、地方の学校かによって、驚くほど特徴が異なる。何をもって公正な比較とするのか。もちろん、違いを解釈するというローカルな問題は、地域や国のレベルでも同様に起こる。また、「意味のある違い」を判断するという問題も、密接に関連している。学校を比較する際に、テストの点数差が何点あれば「意味のある違い」と言えるのだろうか。実際、テストの点数から、効果的な意思決定に必要な事実が得られることはほとんどない。この種のエビデンスに基づく決定は、あたかも合理的な政策であるかのような錯覚を与えるだけである。

結局のところ、政策立案者や自治体の長が学校側の取り組みを審査すべきという考え方そのものを疑う必要がある。ここで想定されているのは、教育の工場メタファーに起源をもつ階層的な意思決定である。テストの点数に基づいて他者の能力を審査することは、ヒエラルキーを強化し、トップダウンの管理統制を維持することにつながると同時に、疎外感や不信感の種を撒き散らすことにもなる。異なる階層にいる人たちは、異なる現実と合理性をつくり出していることを考えてみてほしい。教師が生きている現実は、学校管理職、地方自治体の長、上級の政策立案者が生きている現実とは異なる。ヒエラルキーの下層にいる人々にとって、上層の人々が作る政策は不適切か、抑圧的に思われるだろう。逆に、上層の人々は下層の人々に対し、「いったい何をしようとしているのか」と疑いの目を向けているかもしれない。まさにこのような疎外された関係こそが、学校管理職や教師による生徒の成績指標の改ざんの引き金になる[21]。要するに、ヒエラルキーや管理統制という風潮は、学校にとっては有害なのだ。本書で提案する関係に基づく評価が、教育システムの構成そのものに関わるのは、まさにこの点においてである。

では、意思決定のプロセスをどのようにつくり替えれば、関係のウェルビーイングが最優先されるのだろうか。このような問いをもっているのは、私たちだけではない。すでに多数の文献で、学校における共有型リーダーシップや分散型リーダーシップが取り上げられており[22]、トップダウンのリーダーシップに代わり、協力的なチームに可能性を見出している学校も多い[23]。組織における関係的主導（リレーショナル・リーディング）に関する文献も、参考になる[24]。ここでは、生成的な関係から生まれ、それを維持するようなリーダーシップに主眼が置かれている。リーダーシップは、個人ではなく、関係のプロセスの中にある。この点で、組織研究は、協同的な意思決定がもつ豊かな可能性を示してきた[25]。複数の視点が反映されることで意思決定はより洗練され、より強固なものになる。協同的ガバナンスの理論と実践も、公共サービスに取り入れられている[26]。これらはすべて、関係に基づく評価の実践と親和的であり、学校および社会全体の伝統的な組織構造を、関係的な調整のプロセスに置き換えることを目指すものである。

「ナショナルスタンダードは？」

教育水準（スタンダード）をめぐっては、国の内外を問わず活発な議論が行われている。「私たちの教育水準は十分に高いと言えるのか」「本校は国の水準を満たしていないのか」「他の国々と競争するために、どのように水準を高めればよいのか」。教育の「スタンダード」への関心は、一見すると合理的である。それは、大西洋の両側で行われた教育改革の主な原因であり、また、経済協力開発機構（ＯＥＣＤ）が生徒の学習到達度調査（ＰＩＳＡ）を創設する重要な契機となった。**スタンダード**は、他のものを評価するための基準と定義される。ここで、重要な疑問が生じる。第一に、なぜ人生を左右するような学校の基準を、直接関わりのない行政組織が設定するのか。基準を満たすように求められる人々と、その根拠、必要性、影響について議論することなく、なぜ（例えば数学や読解の）単一の基準が設定されるのか。基準を決める論理についても疑問が残る。雇用する側のニーズ、経済、文化的歴史、文化的構成、テクノロジー、グローバルな関係、想定される未来など、非常に複雑な問題がある中で、意思決定はどのように行われるのか。決定の根拠をもっと開示して、人々が議論できるようにしないのはなぜか。

さらに重要なのは、スタンダードが確立されることで、対象となる範囲が限定されるという点である。対象となる範囲が狭くなれば、私たちが知ることのできる範囲も限られる。知識の範囲が限定されれば、じっくり考えたり革新を生み出したりする力も制限を受けるだろう。例えば、言語リテラシーをスタンダードにすれば、デジタルリテラシーやビジュアルリテラシーの可能性を閉ざすことになり、結果として、社会にとってマイナスになる。多様なアプローチ、リソース、強みがあるからこそ、私たちは生き残り、成長することができるのである。特に、気候危機と地球規模の急激な変化が進む状況においては、学びの経験や学び方の多様性が大切にされなければならない。

以上の議論は、すべての市民が有意義な社会参加のための十分な知識と技能を身につける必要があるのではないかという、不変の懸念を否定するものではない。当然のことながら、社会的平等は、すべての人々に等しく質の高い教育を提供することにかかっている。これまで見てきたように、標準化されたカリキュラムやテストは裕福な人々に有利であり、その意味で不平等を永続させるものである。特定の教科をどの程度習得したかを知ることが役に立つ生徒や時期は限られている。ただし、そのような場合でも、テストの点数は形式的に機能し、便利な基準を提供することになる。ここでは、スタンダードに基づく学習の実践が適用できるだろう。一般的な習得の基準が確立されていれば、生徒はいつでも好きなときに自ら進んで自分に合ったテストを受けられる。音楽の演奏は、その一例である。問題は、他の人と比べてどれだけうまく演奏できるかではなく、特定の学習分野における習得基準（知識およびスキル）に照らして自分がどの位置にいるかということである。もし納得がいかなければ、後日、テストを受け直すこともできる。自分が目標とするレベルを目指して、何度でも挑戦することも可能である。

「高等教育の問題は？」

評価の変革に立ちはだかる大きな壁は、**高等教育機関の入学者選抜の問題**である。熾烈な入学競争のため、ほとんどの学生は複数の大学等に願書を提出する。大学や専門学校には膨大な数の願書が殺到し、その審査は大変な作業となっている。主観的な審議にかかる膨大な時間を削減し、負担を減らすには、成績評価基準を採用するのが一番である。標準テストの点数は、最もわかりやすい情報源となっている。すべての応募者が一つの連続的なものさしで評価され、効率的な選別が行われる。米国のＧＰＡ（Grade Point Average）、英国のＡレベル（大学入学資格）やＢＴＥＣ

(Business and Technology Education Council 職業資格制度)、GNVQ（General National Vocational Qualification 一般全国職業資格)、フランスのバカロレア（Baccalauréat)、中国の高考（Gao-Kao)[27]など、生徒の成績が判断の効率化に役立つことは多い。多くの学生、保護者、教育機関にとって、GPAまたはそれに相当するものは、「知的優秀さ」を示す数値であり、生徒の将来を占う重要な指標となっている。実際、入学生のGPAを誇らしげに公表している大学も多い。同様の慣習は、世界のほとんどの国々に見られる。

高等教育機関が点数にこだわり続ける限り、中学校や高等学校は従来の評価の手段を使い続けることになる。たとえ全国テストがなくても、そうするだろう。なぜかと言えば、生徒も保護者もそれを求めるからである。彼らは「トップ争い」に巻き込まれており、成績基準がなくなれば、かえって混乱する。成績が良ければ優越感に浸ることができ、将来の成功が約束される。同じ理由で、親は多額のお金を払って子どもを私立学校に通わせたり、子どもがもっとよい学校に入れるように転居したりする。[28]しかし、このように高等教育への進学を成績やテストの点数によって決めることは、教育を貧しくする大きな原因となっている。

誤った評価という厄介な問題はさておくとしても、他にどんな方法があるだろうか。これは、高等教育機関にとって深刻な問題になりつつある。学びをさらに高め、より発展させるために生徒を評価する責任は、高等教育機関にかかっていると私たちは考えている。中等教育は、高等教育機関のニーズの人質になってはならない。むしろ、高等教育機関は、独自の専門的な評価方法をつくり出す必要がある。この方向に進むべき理由は十分すぎるほどある。

第一に、入試委員会自体が、テストや成績に基づいて生徒の資質を判断することに抵抗を感じている。第1章で述べたテストの点数の偏りをよくわかっているからだ。SATsのような全国テストに頼らないという方針を打ち出す大学が増えているのも、このような理由からである。また、学校によって生徒に求めるものが著しく異なることも認識している。同じ成績でも、学校によって意味が違ってくる。「よい」成績が何を意味しているのかを見極めることも難しい。わき目もふらず勉強したのか、手厚い個別指導を受けたのか、受験勉強に粘り強く取り組んだのか、家庭の影響か、もともと優秀だったのか。知る手段はほとんどないのである。

成績が曖昧なものであることに加え、大学によって重視するもの、文化的精神、理想とする学生の姿などは異なる。

学生の国籍や宗教、民族、社会経済的な背景、興味、才能、スキルなどにどの程度多様性を求めるかは大学によってさまざまである。このような特定のニーズと関連性の低い指標の点数をまとめても、ほとんど意味がない。高等教育機関が迅速で簡単な概要に頼らなければならないなら、そのようなスコアが機関の特定のニーズに結びついている方がはるかによいだろう。[29]

もし大学、職業訓練校、専門学校が、独自の調査や入学者選抜の方法を開発できるのであれば、中等学校や高校は、生徒一人ひとりの学習について豊富で詳細な情報を提供できるだろう。ここでは、関係に基づく評価のアプローチを通して得られるまさにそのような情報を念頭に置いている。第5章で紹介した個人の学びの記録を考えてみよう。イギリスのマデリー・コート・スクールでは、生徒の学びの記録が中等教育が終わるまで保存されており、特定の大学に提供することも可能である。マサチューセッツ州のワーリング・スクールは、志願者の知的好奇心、学業面での強み、生涯学習者としての関心、志願者を本当によく知っている推薦者からの評価コメントなどを記載した成績書類を作成している。ウォルドルフ・スクールでは、情報量の多いポートフォリオ証明書も提供している。これらの個人書類によって、より焦点を絞り込んだ調査や選抜方法に豊かな次元を加えることが可能になる。それぞれの教育機関により適した選抜を行うことで、公教育はもっと自由になれるのである。

文化的緊張と教育変革

私たちはこれまで、関係のプロセスこそが教育の成功の基本的原理であると一貫して主張してきた。関係を重視する評価の実践は、深い学びと活発な関わりを促し、人間関係を豊かにすることができる。本章で提案するように、このような評価を学校生活に取り入れることで、関係を重視するカリキュラムデザインや教授法の革新を生み出し、十分に開花させる道が開かれる。これはまさに、急速かつ複雑に変化する世界が直面する課題への取り組みに必要な教育の転換である。このビジョンは刺激的ではあるが、その実現は周囲の文化的状況に大きく左右される。文化的状況は変革を阻むのか、それとも後押しするのか。文化的な影響力のうち、以下に述べる二つは、今日の世界におけるその重要性だけでなく、互いに相反するという意味で、特に注目すべきである。一方は、標準化と測定を強化し、その範囲を拡大させるのに対し、もう一方は改革の必然性を保証する。

忍び寄る管理――パブリック・マネジメントと従属する社会

エビデンスに基づく実践を求める声は、いたるところで聞かれる。教育システムの有効性を判断し、改善するためには、信頼性の高い正確な達成基準が不可欠であるということは明らかである。生徒の習熟度、教師の能力、学校のリーダーシップ等を評価するには、確かな証拠が求められる。エビデンスだけでなく、経済性も必要である。公教育の財源には限りがあるため、最小限のコストで最大限の成果を上げることが要求される。その結果、私たちは、テスト、レポート、アンケート、査察の世界にますます引きずり込まれていく。しかし、皮肉なことに、要求が強くなればなるほど、学習効果や幸福度は低下するのである。

とはいえ、根拠と経済性を同時に求める声が優位を占めているのは、教育分野に限らない。多くのアナリストによれば、この傾向は、ますます拡大しつつある文化的潮流の一つの兆候にすぎない。企業、公共サービス、病院、地域社会も、学校と同様の困難に直面している。いずれも、経済効率性と生産性を上げるために管理、監視、測定を強化する方向に向かっており、教育と同じように活力を失っている。つまり、私たちは、人々がますます生きづらくなるような社会をつくり出してしまっているのだ。このような状況について大まかに見ておくことは、その成り行きと代替案をじっくりと考えるうえで役に立つだろう。

科学的な視点で物事を捉え、判断するという考え方は、啓蒙主義（「理性の時代」）と呼ばれるように、一七世紀から一八世紀にかけての西洋で生まれた。人々は宗教的教義を捨てて体系的な観察と論理を信頼するようになり、信仰およびそれが社会形成に及ぼす影響力は次第に弱まっていった。また、市民の統治力が拡大するのに伴い、公共政策、官僚制、公教育も広がっていった。二〇世紀には、物理学、化学、生物学、工学が著しく発展し、科学が文化的にも大きな力をもつようになった。

ここでは、この運動には**管理の重視**および**倫理や価値観への無関心**という二つの重要な特徴があることを指摘しておきたい。科学研究はもっぱら、自然界の確実なパターンを明らかにしようとする。その最終的なゴールは、説明と予測を可能にすることであり、それは何より管理するためである。人々にどうすべきかを示すことには関心がない。一般に、病気の原因がわかればその影響をコントロールすることができ、作物の成長に影響する要因がわかれば収穫量を増やすことができると考えられている。二〇世紀の間に、この論理は、人間の行動パターンにも適用されるようになった。例えば、人口統計、犯罪率、識字率、貧困などをグラフ化することは、明らかに有用である。うまく測定すれば、未来をコントロールすることは可能だと私たちは思っている。

科学が人間に応用されるにつれ、科学的な世界観が日常生活に急速に浸透しはじめた。一九三〇年代の産業界における**テーラー主義**の登場は、その代表例である。テーラー主義は、労働者の熟達を時間と動作で測定することに重点を置くものであり、今日まで続く管理の方向性を生み出した。よくある企業の能力評価は、その一つの結果にすぎない。この評価によって、経営者は、報酬と罰を巧妙に組み合わせ、生産性に影響を与えることが可能になった。能力評価は、組織の中で誰が出世し、誰が窓際に追いやられるかも左右する。管理と評価を重視する姿勢は、行政機関にも見られる。行政という考え方は啓蒙主義の時代に生まれたものであり、一九世紀に急速に広がった科学的志向に結びついている。二〇世紀に入ると、データ収集と統計に依存した行政官僚組織が形成されていった。今日の一般的な理解では、経済性、効率性、有効性が行政の中心的な柱とされている。

科学的な世界観が文化生活にますます浸透するにつれ、人間的な価値観への関心が失われていく。科学は、公平かつ客観的に世界を説明するとされる。人間的な価値観は、（科学に組み込まれたものを除き）科学の客観性を脅かすものである。この考え方によれば、世界は一つであり、この世界に関する科学的な報告は、宗教や政治的見解、個人的欲望などの影響を受けてはならない。こうして、価値観は「主観的なものにすぎない」あるいは「好みの問題」であると考えられるようになった。二〇世紀に入り、社会科学が発展すると、倫理的な哲学は科学哲学に矮小化されることになった。

公教育において、価値観の問題がたいてい当たり障りのない扱いを受けてきた大きな理由も、ここにありそうである。

公教育は事実を教えるべきであって、改宗させるものではないと言われる。武器を保有する権利、移民問題、ジェンダーの多様性、人種差別のような差し迫った社会問題を教室で議論することは、たとえそれが許されるとしても、慎重に行わなければならない。学校では、倫理的、道徳的に考える機会や、価値観がぶつかり合うような生産的な対話に参加する機会がほとんどないのが現実である。[30]

価値についての熟慮がなされないまま、物質的な豊かさが疑いようのない善になった。科学が教えてくれているように私たちが物質的世界に住む人間であるとすれば、物質的な幸福の追求を正当化するのにどんな哲学も必要ない。（お金に象徴される）物質的な豊かさには当然価値があり、お金を得ることは善を達成することである。[31] 誠実さや正義感、寛容さ、美しさなど、それ以外の価値は、周辺的なものになる。

一方で、個人の富の蓄積は、管理する力に結びついている。富を保有するということは、困っている人や貧しい人を雇ったり動かしたりする手段をもっているということである。大企業が統治者の決定をお金で買おうとするのは、その一例にすぎない。富を利用して権力を拡大しようとする動きは、競争によっていっそう助長される。ダーウィンが種の保存について述べたことは、まさにそのプロセスを示している。一般に、私たちは基本的に競争の中に閉じ込められており、[32] 生き残れるかどうかはそこで優位に立てるかによって決まると考えられている。富は支配の主要な手段であるため、ダーウィンの視点は自由市場資本主義と密接に結びつく。企業の利益は、強者と弱者、社会にとって好ましい者とそうでない者の間に線を引く。西洋の多くの国では、このような世界観が政治の世界で確立されており、社会を統治する目的は、ますます経済成長や競争に結びつくようになった。本書の冒頭で触れたように、**新自由主義**という言葉は、特にアメリカとイギリスにおいて、政府による政策が企業にそれぞれの利益を追求し、競争に勝つためのお墨つきを与えることを意味するようになった。自由な企業活動は、最終的に公共の利益をもたらすと主張される。頂点に富が蓄積されれば、すべての人々に恩恵が約束される（「トリクルダウン」）。こうして、法人、銀行、その他の事業の経営から制限が取り払われてきた。平等、正義、思いやりなどの価値はほとんど放棄され、「一流の弁護人を雇うことができれば、何でもあり」という態度が有利になる。

要するに、私たちは、管理、測定、経済的利益、競争が危険なまでに強固に組み合わされた状況に直面している。[33] 力をもつ者が監視装置という武器を手に、結束して経済的利益を追求するとき、その成長と繁栄を阻止することは不可能である。権力者が政策を決定し、評価方法によってその実行が保証され、経済競争の名のもとにすべてが正当化される。権力と富をもつことが、さらに権力と富を増やすことになるのである。例えば、アメリカでは、人口の一％が国全体の富の三〇％以上を所有している。このような展開を、**忍び寄る管理 control creep** と呼ぶことができるだろう。これは、お金を稼ぐ、物事を効率的に進める、競争に打ち勝つなど「ただ合理的に行動すること」が、不幸を生み出し、拡大していく文化的プロセスのことである。人間は、商品、データ、パーセンテージ、プロファイル、ターゲット層、顧客として容易に再定義される。このプロセスは、じわじわと人々の居場所を奪っていく[34]。また、こうした流れは、次第に公共部門に向かってきている。「ニュー・パブリック・マネジメント[訳注 i]」という考え方と相まって、病院、刑務所、公共交通機関、大学を経済事業に転換することが望ましいとされるようになった。学校が工場に見立てられていることから、公教育にもこのような考え方が入り込む下地はできていると言えるだろう。

本書では、教育を内側から変革し、忍び寄る管理の力に抵抗するための道筋を示す。教師、学校管理職、保護者、その他の関係者は、学びと学びの基盤となる関係の両方を豊かにするような教育実践を初めから終わりまで徹底的に実行し、サポートすることができる。ここに、トップダウンの管理、監視、効率性、経済性に支配されることなく、政策決定のあり方を再構築するための土壌がある。関係のウェルビーイングに価値が置かれるとき、権力の**中枢**はもはや存在せず、決定は関係のプロセスから生まれる。忍び寄る管理という文化的背景において、このような変革は可能だろうか。次に紹介する第二の文化運動が希望を与えてくれるだろう。

吹き荒れるテクノロジーの嵐——混乱とその帰結

秩序を求める静かな衝動と同時に、それに反するような文化的な力も働いている。テクノロジー、とりわけ情報通信技術（ＩＣＴ）の大規模な発達と普及である。過去三〇年の間に、私たちは世界中の人々と、二四時間いつでも、瞬時に接続できるようになった。これらの科学技術は、新しい知識、多様な意見、最新の情報、革新的なアイデア、インスピレーション、理想、社会運動、政治不安などを生み出し続け、結果として、固定化、構造化、標準化、普遍化に向かおうとするあらゆる試みに挑戦している。科学技術は教育機関にも急速に浸透し、学習や教育という概念、さらには学校教育それ自体がもつ意味についての私たちの考え方にも影響を与えている。

このような変化は、トップダウンではなくボトムアップ、すなわち教育の専門家からではなく生徒の中から始まったと言ってよいだろう。若者は最先端の機器を使いこなし、環境問題、ジェンダー問題、食の健康、テクノロジー、音楽、スポーツ、ファッション、宇宙旅行、先史時代の動物について、親や教師より詳しく知っている者も少なくない。彼らは教室の外で、電子音楽を作曲したり、映画やオンラインゲームを制作したり、自分でパソコンを作ったりするなど、新しいノウハウを身につけている。小学校入学までに、個別学習のコースを始めている子どもも多い。確かに、先端技術産業は以前から教育市場がもつ経済的な可能性に注目していた。今や、コンピューターやデジタルノートは珍しいものではない。携帯電話は学習ツールになっており、バーチャルリアリティ技術や3Dプリンターも登場している。技術革新と生徒の熱意は融合するのである。

多くの教育者が、このような動きに理論と実践の両面で貢献している。[35] 先ほどの議論から言えば、教育者の挑戦的な議論は、学生の熱意の高まりと先端技術産業に結びついているのである。彼らは一致して、教育の主要な柱であるカリキュラム、教授法、評価を変革しようとしている。そこで求められているのは、まさに私たちがこれまで提唱してきた枠組みなのである。ここでは、カリキュラムの問題を考えてみよう。

特定の年齢を対象とし、学校システム全体に共通の固定したカリキュラムという従来の考え方は、時代遅れになりつつある。その理由はいくつかある。まず、定型的で無難なカリキュラムは、安定した世界では有用かもしれないが、デジタル世界では、生徒が将来何を知っておく必要があるかを予測することは不可能である。「あなたたちがここで学ん

［訳注 i］　ニュー・パブリック・マネジメント new public management　経営学や経済学に理論的根拠を置きながら、民間企業における経営手法等を積極的に導入することによって、効果的・効率的な行政運営を行い、質の高い行政サービスの提供を実現しようとする新たな行政管理手法。

できたことは、今やすべて無意味だ」という、ハーバード・ビジネス・スクールの卒業式の祝辞の一節が評判になった。実際、最も重要なのは「何を知っているか」ではなく、継続的な学びと創造的な即興にいかに参加するかである。何が必要になるかは予測不可能であるため、さまざまな可能性をもつ人々が求められている。社会の繁栄にとって、多様性は大きな力であり、標準化は敵である。生徒が学んでいることは将来の課題にほとんど役立たず、過去の世界のために彼らを教育している恐れがある。また、分野別にカリキュラムを作成することで、サイロのように閉じた世界がつくり出される。人はサイロの現実の中で学び、実践するのである。しかしながら、「ウィキッド・プロブレム」[訳注ii]と呼ばれる未来の極めて複雑な問題には、対話、視点の統合、イノベーションが必要になる。現在、高等教育では学際的・横断的な取り組みが行われているが、これは今後の展開を示すバロメーターである。

　教授法に目を向けると、デジタル革命によって、教師はもはや知識の主要な源ではなくなる[36]。生徒は、教師が知らない多くの分野について高度な知識と意見をもっている。これらの領域では、生徒の関心も非常に高い。教師の役割は、ファシリテートする、ガイドする、カウンセリングを行う、機会をつくる、限界を設定するなどの方法で、生徒が学習プロセスを進められるように貢献するという方向へと少しずつ変化している。先に述べたように、教師は学びのパートナー、つまり共同探究者になるのである。この個別化された学びは、ブレンディッド・ラーニング（デジタルと対面を融合した学習）やコンピューター教室の広がりにも結びついている。ＩＣＴによって、対話的で協同的な学びが促進される。教室の壁は、次第に取り払われつつある。生徒は、情報、意見、価値観、イノベーションのグローバルな流れに効果的に関与する方法を学ぶのである。

　評価について言えば、標準テストの採点を効率化するために、長くテクノロジーが利用されてきた。しかし、ＩＣＴの高度化により、今では生徒一人ひとりの学習状況に合わせた評価が可能である。数学や第二言語の学習など、生徒がスキルを（コンピューターゲームのように）向上させようとする際に、継続的なフィードバックを提供する手段はすでに整っている[37]。また、ＩＣＴを利用して、生徒が自分の学びの経験、健康状態、クラスの様子を継続的に報告することも可能である。ラーニング・ジャーナル、ポートフォリオ、進捗状況の記録をすべてデジタルで保存し、オンラインで確認すれば、授業の復習もデジタルで行うことができる。このようなテクノロジーは、先に述べた「教師が生徒と評価について対話するための時間的コストは？」という疑問に対する答えにもなる。このように、テクノロジーの進化はさまざまな形で、関係的な評価への移行を支えているのである。

秩序と混沌を乗り越えるための共創

社会的存在である私たちには、広い意味で、秩序と無秩序の両方に向かう力が内在している。私たちは生活の中でよいことを実現し、維持しようと努力するが、その結果として生じる秩序によって拘束される。今日の世界では、この逆向きの二つの力が互いに強化し合いながら、かつてないほど高まっている。私たちは管理装置を研ぎ澄ましながら、自由を強く求める。コミュニケーション技術によって制約がなくなる一方で、よりいっそうの監視が必要とされる。組織論者は、この相反する傾向に長く関心を寄せてきた。ますます急速で制御不可能な混乱に直面する中、組織の有効性が求められているためである。こうした議論から生まれた最も示唆に富む概念の一つが、**カオディック**［訳注iii］な組織である。秩序の価値と変化の要求をともに認める組織を、どうすれば構築することができるか。どうすれば、これらの相反する力を組織に組み込み、その活力を高めることができるのだろうか。

これらは確実に、教育の未来に対する豊かな問いかけとなる。社会のニーズや伝統と、あらゆる場所に私たちを誘うテクノロジーをいかに融合させるか。確かに、本書は解放に向かって大きく舵を切っている。テスト、成績、標準化された尺度、その他の管理の道具に対して疑問を投げかけ、成長、創造性、世界の複数性を強調する対話のプロセスを重視してきた。ただし、私たちが「何でもあり」の教育を提唱していると結論づけるのは、大きな間違いである。確かに、教育の工場モデルを、意味の共創プロセスを豊かにする場としての学校という考え方に置き換えることを強く望んでい

［訳注ii］　ウィキッド・プロブレム wicked problems　デザイン理論家のホルスト・リッテルが提唱した概念で、「厄介な問題」とも言われる。複雑、不明確、不確実で、ステークホルダー（利害関係者）が多数存在し、明確な解決策がない問題を指す。

［訳注iii］　カオディック chaordic　ディー・ホックによる造語で、カオスと秩序の間を意味する。

る。しかし、第2章で述べたように、教育の主要な目的は、若者が社会過程の各領域に参加する潜在的な力を高めることにある。文化生活の伝統は非常に大きな意義を有しており、教育プロセスにおいて重要な位置を占めなければならない。言語はそのよい例である。社会への有意義な参加は、言語スキルに大きく依存する。一方、そのような言語は、何世紀にもわたる共創的なやりとりによって鍛えられてきたものである。わかりやすく話すことは、文化の過去の声を伝えることである。言語に長けていることは、伝統に長けているということなのである。

専門性を含めた文化的な伝統を尊重しつつ、伝統を固定的に捉えないことが重要である。私たちの伝統はすべて、人々が特定の時間と状況の中で言葉と行動を協調させる共創的なプロセスを経て生まれてきた。これらの伝統を体系化し統制することで、その伝統を生み出したプロセス自体を損なうことになる。伝統は固定化され、現在の状況や未来とはますます無縁のものになってしまう。だからこそ、教育機関は共創のプロセスを中心に据えて物事を考えなければならない。すでに述べたように、このプロセスは、教育方法、カリキュラム、評価において促進され、維持されるべきである。このようなプロセスを通して、伝統は、明るい未来を積極的かつ想像力豊かにつくり出すための資源として活用できるようになるのである。

注

[1] 生徒のウェルビーイングや関係の質に配慮した私立学校への入学者数が増加していることにも、留意する必要がある。ウォルドルフ、モンテッソーリ、レッジョ・エミリア、ソサエティ・オブ・フレンズなど、古典的な革新のモデルに加え、アメリカのチャーター・スクールやマグネット・スクール、ユナイテッド・ワールド・カレッジ、教育における人間中心主義や民主主義運動なども、ここに含まれる。

[2] ここでは、「カリキュラム」「教授法」「評価」という、相互に関連し合う教育の三つの側面についてのバーンステインの考え方に依拠している。Bernstein, B. (1977) *Class Codes and Control: Towards a Theory of Educational Transmissions.* London: Routledge and Keegan Paul.

[3] 以下も参照。Robinson, K. (2001) *Out of Our Minds: Learning to Be Creative.* Chichester: Capstone; Wagner, T. (2012) *Creating*

Innovators: The Making of Young People Who Will Change the World. New York: Scribner; Wagner, T., and Dintersmith, T.（2016）*Most Likely to Succeed: Preparing Our Kids for the Innovation Era*. New York: Scribner; Clapp, E. P.（2016）*Participatory Creativity: Introducing Access and Equality to the Creative Classroom*. New York: Routledge.

［4］Gill, S., and Thomson, G.（2012）*Rethinking Secondary Education: A Human-Centred Approach*. London: Pearson Education.

［5］Darling, J.（1993）*Child-Centered Education and Its Critics*. London: Sage Publications.

［6］Malaguzzi, L.（1996）*The Hundred Languages of Children: The Reggio Emilia Approach to Early Childhood Education*. Norwood, NJ: Ablex Publishing; Hart, S., Dixon, S., Drummond, M., and McIntyre, D.（2004）*Learning Without Limits*. London: Open University Press; Stacey, S.（2009）*Emergent Curriculum in Early Education Setting: From Theory to Practice*. St Paul, MN: Redleaf Press; Wein, C.（ed.）（2008）*Emergent Curriculum in the Primary Classroom: Interpreting the Reggio Emilia Approach in Schools*. New York/Washington, DC: Teachers College Press/National Association for the Education of Young Children.

［7］Dewey, J.（1938）*Logic: The Theory of Inquiry*. New York: Holt, Rinehart, and Winston.（川村望訳　二〇一七『行動の論理学――探求の理論』人間の科学新社）を参照。

［8］レッジョ・エミリアの教育哲学およびその特徴的な教育方法の概要については、マラグッツィによる著書（*The Hundred Languages of Children*）、またはレッジョ・エミリアのウェブサイト（https://www.reggiochildren.it/en/）を参照。

［9］ハイテックハイの詳細については、ウェブサイト（www.hightechhigh.org）を参照。

［10］アゴラ・スクールについて、より詳しくはウェブサイト（https://wingsroermond.nl/agora）を参照。

［11］Gill and Thomson（2012）前掲書に掲載されている生徒へのインタビューを参照。

［12］前掲書。

［13］例えば、以下を参照。Skidmore, D., and Murakami, K.（eds.）（2017）*Dialogic Pedagogy: The Importance of Dialogue in Teaching and Learning*. Bristol: Multilingual Matters Press; Matusov, E.（2009）*Journey into Dialogic Pedagogy*. Haupaugge, NY: Nova Science; Littleton, K., and Mercer, N.（2013）*Interthinking: Putting Talk to Work*. London: Routledge; Barkley, E., Cross, K., and Major, C.（2005）*Collaborative Learning Techniques*. San Francisco, CA: Wiley; McAllister, C.（2011）*Unison Reading: Socially Inclusive Group Instruction for Equity and Achievement*. Thousand Oaks, CA: Corwin; Pack, B.（2019）*The Cooperative Classroom*. Independently published; van den Linden, J., and Renshaw, P.（2004）*Dialogic Learning: Shifting Perspectives to Learning, Instruction and Teaching*. New York: Springer; Mercer, N., et al.（eds.）（2019）*The Routledge International Handbook of Research on Dialogic Education*. New York: Routledge.

［14］Freire, P.（1970）*Pedagogy of the Oppressed.* New York: Continuum.（三砂ちづる訳　二〇一八　『被抑圧者の教育学――50周年記念版』亜紀書房）

［15］以下を参照。Dewey, J.（1916）*Democracy and Education.* New York: Macmillan.（松野安男訳　一九七五　『民主主義と教育　上下』岩波書店）; Dewey, J.（1938）*Experience and Education.* New York: Collier.（市村尚久訳　二〇〇四　『経験と教育』講談社）; Lave, J., and Wenger, E.（1991）*Situated Learning: Legitimate Peripheral Participation.* Cambridge: Cambridge University Press.（佐伯胖訳　一九九三『状況に埋め込まれた学習――正統的周辺参加』産業図書）; Wenger, E.（1999）*Communities of Practice. Learning, Meaning and Identity.* Cambridge: Cambridge University Press.

［16］Gill, S., and Thomson, G.（2016）*Human-Centred Education: A Handbook and Practical Guide.* London: Routledge.

［17］例えば、以下を参照。Barnes, M.（2015）*Assessment 3.0: Throw Out Your Grade Book and Inspire Learning.* Thousand Oaks, CA: Corwin; Dueck, M.（2014）*Grading Smarter, Not Harder: Assessment Strategies That Motivate Kids and Help Them Learn.* Alexandria, VA: Association for Supervision and Curriculum Development; Sackstein, S.（2015）*Hacking Assessment: 10 Ways to Go Graceless in a Traditional Grades School.* Cleveland, OH: Times10 Publications.

［18］Berdik, C.（2018）."What's school without grade levels?" The Hechinger Report. *Future of Learning,* July 30, 2018. https://hechingerreport.org/whats-school-without-grade-levels/

［19］ノースカロライナ州ウォーレン・ニュー・テックのプロジェクト型学習、ニューハンプシャー州郊外のピッツフィールド学区の「No Grades No Grades」という学習方法、ニューヨーク市の四〇の学校で行われている、生徒が自分のペースで学習して単位を取得するコンピテンシーベース型の学習など、世界各地に例が見出せる。詳細は以下を参照。Spencer, K.（2017）"A new kind of classroom: No grades, no failing, no hurry," *The New York Times,* August 11, 2017.

［20］アメリカの私立の中等教育学校に見られる挑戦的な動きとして、従来の成績証明書に代えて、コンピテンシーに基づくより詳しいドキュメンテーションを作成しようというものがある。大学には、志願者の履修科目と成績のリストの代わりに、幅広いコンピテンシーに関して生徒が達成した習得レベルを示す証拠が提出される。以下を参照のこと。Jaschik, S.（2017）"A plan to kill high school transcript ... and transform admissions," *Inside Higher Education,* May 10.

［21］例えば、以下を参照。https://www.publicschoolreview.com/blog/when-teachers-cheat-the-standardized-test-controversies

［22］以下を参照。Lave, J., and Wenger, E.（1991）*Situated Learning: Legitimate Peripheral Participation.* Cambridge: Cambridge University Press.（佐伯胖訳　一九九三　『状況に埋め込まれた学習――正統的周辺参加』産業図書）; MacBeath, J.（1998）*Effective Leadership in a Time of Change.* London: Paul Chapman Publishing; Spillane, J., Halverson, R., and Diamond, J.（2001）"Investigating school leadership practice: a distributed perspective," *Educational Researcher,* 30(3): 23–28; Spillane, J.

(2006) *Distributed Leadership*. San Francisco, CA: Jossey-Bass.

[23] 例えば、以下を参照。Rubin, H. (2009) *Collaborative Leadership: Developing Effective Partnerships for Communities and Schools*. Thousand Oaks, CA: Corwin.

[24] 例えば、以下を参照。Cooperrider, D., and Whitney, D. (1999) *Appreciative Inquiry*. San Francisco, CA: Berrett-Koehler; Gergen, K. J. (2009) *An Invitation to Social Construction* (2nd ed.). London: Sage.（東村知子訳　二〇〇四『あなたへの社会構成主義』ナカニシヤ出版（第1版の翻訳））; Gergen, K. J. (2009) *Relational Being*. New York: Oxford University Press（鮫島輝美・東村知子訳　二〇二〇『関係からはじまる――社会構成主義がひらく新しい人間観』ナカニシヤ出版）; Pearce, C., and Conger, J. (2003) *Shared Leadership: Reframing the Hows and Whys of Leadership*. Thousand Oaks, CA: Sage.

[25] Brazer, S., Rich, W., and Ross, S. (2010) "Collaborative strategic decision making in school districts," *Journal of Educational Administration*, 48(2): 196–217; Cranston, N. (2001) "Collaborative decision-making and school-based management: Challenges, rhetoric and reality," *Journal of Educational Enquiry*, 2(2): 1–24; Supovitz, J., and Tognatta, N. (2013) "The impact of distributed leadership on collaborative team decision making," *Leadership and Policy in Schools*, 12(2): 101–121.

[26] 例えば、以下を参照。Grandori, A. (2009) "Innovation, uncertainty and relational governance," *Industry and Innovation*, 13(2): 127–133; Ansell, C., and Gash, A. (2007) "Collaborative governance in theory and practice," *Journal of Public Administration Research and Theory*, 18: 543–571; 以下のウェブサイトも参照。https://relationalwelfare.wordpress.com

[27] 「高考」とは、中国の国立大学の入学試験であり、正式には、普通高等学校招生全国統一考試という。

[28] Green, F., Anders, J., Henderson, M., and Henseke, G. (2017) "Who chooses private schooling in Britain and why?" *LLAKES Research Paper*, 62. London: Centre for Learning and Life Chances in Knowledge Economies and Societies.

[29] Wagner and Dintersmith (2016) 前掲書。

[30] 公教育における倫理の再生に関する議論は、以下を参照のこと。Gill, S., and & Thomson, G. (eds.) (2020) *Ethical Education: Towards an Ecology of Human Development*. Cambridge: Cambridge University Press.

[31] "value"の同義語をオンラインで調べてみるとよい。筆者らの最近の検索結果では、merit, worth, usefulness, use, utility, practicality, advantage, desirability, benefit, gain, profit, good, effectiveness, efficacy, importance, significance, point, sense となっており、いずれも価値と金銭の獲得が密接に結びついた世界を彷彿させる。より人間味のある価値の領域を示唆する項目は、help, helpfulness, assistance のみであった。

[32] 例えば、トマス・ホッブズの著書『リヴァイアサン』（一六五一）における人間の本質についての議論や、チャールズ・ダーウィンの進化論を参照。

［33］Peters, M. A. (2011). *Neoliberalism and After?: Education, Social Policy, and the Crisis of Western Capitalism*. New York: Peter Lang.

［34］以下も参照のこと。Dahler-Larsen, P. (2011). *The Evaluation Society*. Palo Alto, CA: Stanford Business School Press.

［35］例えば、以下を参照。Wegerif, R. (2014) *Dialogic: Education for the Internet Age*. London: Routledge; Collins, A., and Halverson, R. (2009) *Rethinking Education in the Age of Technology*. New York: Teachers College Press.（稲垣忠ほか訳　二〇一二『デジタル社会の学びのかたち――教育とテクノロジの再考』北大路書房）; U.S. Department of Education (2017) *Reimagining the Role of Technology in Education: 2017 National Education Technology Plan Update*. Washington, DC: Office of Educational Technology; Sullivan, F. R. (2017) *Creativity, Technology, and Learning*. New York: Routledge. また、www.watchknowlearn.org/ および www.edutopia.org/videos も参照。

［36］カーン・アカデミーの講義は、世界中に提供されている。https://halcyonschool.com

［37］例えば、カリフォルニア州サンディエゴにあるハイテックハイの個別学習の実践を参照。https://www.hightechhigh.org/about-us/

第9章　教育システム全体の変革に向けて

私たちは運命という一枚の布に結ばれ、逃れることのできない相互依存のネットワークに巻き込まれている。それゆえ、一人に直接影響するものは、すべての人に間接的に影響を与えるのである。

――マーティン・ルーサー・キング・ジュニア

かつて、試験、テスト、その他の教育評価は、学びを促進すると考えられていた。これらの教育評価によって、生徒、教師、学校の学びのプロセスはより豊かなものになっていくという期待があったのである。ところが、学びを促進するはずのものが、教育における最優先の目的になりつつある。評価は、生徒、教師、教育機関の能力を反映し、その達成を称えるどころか、今やそれ自体が、何が優れており何が劣っているのかを定義している。評価基準は、教育に関わる人々の人生にとって大切なものを捉えることに失敗し、学びのプロセスそのものをも損なってしまっている。このような嘆きの声が聞かれるようになって久しく、代替案を求める多くの人々の声はハーモニーとなって響きわたっているが、根本的な変革には至っていない。私たちの見る限り、変革を妨げているのは、教育を生産システムとして捉える見方である。第1章で述べたように、学校は工場と同様、合理的に設計された組立ラインであり、標準化された商品の製造を目的としてきた。この工場メタファーが生き残っている限り、教育が大きく変わる余地はほとんどない。

私たちが本書に込めた願いは、何よりもまず、教育プロセスについての新たな展望を示すことである。第2章で論じたように、学校は管理が必要な建造物よりも、変化し続ける会話に近い。生徒、教師、管理職、スタッフを含むすべての人々が、意味を共創する継続的なプロセスに参加する。会話は、学校の壁という人工的な境界を内と外の両方から越えていく。このような会話は複数の場で流動的に発生し、これまでにない形で融合し、変化し、対立するため、私たちは学校を活気ある生きた関係のプロセスとして捉えられるようになる。学びがワクワクするか単調か、授業がおもしろいか退屈か、学校での活動に夢中になれるかストレスを感じるか、校庭が活気に満ちた場所か恐ろしい場所か、宿題が元気の源か悩みの種か、これらはすべて関係のプロセスに依存する。この関係のプロセスの性質は、教師や管理職が自分たちの努力に手応えと虚しさのどちらを感じるか、保護者のわが子への接し方が協力的か懲罰的か、地域の人々が学校に関心をもつか距離を感じるかにも影響を与える。従来の評価方法には重大な欠陥があるが、中でも最もダメージが大きいのは、人間関係における生成的な可能性である。

このように関係のプロセスを前面に出すことで、どうすれば評価が教育に積極的に貢献できるかを考える新たな余地が開かれる。そこで、第3章では、関係を鍵とする評価の理論的根拠と可能性を探ってきた。私たちは、測定に基づく判断を強調する評価（アセスメント）という言葉よりも、**価値づけ**のプロセスとしての評価（エバリュエーション）という概念に魅力を感じた。評価によって、教育ひいては人間関係におけるケアと思いやりの重要性を認識できる可能性があるのだ。私たちはこのような観点から、関係に基づく評価は、以下の三つの重要な目的に貢献すべきであると提案してきた。第一に、評価の実践は、学びのプロセスに命を吹き込むものでなければならない。適切な配慮があれば、評価はテーマに対する生徒の興味をかきたて、関連する能力や技術の習得につながるはずである。第二に、評価への関係論的アプローチは、生徒が学びのプロセスに継続的に関与するきっかけとならなければならない。特に、評価が継続的に好奇心を刺激し、探究する勇気を生み出す可能性を強調してきた。最後に、このような評価は、人間関係の質を高めるものでなければならない。私たちは、評価がいかに信頼と相互的な思いやりを育み、関係のプロセスそのものの価値を認めるかを強調してきた。

このような目標は理想主義的に思われるかもしれないが、第4章では、すでに多くの小学校で行われている画期的な実践に着目した。ここでは、継続的なやりとりのプロセスの中で行われる評価と、定期的に行われる評価とを分けて考えている。前者に関して言えば、練り上げられた質問、仲間との協力、価値を認める（アプリシエイティブ）フィードバックは、すべて評価的な役割を果たしうる。後者については、定期試験に代えて、ラーニングレビュー、ポートフォリオ、形成的フィードバックが利用できることを指摘した。これらはすべて、学びのプロセスを刺激し、維持するための貴重な源となる。生成的な関係に特に貢献するのは、サークルタイムの振り返り、対話的探究、プロジェクト展示などの実践である。これらの実践は、テストや評点に頼ることなく、繊細で配慮ある評価を行うための方法が多数あることを示している。

第5章では、中等教育機関における関係に基づく評価の実践について検討した。特に、対話がいかにプロセス評価に資するかを重視した。対話は、慎重に進めれば、さまざまな形で評価に貢献しうる。試験に代わる評価として、集団による振り返りや個人記録を例に挙げ、それによって学びが向上する可能性について言及した。また、学びを継続させるという点で、ラーニング・ジャーナルやラーニング・アグリーメントが効果的であることも明らかにした。さらに、ポジティブな関係を築く可能性という面から、学習グループで生じる評価のプロセスを取り上げた。

関係に基づく評価は、教える側にも影響を与える。現在の評価方法では、教師の成長に役立つ情報はほとんど得られない。生徒の成績のよしあしで教師を評価すれば、教師の自信を喪失させ、疎外感を助長しかねない。それに対して関係性を重視した評価方法は、教育プロセスに創造的なエネルギーを注ぎ込むとともに、教師の成長と学びをサポートすることができる。評価プロセスは教師の専門性発達に不可欠だと私たちは考えている。第6章では、専門性発達のための四つの枠組みを紹介した。そこで強調したのは、「教師同士が学び合うこと」「生徒を学びのパートナーとして招待すること」「教師の強みや才能に重点を置くこと」「教師自身による実践研究を発展させること」であった。

既存の学校評価の方法は、生徒や教師の評価と同じように、多くの欠点を抱えている。特に問題なのは、学校査察や標準化された尺度に、地域の学校のニーズや状況が考慮されていない点である。第7章では、従来の学校評価に代わり、関係に配慮した二つの評価方法を検討した。一つ目は、評価を自分たちで行う方法を開発したオーストリアのある学校の例である。この学校全体の評価のプロセスで特に興味深いのは、周囲のコミュニティを巻き込もうとしている点である。もう一つの例は、ニュージーランドで導入されている、学校評価者が学校コミュニティの関係者と協力して行う評価形式である。これは、国家的な関心と地域に特有の関心の双方への配慮が求められるニュージーランドの多文化状況において、特に重要な意味をもつものである。

このように、初等教育の授業から、中等教育、教師の専門性発達、さらには学校全体の改善に至るまで、あらゆるレベルで関係を重視する評価のイノベーションが起こっている。前章で述べたように、関係に基づく評価への移行は、教授法およびカリキュラム編成における活発で広範な展開と連動するため、教育にとって非常に大きな意味をもつ。例えば、対話、協同、協力を重視する教授法では、関係のプロセスが学びを豊かにする可能性が正しく理解されている。また、エマージェント・カリキュラムへのシフトによって、学びの道筋の複線化が可能になる。従来の評価方法では、このような実践の可能性を十分に開花させることができないが、関係に基づく評価のアプローチに転換することで、教育の大きな変革への道が開かれる。

ただし、学校教育の工場モデルを関係に基づく考え方に置き換えるには、それを支え、維持するための広範な努力が求められる。また、変革の実現には多方面からの取り組みが必要であり、評価、教授法、カリキュラムの実践におけるイノベーションが欠かせない。生成的な関係が教育の中心にあるならば、そのような関係を積極的に広げていくことが、大規模な変革にとって重要な要素となるだろう[1]。そこで、本書の最後に、教室、学校全体、地域、そして高等教育機関における関係を豊かにするためのアクションを提案することにしたい。

教室における関係に基づく実践

よりよい関係を生み出すための第一の場は教室であり、教師こそが改革の最も重要な鍵を握っている。関係に基づく教育実践の今後を見据えるとき、最も将来性のある行動とはどのようなものになるだろうか。本書では、教室内の対話、協同的な意思決定、参加型プロジェクトなどを紹介してきた。また、多様な声の尊重、認め合うこと、配慮のあるやりとりについても多くのことを述べてきた。これらの議論はいずれも、**生成的な協調**を育むという、より一般的な課題を示している。第2章で述べたように、生成的な協調は参加者のウェルビーイングを高めるだけでなく、関係のプロセスを強化する方向に働く。このような関係のプロセスは、相互理解、洞察力、創造性などを特徴とする。関係のプロセスは、対話の中で構成され、参加者は対話を通して、自分自身と周囲の世界について新しく有意義な理解に到達する。これは、**従来型**の協調（日常のやりとりの平凡なパターン）や、苛立ちや不信感、疎外感、怒りを招く**非生成的な**協調とは対照的である。

生成的な協調のスキルを身につけることは、学習や学校生活に貢献するよりもはるかに意義のあることである。地球の未来は、さまざまな意味で、人々がそのような形で関係を築けるかどうかにかかっている。世界の人々の移動が、物理的にも仮想的にも激しさを増すにつれて、私たちはますます互いの差異に直面するようになった。環境、経済、人権、社会正義、兵器の進化、致死性ウイルスなどの問題が複合的に絡み合うにつれて、その影響が世界を駆け巡るスピードも増している。このような状況では、生成的な関わりが特に重要になる。傾聴し、理解し、価値を見極め、協力し、共創するスキルがなければ、私たちは危機に瀕することになる。

しかしながら、現在、人々の生成的な協調のスキルは衰えてしまっている。私たちは自分の利益を追求し守ることには慣れているが、他者、特に自分とは異なる他者との積極的な協調は、私たちの関係に関する語彙に含まれていない。このような状況の一因は、教育システムに求めることができるだろう。ほとんどの学校では、生徒個人の成績が重視される。焦点となるのは、個人の「心の性能」なのだ。生徒の自尊心を高めるための一般的なプログラムや、テストと成績評価の慣行は、このような考え方の副産物である。生徒**同士**の関係は、個人のパフォーマンスを妨げる可能性がある場合を除き、ほとんど注目されない。一人で考え、他者とは協力しないように訓練されるのである。課題によって、個人のモノローグの力は高まるかもしれないが、対話する力は見過ごされている。個人から関係に力点を移すことで、私たちはより希望に満ちた世界の未来に向かって進むことができる。

これを一般的な教室での活動にあてはめてみると、どうなるだろうか。この問いには、継続的な対話が必要である。生成的な協調に、唯一無二の確固たる方法はない。関係のパターンは常に変化しており、同じ会話に二度参加することはできない。同じフレーズを繰り返したとしても、繰り返しであるがゆえに、元のフレーズほどの意味をもたないだろう。生成的な協調は、習得すべき科目ではなく、技術（アート）として捉えるべきである。それはオープンで、繊細かつ柔軟な方法なのである。ここでは、教室での人間関係を豊かにする四つの技術に焦点をあてる。

問う技術

教室での探究は、通常、何らかの問い（質問）を軸に組み立てられる。ただし、さまざまな質問の仕方がある中で、どのように問うかは、その後の関係の質にとって非常に重要である。「**正しい**答えを言える人はいますか」という質問は、序列を生み、人間関係を疎遠にする。また、「この問題を考える**一番よい**方法がわかる人はいますか」と問えば、生徒は互いの意見の粗探しをするようになる。また、グループに「**あなたたち**はそれをどのように実行したいですか」と尋ねると、意見が対立し、最終的に敗者をつくり出してしまう。一方、クラスに向けて「Xが起こる可能性を考えてみましょう。**みんなで**どれだけたくさん思いつくでしょうか」と質問すれば、全員が会話に参加できる。この問いは、複数の声の価値を示唆し、「**私たち**」という感覚を強めるものである。

文化や価値観の違いをいかに乗り越えるかは、多くの教室で最も重要な課題の一つになっている。生徒が互いの現実に参加し、理解できたという感覚が生まれるようにするために、教師はどのように質問を進めていけばよいだろうか。ここでもきめ細かく考えられた質問が生きる。十代の生徒に「X国からこの国に来て、どう感じましたか」と質問すれば、その生徒は「他者」として定義されるだけでなく、周囲のクラスメートにどう評価されるか悩むことになるかもしれない。それに対し、「誰かに助けられて心から感謝したとき」についての話をそれぞれ準備してくるように言えば、好奇心と学びが生まれるだろう。意味のある問いの立て方を学ぶことで、互いを思いやる気持ちを育むことになる。

聴く技術

関係のプロセスの中心にあるのは、聴く技術である。ここで言う「聴く」とは、単に入ってくる情報を記録することではなく、相手から提供されるものに積極的に参与することを意味する。この意味で、聴くことは尊敬の表現であり、相互的なケアの土台を形成する。聴くことによって、異質な価値観や視点を認めることができるようになる。求められるのは、教室内、さらにはその外にある多様な現実に対する謙虚さと寛大さである。[2] 聴くことによって、教師と生徒の間の伝統的な境界が緩み、互いの現実や価値観が取り入れられていく。聴く機会が多ければ多いほど、教室はひらかれた協同的な場所になるのである。

教師が生徒に聴くように促す方法はたくさんあり、中には教室内の座席の配置のように何気ないものもある。教師と生徒が互いの顔が見えるように丸くなって座ることで、全員が聴くように促される。アイデアや経験の表現は、他の人がどれだけ注意深く聴いているかによってその価値が認められる。これは、教師が前に立ち、列をなして座る場合（他者が視界に入らないか、後ろから見るだけになる）とは対照的である。一日を通して集団で会話できる場を設けることで聴く技術を培うサークルタイム学習（第4章）は、その一例にすぎない。クラスの子どもたちが一緒に音楽や物語を聴いたり、互いに音読し合ったりすることもあれば、自分自身の（声にならない）声に耳を傾けるために、静かに座っているように促される場合もあるだろう。

感謝する（価値を認める）技術

先に述べたように、人は一人で意味をつくり出すことはできない。あらゆる言葉、しぐさ、服装、髪型は、他者に認められることによって意味をもつ。私たちの存在を支える最も重要なものは、うなずき、笑顔、同意の言葉などの肯定的な承認（感謝）の行為である。言い換えれば、私たちは他者からの感謝によって、人として生かされているのである。感謝のもつ力は、意外に知られていない。褒め言葉や賞賛、肯定的なフィードバックが人を元気づけることは、以前から知られている。これまでの章で明らかにしたように、感謝は、関係に基づく評価のさまざまな実践にとって不可欠な要素となっている。感謝はまた、強みベースの教育実践にも重要な役割を果たしている。アプリシエイティブ・インクワイアリーは、世界中の学校で広く取り入れられ、特に学校全体の変革に応用されている。[3]

ただし、感謝の表現もまた技術である。まず、その表現は「お世辞だろうか」「彼女は誰に対してもそう言う」「彼は私を操ろうとしているだけだ」など、さまざまな意味に解釈することが可能である。さらに、教師がクラスの生徒を選り好んで感謝の気持ちを表現すれば、嫉妬や対立の余地が生まれてしまう。感謝の技術には、感受性、省察、革新が求められる。教師がこの技術を練習したいと思うならば、さまざまな方法がある。例えば、生徒に一日の中で楽しかったことを話してもらったり、自分たちの学習にとってプラスになったものについて振り返らせたり、互いに最も感謝していることを話すよう促したりすることが考えられる。[4] 教師の活動についても、生徒が感謝の気持ちを込めてフィードバックしたり、授業で最も大事だと思う点を振り返ったりすることが可能である。特に重要なのは、関係のプロセスそのものを価値づけるような感謝である。「**私たち**がよくできたのは何か」「私たちのグループで最も評価できることは何か」のような問いは、その例である。

異なる意見に応ずる技術

複数の現実や価値観が存在する世界において、意見の相違は不可避である。しかし、意見の相違が有益なものになるか、それとも破壊的なものになるかは、意見の相違に対応する技術によるところが大きい。ここでは関係論の視点が特に有用である。あらゆる視点、価値観、政治的見解は関係の副産物であり、関係の中ではじめて意味や意義をもつからである。このことを理解するならば、自らの現実や価値観に関して、ある程度謙虚になることができるだろう。それらの重要性が下がるわけではないが、異なる意見をもつ人は自分自身の鏡像だと理解することができる。誰もが、特定の社会的伝統の中でのみ、意味ある行為をなすことができるのである。

意見の相違はそれ自体、関係の一形態である。残念なことに、意見が食い違うとき、互いに抵抗したり相手を攻撃したりして、関係を悪化させてしまうことが多い。議論の仕方を学ぶ機会は多いが、議論は手段を変えた戦争であり、その象徴的な意図は、言葉の上とはいえ相手を殲滅させることにある。現代の教育において、生徒は自分の立場を擁護し、反対意見をもつ人たちを論破することには長けているかもしれない。では、意見の相違についての語彙を豊かにし、疎外へと引きずりこまれないようにするにはどうすればよいだろうか。違いがもつ肯定的な可能性を、どうすれば表現できるだろうか。

異なる意見に応ずる技術は、さまざまな方法で育むことができる。個人的な物語という形で自分の立場を表現すれば、ある主義を守ろうとする場合のような分裂的な影響を避けられる。例えば、人種差別を相手のせいにするのではなく、自分自身の苦しみとして語ることで、差別主義的な人もその経験に巻き込むことができる。生徒に自らの立場に疑いをもってもらうことで、会話に謙虚さが加わる。また、「自分たちが一緒に成し遂げたいこと」について合意点を探るように促すことで、解消できない違いに焦点があてられなくなり、楽観的な連帯感が生まれてくる。より進んだクラスでは、生徒が互いの立場を演じるロールプレイが行われている。これらの実践では、疎外感や敵意が回避され、対話がよりよい関係へと向かっている。

紛争下の教育実践からも、ヒントを得ることができる。例えば、ギリシャの教育者たちは、トラキア地方で、疎遠になっていたイスラム教徒とキリスト教徒の若者を統合する長期的なプログラムに取り組んでいる[5]。このケースでは、双方のコミュニティから参加者を募り、協同でワークショップを行った。共通の活動を創造し、アウトリーチプログラムを確立して、コミュニティをプロセスに巻き込んでいった。特に重点が置かれていたのは、人との関係を結ぶスキルを身につけることであった。

学校全体の関係

教室での人間関係から、学校全体での人間関係を豊かにすることに焦点を移そう。教室での取り組みに加え、教師や管理職は、率先して関係を豊かにするような環境をつくり出すことが可能である。ここでは、そのような事例を二つ紹介する。

協同－参加型の意思決定

教室での対話を通して、教師と生徒の間の距離は縮まり、互いに授業／学習のパートナーとして位置づけられるようになる。リーダーシップや能力は学びのプロセスの中で共有され、学びに対する責任は協力的なものになる。学校管理職が積極的に関与することで、学校全体にも同じ論理が適用できる。工場メタファーで好まれる命令・管理、縦割り構造という論理が私たちを消耗させるのに対して、そのような対話的・協同的な意思決定は、豊富な選択肢を与えてくれる。教師と生徒は、もはや**統治される者**でも**指導される者**でもなく、プロセスの管理に積極的に参加する者として位置づけられる。未来をつくるための声（発言権）をもつことで、管理のあり方は対話的になるのである。

このような変革のヒントになるのが、第８章で紹介した学校全体の評価実践である。そこでは、管理職と教職員、さらに保護者と生徒が一緒になって、地域コミュニティのよりよいあり方について話し合うことが可能になっていた。[6] 将来の社会の一員となる生徒を育てるという観点からも、その意味するところは非常に大きい。学校は、若い市民にとっての学びの実験室となり、彼らの民主主義に貢献する能力を高める。生徒たちは、より十全かつ効果的な協働のあり方を学ぶ中で、視点や価値観、生き方の多様性こそが、社会を豊かで強固なものにするということに気づく。教育は参加型の統治に、さらには調和のとれた平和な世界の実現に、貢献できるのである。

学校における探究の文化

伝統的なテストであれ、細やかな対話であれ、評価には必ず評価する側の前提や価値観が反映される。継続的な多者間対話の利点を強調してきた理由の一つは、ここにある。このことは、学校全体の文化にもあてはまる。多者間対話を促進する手段の一つが、集団で探究することである。例えば、第7章で、教師がどのようにして自分たちの実践についての共同研究を行えるようになったかについて論じた。学校の中に小さな研究の飛び地を作ることで、新たな発見や相互理解が生まれていた。私たちは、その恩恵を学校全体に広げることができると考えている。教師と管理職の想像力に富んだ取り組みによって、学校に活発な探究の文化が生まれるのである。

学校教職員がアクションに基づく探究のスキルを確実に身につけることで、この動きは促進される。そのような探究はまた、授業内のプロジェクト学習の構成要素となるだろう。その結果、生徒は省察的な研究者になる。[7] 最終的に、探究は学校全体に向けられることが望ましい。例えば、「よい学びとは何か」「学びの経験を向上させるために、一緒に何ができるか」「教育の目的と価値とは何か」「学校はどのように評価されるべきか」のような問いについて共同で探究する場合を考えてみよう。関係論の観点から言えば、これらの問いの答えは外から押し付けられるものではなく、地域コミュニティの中心的な関心事であるべきなのである。

地域社会との関係

ここまで、関係に基づく評価が、学びのコミュニティとしての学校の発達に寄与することを、一貫して強調してきた。また、学びのコミュニティは、学校の壁を越えて広がっていることが理想であると主張した。必要なのは、周囲の地域コミュニティとの関係を積極的に求めていくことであり、その過程ではすべての人が活躍できる。ここでは、地域のつながりに通じる二つの重要な道筋について触れておきたい。

保護者との全面的な協力

従来の評価方法では、子どもとその親（保護者）の間に大きな分断が持ち込まれることが多い。第2章で指摘したように、一般に試験に関連するストレス、不安、抑うつは、高い成績を求める親の期待や要求と結びついている。一方、関係に基づく評価では、親の役割が批判者から子どもの教育の協力者へと変わる。このような役割の転換は、教師や学校管理職によって大きく促進される。第4章、第5章で述べたように、プロジェクトのプレゼンテーション、ポートフォリオに関する議論、ラーニング・レビューに保護者に入ってもらうことで、保護者は子どもの教育のパートナーになる。このような活動への参加を通して、保護者は子どもをサポートしているのである。保護者は、子どもたちの課題に関心をもち、熱意を示し、アドバイスをするように奨励される。

私たちはこのような実践を、保護者を授業／学習のパートナーにするというより大きなビジョンへの一歩として捉えている。すでに多くの学校は、保護者に自らの職業上の経験を関心のあるクラスの生徒たちに伝えてもらうなど、保護者を授業の協力者として活用している。このような取り組みを加速させるには、教育プログラム（わが子のクラスでも他のクラスでもよい）にどのように貢献したいか、保護者に尋ねる仕組みをつくるとよいだろう。米国のＰＴＡの全国組織では、こうしたつながりを広げるためのさまざまな資源が提供されている。ただし、私たちは、保護者を共同学習者として捉えている。すなわち、保護者は子どもの学習や学校に貢献するだけでなく、そのことを通して保護者自身もまた学んでいるのである。ドイツの教育システムでは、全人的な形成を重視する「**ビルドゥング Bildung（形成／陶冶）**」という概念が重要な役割を果たしている。保護者が学びのプロセスに招き入れられるということは、そのような人間形成が大人になってからも続いていくことを意味する。保護者が関わることによって、学びは持続的な変革活動になる[8]。

さらに、保護者が教育システムに全面的に協力するようになれば、その変革に大きな力を発揮する可能性もある。第4章で示したように、保護者が団結して、自分たちの子どもにとって不利に思われる国の政策に抵抗することもある。また、ロビー活動やソーシャルメディアのキャンペーンに参加したり[9]、地方選挙で候補者を支援したりすることを通して、政策転換を推進する重要なパートナーにもなりうる。保護者は、未来の共同創造者になるのである。

地域の他機関との協力

学校の主要な関係者が、生徒、教師、学校管理職、保護者であることは確かである。一方、企業、宗教団体、警察署、社会福祉事務所、保健所、芸術団体など同じ地域の多くの機関も、学校に関わりをもっている。これらの機関の関係者が学校の活性化に大きく貢献し、それによって、学校が地域社会をよりよくすることも可能になる。協同の可能性は、実に豊かである。

こうした互恵的な関係は、すでに世界各地で実践されている。アメリカではサービスラーニングのプログラムが、イギリスでは実習制度が充実している。クリエイティブアーツは、昔から子どもや若者に参加と発達の機会を提供してきた。多くの都市で行われているアクティブプログラムには、自分たちの技術や知恵を若者に伝えようとする高齢者の自発的な努力が活かされている[10]。シカゴでは、市民活動家のブリス・ブラウン氏が、複数の機関を束ね、社会的に恵まれない学校を活性化してきた[11]。また、アフリカの国々では、子どもたちがコミュニティガーデンや野生動物センター、平和創出活動に参加する非公式の学習プログラムがある[12]。

教師や学校管理職は、地域の関係機関に協力を呼びかけることができる。関係機関は、学校の活動を評価する議論に加わり、ビジョンの作成に参加するよう求められる。例えば「この学校の活動は、地域社会の幸福や福祉にどれくらい貢献できるか」、また逆に「それぞれの組織は、学校のもつ教育的な可能性をどのように高めてきたか」を評価することも可能である。子育てに地域社会の力が必要であるのと同じように、地域の組織には学校を「育てる」役割があると気づく機会にもなるかもしれない。

教育改革者たちは、この課題をはっきりと認識している。中でも、シカゴで始まり、イギリスや他の地域にも広がりを見せている**シティ・オブ・ラーニング**（学びの都市）の取り組みは印象深い[13]。生徒は、地域の資源を活用し、その地域の生きた現実に参加することで単位を取得できる。生徒は自らのスキルを高めるだけでなく、自身の学びの意味や仕事の世界との関わりについても学び、教育と社会生活の間にある恣意的な隔たりを埋めていく[14]。このようなプログラムは、若者がより広いコミュニティの文脈の中で自らの関心について考え、追求し、発展させるために不可欠なものである。

高等教育との関わり

最後に取り上げるのは、高等教育機関との関わりである。前章で、成績やテストで入学者を選抜することの問題点と、高等教育機関がそれぞれのニーズに合わせて入学試験を開発し、カスタマイズする必要性について述べた。しかし、中等教育機関と高等教育機関との関係に、もっと目を向けていく必要がある。その可能性は、評価の問題を超えてはるかに広い範囲に及んでいる。ここでは、両者の関係を豊かにするための二つの重要な方向性について触れることにする。

制限のない学びに向けて

先に述べた創発的カリキュラムの議論において、**制限のない学び**の可能性を指摘した。制限のない学びとは、若者が時機を問わずさまざまな方法で学ぶことを奨励し、刺激することである。大学は、その貴重な補助機関となりうる。現在のところ、大学は「アドバンスト・プレースメント」コースを提供する以外に、中等教育にほとんど関与しておらず、このようなコースも、生徒は単に「よい学校」に合格する可能性を高めるために利用していることが多い。しかし、大学が学びという目的を果たすためには、若い学習者にも門戸を開くことが求められる。講義やワークショップ、ディスカッション、その他の学習活動への参加を生徒に呼びかけていかなければならない。例えば、オックスフォード大学のサマースクールでは、一二歳から一八歳までの子どもを対象にしたプログラムが用意されており、大学ならではのさまざまなコースが楽しめる。生徒は、建築、歴史、芸術から自然科学、工学まで、幅広いテーマに触れることができる。イギリス全土で展開されているSUPI（School-University Partnerships Initiative 中等教育学校と大学のパートナーシップ制度）も大変興味深い[15]。これは、学校と大学が協同して、多様な背景をもつ若者の学習意欲を刺激するプログラムを開発するための支援を行うものである。また北アイルランドでは、クイーンズ大学ベルファスト校と地元の中等学校が協力して、大学でクリエイティブ・プログラムを提供している。クリエイティブ・テクノロジーのプログラムでは、ロボット工学、仮想現実、コンピューターゲームのデザインなどを学ぶことができる。環境の持続可能性、クリエイティブアート、健康をテーマにしたプログラムもある。すべての活動は対話型、体験型で、成績評価はない。

教員による探究と専門性発達を結びつける

全面的な変革をサポートするには、学校と大学が協力して教員自身の探究と専門性発達に取り組む必要がある。大学の研究者が学校教員や生徒を巻き込んで研究を進めているケースもある。このような実践はもっと奨励され、拡大されるべきである。第6章では、アクションリサーチによる教師の専門性の高度化の意義について述べた。大学の研究チームが学校を訪問し、研究についての学びを促したり、教員や生徒の研究力を高め、共同研究プロジェクトの質を向上させたりすることもできる[16]。特に、大学の研究者と学校教員が積極的に連携し、教育改革を試行することが奨励されている。学校は、新しい実践を試験的に行ううえで非常に重要な役割を担っており、大学と協力して実践を創造し、評価することは大変貴重である。

また、大学は、教員や学校管理職の専門性発達のサポートという面でも貢献できる。大学は、教員やスクールリーダーの養成において常に重要な役割を担ってきたが、さらにこの役割を充実させ、継続的な専門性発達を支援することが期待されている。理想的な例として、北京師範大学が中国・江蘇省の学校組織と協力して行ったプログラムが挙げられる。[17]このプログラムでは、小学校と中等学校の校長を対象に、学校内および学校と地域社会の協力を重視する協同的リーダーシップモデルを導入した。教師は、自らの実践の価値を評価する議論への参加を通して、実践を共有し、さらに発展させることができた。また、重要な論点について地域の学校と対話する場を設けている教員養成系の大学もある。教育の目的、教育的な関わり、学びの本質、教育における倫理のような問題は、絶えず探究し続けなければならない。

教育の新たな物語に向けて

私たちは本書を次のような物語から始めた。権利を奪われ関心を失った生徒が増加し、ストレスと抑圧が前例のないレベルにまで高まり、教師という職業への関心が失われ、官僚的管理が強化され、時代の変化に取り残され、教育は崩壊しかけている。教育を押し上げようとする改革の波にもかかわらず、このような事態が起きているのである。本書の第一の目的は、新たな物語を生み出すための土台を築くことである。この物語の原動力は関係のプロセスであり、関係に基づく評価の実践は、その可能性を実現するための主要な道筋となる。世界中の教育関係者がこの道を歩み、評価方法だけでなく、関係を重視した教授法、カリキュラム、リーダーシップの変革に取り組んでいる。物語が本当に人を鼓舞するものであれば、それによって道がひらけることもあるはずだ。教育の全体的なビジョンがまさにつくられつつある。「なるもの」としての人間 human becoming の可能性を探求するグローバルな道のりを、最後まで読んでくださったみなさんと共に歩めることを切に願いつつ、本書の結びとしたい。

注

［1］文化に広範な変化をもたらそうとするこうした力は、ケアの倫理に基づいてプログラムを評価することでさらに増幅される。特に、以下を参照。Visse, M., and Abma, T. A. (eds.)（2018）*Evaluating for a Caring Society*. Charlotte, NC: Information Age.

［2］Siry, C., Brendel, M., and Frisch, R. (2016) “Radical listening and dialogue in educational research”, *International Journey of Critical Pedagogy*, 7(3): 119-135.

［3］例えば、以下を参照。Dole, D., Godwin, L., and Moehle, M. (2014) *Exceeding Expectations: An Anthology of Appreciative Inquiry Stories from Around the World*. Chagrin Falls, OH: WorldShare Books.

［4］ノルウェーのドランメンにあるユース・インベスト・スクールでは、生徒が授業でプレゼンテーションを行った後、クラスメートがそのプレゼンテーションでよいと感じたことをカードに書いて渡すという実践が行われている。詳細は、以下を参照のこと。Hauger, B., and Maeland, I. (2015) “Working with Youth at Risk: An Appreciative Approach,” in T. Dragonas, K. J. Gergen, S. McNamee, and E. Tseliou (eds.), *Education as Social Construction*. Chagrin Falls, OH: WorldShare Books, 92-107.

［5］Vassiliou, A., and Dragonas, T. (2015) “Sowing Seeds of Synergy: Creative Youth Workshops in a Multi-Cultural Context,“ Dragonas et al. (eds.), *Education as Social Construction*, 192-212.

［6］オランダの教育者ルーク・ショーンメーカーは、生徒、コミュニティ、政府を巻き込む協同的なプロセスを通して、スリナムの全国的な教育の方向性を変えることに成功したプロジェクトについて報告している。以下を参照。Schoenmaker, L. (2014) *Happily Different: Sustainable Educational Change, a Relational Approach*. www.worldsharebooks.net

［7］Fielding, M., and Bragg, S. (2003). *Students as Researchers: Making a Difference*. Swindon: Economic Social Research Council.

［8］Gadamer, H-G. (1976) *Philosophical Hermeneutics*. Berkeley, CA: University of California Press.

［9］Hartney, M. (2014) *Education Reform from the Grassroots: How and When Parents Can Shape Policy*. Washington, DC: American Enterprise Institute.

［10］以下を参照。www.intergenerationalschools.org/the-intergenerational-school

［11］imaginechicago.squarespace.com を参照。ブラウン氏の書籍は、以下のサイトからダウンロードできる。https://imaginechicago.squarespace.com

［12］Avoseh, M. (2007). “The symmetrical relationship between learning and communities in traditional Africa,” *Proceedings of SCUTREA*, The Queen's University of Belfast, Northern Ireland, 33-40.

［13］www.citiesoflearning.eu を参照。

［14］ウェルビーイングの構成要素としての仕事の重要性に関する議論は、以下を参照。Thomson, G., and Gill, S. (2020) *Happiness,*

Flourishing and the Good Life: A Transformative Vision of Human Well-Being. London: Routledge.

［15］詳細は、以下を参照。www.publicengagement.ac.uk/nccpe-projects-and-services/completed-projects/school-university-partnerships-initiative

［16］例えば、ブリストル大学は、大学の研究者と学校の教師・生徒が協力して研究費を獲得する機会を提供している。

［17］Zhang, X. (2015) "School Principals: Problem Solvers and Appreciative Leaders," in Dragonas et al. (eds.), *Education as Social Construction*.

訳者あとがき

本書は、ケネス・J・ガーゲン（Kenneth J. Gergen）とシェルト・R・ギル（Scherto R. Gill）による『*Beyond the Tyranny of Testing: Relational Evaluation in Education*』（二〇二〇年、Oxford University Press）の全訳です。新型コロナウイルスの世界的な流行を機に教育の見直しが進みつつある今日において、これまで教育の変革の大きな障壁となってきた評価のあり方を徹底的に検証し、その代替案を示した本書は、すでにデンマーク語や中国語に翻訳され、世界的な評価を得ています。

著者の一人ガーゲンは、アメリカのスワースモア大学のSenior Research Professorであり、社会構成主義の第一人者として知られる社会心理学者です。八七歳になった今も、社会構成主義の考え方に基づく実践や研究をサポートするタオ・インスティテュートThe Taos Instituteの代表として世界中で講演を行い、その功績により米国と欧州で名誉学位を含む数々の賞を受賞しています。主著の『*Realities and Relationships*』（永田素彦・深尾誠訳『社会構成主義の理論と実践――関係性が現実をつくる』）や、『*Relational Being: Beyond Self and Community*』（鮫島輝美・東村知子訳『関係からはじまる――社会構成主義がひらく人間観』いずれもナカニシヤ出版）をはじめとする学術書、ナラティヴセラピーや組織論を扱った一般向けの書籍など、多数の著作があり、その多くが日本でも翻訳出版されています。

もう一人の著者ギルは、イギリスのウェールズ大学トリニティ・セント・デイビッド校にあるグローバル・ヒューマニティ・フォー・ピース・インスティテュートのディレクターです。他にもゲランド・ヘルメス財団のシニアフェロー、英国王立芸術協会（ＦＲＳＡ）のライフフェローなど、さまざまな顔をもち、平和構築、倫理、全人的なウェルビーイング、人間中心教育といった独自の視点から教育の問題について論じています。近著に『*Ethical Education: Towards an Ecology of Human Development*』（二〇二〇年、Cambridge University Press）、『*Rediscovering the Core of Western*

Culture: Lest We Lose Love』（近刊、Anthem Press）などがありますが、邦訳は本書が初めてです。ガーゲンはこれまでにも折に触れ教育の問題に言及してきましたが、教育評価に特化し、多数の魅力的な実践例に基づいて展開される本書の議論は、ギルという素晴らしい対話の相手を得ることで生まれた成果とも言えるでしょう。本書は二人の共著ですが、まるで一人の著者によって書かれたもののように滑らかな文体になっています。執筆に取りかかる前に二人で筋立てや各章の内容について何度も話をし、章ごとに分担して書いた後も互いの文章に手を入れたそうです。

原著のタイトルにあるように、本書は「テストによる暴力的支配 Tyranny of Testing」、すなわち従来の測定に基づく評価の影の側面を見直し、それによって支えられてきた教育の工場モデルに挑戦しています。測定に基づく評価は、教育においてさまざまなものを可視化する重要な役割を果たしてきました。しかしながら、そうした評価が教育の隅々にまで行きわたることで、評価が教育の目的にすり替わり、その結果として、本来、教育における主体であったはずの子どもたちのウェルビーイングが損なわれてしまっています。ただし、本書は、テストや測定に基づく評価の単なる批判や否定にとどまりません。「Beyond」という言葉が示す通り、著者らの視点はその先にある教育の未来を見据え、「関係に基づく評価」という一つの代替案を提示しています。評価を問い直すことで、子どもの学びだけでなく、学校という場のあり方を変え、教師や保護者、地域の人々を含め、そこに参加するすべての人々の生を豊かにすることができるのではないか。著者らのこうした思いを伝えたいという願いを、訳書のタイトルに込めました。

今日の社会に生きる誰もが、学校、教育、評価に何らかの形で関わりながら生きています。自分自身が学校に通い、教育を受け、評価される立場だったとき、それに対して疑問をもつことはほとんどありませんでした。「努力すれば成績は上がる」「テストの点数や成績は良いに越したことはない」「成績が悪いのは、能力が低いか、努力が足りないからだ」。当たり前のように、そう思っていました。

しかし大学の教員になり、親になり、教育と評価を行う側の立場に立つことで、違う光景が見えてきました。訳者（東村）の子どもが小学校三年生のころ、持ち帰った通知表を見ながらポツリと言った「私は体育も音楽もすごく好きで、授業も頑張っているのに、なんで3がもらえないの？」という言葉は、評価について問い直す大きなきっかけになりました。本人が納得できず、もっと良い成績を取りたいと思っても、何をどう努力すればよいかわからないような評価に、一体どんな意味があるのでしょうか。対話的な学びやアクティブ・ラーニングが強調され、授業の風景は数十年前とはずいぶん変わりました。しかしながら、学校教育の本質的なあり方は、あまり変化していないように感じられます。それは、本丸である「評価」の問題に、ほとんど手がつけられてこなかったからではないでしょうか。

訳者（鮫島）が評価の問題に直面したのは、八年ほど前のことです。看護学科のカリキュラムは過密で、一科目でも落とすと場合によっては四年間では卒業できないという厳しい現実が待っています。訳者が初めて担当した学年は、多くの学生が留年しました。自信を失い、大学に来ることさえ恥ずかしいと感じている学生に、もう一度学びたいと感じてもらうにはどうしたらいいのかと悩みながらも、「看護師になりたい」という彼女らの強い思いに希望を見出し、なんとかそれを叶えてやりたいと思いました。中には、「割り算や割合がわからない」「国家試験が人生初めての受験勉強」という学生もいましたが、「本人の学力」ではなく、これまでの教育の中で「わからない」と言えなかったことが問題だと考え、毎週、勉強会を開くことにしました。仲間同士で「やればできる子」と声をかけ承認し合うことで、休む学生はいなくなり、大学での滞在時間が増えていきました。このように、安心して学べる環境を学生と共に創っていった結果、学生全員が一回の受験で国家試験合格を果たし、今もそれぞれの場所で看護師として働き続けています。

たった一回の評価が、生徒や学生の人生に暗い影を落とすことがあります。同時に、偶然出会った一人の教師や仲間が、その人の人生を大きく変えることもあるのです。だからこそ、教育における評価のありようを見直す時がきているのではないでしょうか。多様性を認め合う社会を目指すなら、教育する側にこそ、評価の視点の豊かさが必要なのです。

本書を読むことで、私たちが抱いてきた従来の評価への疑問や違和感が、自分だけのものではないということ、そして、評価のあり方を変えることは決して不可能ではないということを知りました。もちろん、一人ひとりにできることには限界がありますし、すべてをガラリと変えることはできません。しかし、本文中に紹介されているように、世界中に同じ問題意識をもつ仲間がいて、多様な実践が着実に積み上げられています。本書が、日本の中にも少しずつ仲間を増やし、評価から学校における教育と学びを変えていく一助となることを願っています。

東村知子・鮫島輝美

人名索引

事項索引

【訳者紹介】

東村知子（ひがしむら・ともこ）

京都大学大学院人間・環境学研究科博士後期課程修了

博士（人間・環境学）

現在，京都教育大学教育学部准教授

主要著作：『発達支援の場としての学校』（共編，ミネルヴァ書房，2016）
『ソーシャル・コンストラクショニズムと対人支援の心理学』（分担執筆，新曜社，2021）
K. J. ガーゲン『あなたへの社会構成主義』（翻訳，ナカニシヤ出版，2004）
K. J. ガーゲン『関係からはじまる』（共訳，ナカニシヤ出版，2020）

鮫島輝美（さめしま・てるみ）

京都大学大学院人間・環境学研究科博士後期課程修了

博士（人間・環境学）

現在，関西医科大学看護学部教授

主要著作：『「生きづらさ」に寄り添う〈支援〉』（単著，ナカニシヤ出版，2018）
K. J. ガーゲン『関係からはじまる』（共訳，ナカニシヤ出版，2020）

何のためのテスト？

評価で変わる学校と学び

2023年3月3日　初版第1刷発行

定価はカヴァーに
表示してあります

原著者　Kenneth J. Gergen
Scherto R. Gill

訳　者　東村知子
鮫島輝美

発行者　中西　良

発行所　株式会社ナカニシヤ出版

〒606-8161　京都市左京区一乗寺木ノ本町15番地

Telephone　075-723-0111

Facsimile　075-723-0095

Website　http://www.nakanishiya.co.jp/

Email　iihon-ippai@nakanishiya.co.jp

郵便振替　01030-0-13128

装幀＝白沢　正／印刷・製本＝創栄図書印刷株式会社

Printed in Japan.

ISBN978-4-7795-1704-4

◎本書のコピー，スキャン，デジタル化等の無断複製は著作権法上での例外を除き禁じられています。本書を代行業者等の第三者に依頼してスキャンやデジタル化することはたとえ個人や家庭内の利用であっても著作権法上認められておりません。